AF325802

COUTUMES
DES DUCHE',
BAILLIAGE, ET PREVOSTE'
D'ORLEANS,

AVEC

LES NOTES DE M. HENRY FORNIER,
Conseiller au Présidial d'Orleans :

LES NOTES DE DUMOULIN
sur l'Ancienne Coûtume d'Orleans ;

ET DES OBSERVATIONS NOUVELLES,
où l'on a renfermé tout ce qui a paru nécessaire pour
faire connoître le sens & l'aplication des Articles, les
Maximes autorisées par l'usage du Palais, & les derniers progrez de la Jurisprudence.

On y a joint

UN DISCOURS PRE'LIMINAIRE
sur la Coûtume d'Orleans ;

UN TRAITE' DES PROFITS ET DROITS SEIGNEURIAUX;
l'Eloge de M. DELALANDE, & des Observations
sur son Commentaire.

TOME SECOND.

A ORLEANS,
Chez FRANÇOIS ROUZEAU, Imprimeur du Roy, de
S. A. S. Monseigneur le Duc d'Orleans, & de la Ville.
M. DCCXL.

Avec Aprobation, & Privilege du Roy.

DISCOURS HISTORIQUE
SUR LA COUTUME
D'ORLEANS;

Dans lequel on explique l'origine des Coûtumes en general, & l'histoire de la Coûtume d'Orleans en particulier ; le jugement qu'on doit porter sur les Auteurs qui l'ont commentée, & le dessein de l'Ouvrage qu'on donne presentement au Public.

§. I.

ORIGINE DES COUTUMES.

Vant que Rome eût fait la conquête des Gaules, nos ancêtres étoient régis par des Coûtumes si semblables aux nôtres, qu'on seroit tenté de raporter à cette source

II. *Partie.*

l'origine de nôtre Jurifprudence (*a*) ; mais on ne s'arrêtera gueres à cette penfée, fi l'on fait réflexion que les Romains, ainfi que nous l'apprennent tous les monumens de l'Hiftoire, firent bien-tôt paffer dans les Gaules leur langue, leurs mœurs, leur politeffe, leur gouvernement & leurs loix. (*b*) Difons mieux, les Gaulois devinrent Romains ; art illuftre d'un peuple né pour être le maître des autres, d'affurer fon Empire par les avantages qu'il procuroit aux Nations vaincuës, & de fçavoir les dédommager de leur défaite.

Les Francs & les autres barbares qui inonderent & détruifirent l'Empire des Romains dans le cinquiéme fiécle, trouverent établi dans les Gaules le Droit Romain, & l'y laifferent. Ils firent plus, ils s'y foûmirent.

______

(*a*) *Voyez* Cæfar, *Libr. 6. de Bello Gallico.* Viri in uxores, ficuti in liberos, vitæ, necifque habent poteftatem . . . . Viri quantas pecunias ab uxoribus dotis nomine acceperunt, tantas ex fuis bonis, æftimatione factâ, cum dotibus communicant ; hujus omnis pecuniæ conjunctim ratio habetur, fructufque fervantur. Uter eorum vitâ fuperarit, ad eum pars utriufque cum fructibus fuperiorum temporum pervenit.

(*b*) *Voyez* Prudent. *Libr. 2. contra Symmachum, num. 601.*
    Deus undique gentes,
Inclinare caput docuit fub legibus iifdem,
Romanofque omnes fieri, quos Rhenus & Ifter

    Jus fecit commune pares.
    Rutilius, [*Poëta gallus.*] *Itiner. 1. n. 68.*
Dumque offers victis patrii confortia juris,
    Urbem fecifti quod prius orbis erat.
Voyez la Loi 4. Cod. *de adulter.* La Loi 2. Cod. *de municf*

Rome continua de regner par ſes loix, lors
même qu'elle n'étoit plus. Il eſt vrai que les
Francs, les Gots, les Bourguignons qui s'é-
toient emparez de ce païs, publierent auſſi
leurs loix particulieres, que nous avons encore ſous les titres de Loi Salique, Gom-
bette, Ripuaire, &c. Mais outre que les anciens habitans du païs, qu'on diſtinguoit alors
des barbares par le nom de *Romains*, ne
furent jamais aſſujettis à ces loix ; elles étoient
d'ailleurs ſi informes, & renfermoient un ſi
petit nombre de matieres, que les peuples
mêmes, pour qui elles avoient été faites,
étoient obligez d'avoir recours à la Loi Romaine ſur ce qui concernoit les mariages,
les contrats, les teſtamens, & même les ſucceſſions. (*c*)

Ainſi ſous la premiere & la ſeconde Race
de nos Rois, le Droit Romain fut le droit commun de la France. Il ne ceſſa de l'être vers
la troiſiéme, que parce que dans les deſordres
du dixiéme ſiécle, toutes les loix indiſtinctement s'éteignirent ; & c'eſt ici une de ces re-
volutions extraordinaires que l'Hiſtoire nous
préſente, & dont le ſpectacle eſt d'autant plus
étonnant, qu'il eſt plus difficile d'en démê-
ler les veritables cauſes. La France ſi éclairée
encore, ſi floriſſante & ſi policée ſous le regne

____

(*c*) *Voyez* Agathias, *Lib.* 4. *cap.* 28. & ce que raporte Aimoin
des enfans de Sadregiſile Duc d'Aquitaine,

de Charlemagne, se trouve presque tout-à-coup couverte de tenebres épaisses. L'ignorance profonde, la barbarie jointe à la superstition, l'anarchie, l'horreur & la confusion succedent rapidement aux tems heureux d'un si beau Regne. Les sciences, la politique & les loix qui font la lumiere & le bonheur d'un Etat, souffrent une éclipse universelle ; on oublie jusqu'au nom même du Droit Romain auparavant si respecté.

Les maux ne sont presque jamais sans compensation, & le mal même produit quelquefois le remede. Heureusement les mêmes causes qui opererent un si étrange renversement, furent celles qui firent naître un droit nouveau, & toutes ces Coûtumes qui ont formé nôtre Jurisprudence, & regnent encore aujourd'hui dans nos Tribunaux.

Au commencement de la seconde Race, les habitans des villes & des campagnes, à l'ombre des loix, joüissoient tranquillement en France de leur liberté & de leurs biens ; ils avoient, à la maniere des Romains, sous leur puissance les esclaves qu'ils avoient acquis : les terres & les personnes étoient donc également libres. Sur la fin de la seconde Race, ou tout au plus à la naissance de la troisiéme on voit avec surprise toutes les personnes, à la reserve des Nobles, devenuës comme esclaves des seigneurs, reduites même dans

les grandes villes à la condition de main-
mortes, & foûmifes à la fervitude de corps
ou d'heritage. (d) Par une fuite de la même
revolution, les terres auparavant poffedées
librement, pour la plus grande partie, fe
trouvent toutes affujetties au droit, ou de fief,
ou de main - morte.

La foiblefse de l'Autorité Roïale prefque
anéantie, la tyrannie des Grands, qui de Gou-
verneurs devinrent comme Souverains de leurs
provinces; les fermens de fidelité qu'ils exi-
gerent des villes & de tous ceux qui dépendoient de leurs gouvernemens; l'effroïable
mifere des peuples, & l'abattement qui en
eft une fuite; les guerres, la violence, & les
brigandages continuels; cet efprit de licence,
de defordre & de confufion qui regnoit dans
ces tems affreux, furent apparemment les degrez par lefquels les feigneurs parvinrent à
cet afferviffement general des perfonnes &
des biens.

De là l'oubli des anciennes Loix qui deve-
noient également inutiles & pour les Nobles,
& pour les roturiers; pour les Nobles poffeffeurs des Fiefs, parce que pleins de cette licence feroce qui caracterifa les mœurs de ce
fiecle, ils ne vouloient plus reconnoître d'autres loix que le droit des fiefs, & les con-

______

(d) *Voyez* M. de Lauriere, *Conjectures fur l'origine du Droit
François,* à la tête du Livre, intitulé, *Bibliotheque des Coûtumes,*
in-quarto.

3

ditions établies dans les inveſtitures & les conceſſions. Pour les roturiers , parce qu'étant tous de condition ſervile, ils n'avoient plus d'autre loi que la volonté de leurs ſeigneurs qui les jugeoient eux-mêmes, ni d'autres regles que les charges impoſées par ceux-ci dans l'établiſſement des main-mortes , & dans l'abandon des terres dont ils leur accordoient la joüiſſance.

Les anciennes loix étant donc éteintes, il fallut que de nouvelles priſſent la place ; & comme la puiſſance publique n'avoit alors ni les lumieres, ni encore moins la force & l'autorité néceſſaires pour donner des loix écrites, les peuples ignorans & groſſiers, par l'effet d'un heureux inſtinct, plûtôt que d'une raiſon bien developée, ſe firent eux-mêmes des Coûtumes, en adoptant comme loix les uſages que la conjonéture des temps introduiſit parmi eux. (e)

Ainſi toutes les terres étant alors ou mediatement ou immediatement en fief , donnerent lieu à la formation des Coûtumes des Fiefs , leſquelles ſe trouvoient encore plus néceſſaires , depuis que cette eſpéce de biens eût été renduë hereditaire & patrimoniale.

A peu près dans ce même tems nos Rois établirent des Communes dans pluſieurs villes

(e) *Voyez* l'Hiſtoire du Droit François par Monſieur Fleury, à la tête des Inſtituts d'Argou.

du Royaume ; & ce nouveau fecret fut le reffort le plus puiffant & le plus efficace qu'ils ayent fçû mettre en œuvre pour relever l'Autorité Roïale abbatuë par l'ambition & l'ufurpation des grands. Or comme les Chartes qui portoient la conceffion de ces droits de Commune, contenoient auffi par une fuite néceffaire divers Reglemens pour la Police, le commerce & la fureté des habitans qu'on réüniffoit en communes : ces Chartes ont été regardées avec raifon comme les premiers originaux de nos Coûtumes.

Bien-tôt les feigneurs, foit par néceffité, foit par interêt, foit par generofité, affranchirent la plûpart des gens de la campagne qui dépendoient d'eux en main-morte. Les conditions & les loix qu'ils leur impoferent dans ces affranchiffemens, & la jurifdiction qu'ils fe referverent fur eux, firent naître les droits des cens, des champarts, des corvées, des bannalitez, des juftices ; matieres, qui, avec celle des fiefs, rempliffent la plus grande partie des Coûtumes.

On fçait auffi que les François & les anciens Gaulois étoient dans l'ufage de vivre avec leurs femmes, non-feulement dans cette focieté de vie qu'exige la nature de l'union conjugale, mais encore dans une efpéce de focieté des biens acquis par les travaux & les vœux communs, avantage par lequel ils les dédommageoient de cette puiſſance abſoluë que les mœurs de ces Nations, mais non pas l'ordre de la nature , leur avoit donné ſur leurs femmes. Les traces qui s'étoient apparemment conſervées de cet ancien uſage, ont été la ſource de toutes les diſpoſitions des Coûtumes ſur la communauté de biens entre le mari & la femme, ſur l'autoriſation, ſur le doüaire , & le don mutuel.

Enfin les fiefs & les heritages main-mortables , attachez & conſacrez en quelque ſorte par une eſpéce de ſubſtitution à la famille de ceux auſquels ils avoient été accordez ſous ces charges , ont donné lieu à l'introduction du retrait lignager, à la diſtinction des propres en paternels & maternels, & leur affectation à la ligne d'où ils étoient ſortis, aux prérogatives des aînez.

Tels ſont les degrez par leſquels ſe ſont inſenſiblement formées nos Coûtumes : fruits de l'ignorance & de la groſſiereté, elles prirent les mêmes caracteres ; mais un évenement heureux pour l'Europe contribua bientôt à les adoucir, à les perfectionner, à y jetter un air plus ſenſé, à y mettre cet eſprit ſuivi de raiſon qui y manquoit d'abord. La connoiſſance du Droit Romain contenu dans la Collection de l'Empereur Juſtinien produiſit ces heureux effets.

Cet ouvrage dont par un ſeul mot on a ſa

bien fait l'éloge en lui donnant le nom de Raison écrite ; ce livre immortel qui renfermoit
tout le détail & toute l'œconomie de la Jurifprudence Romaine , étoit malheureufement
comme perdu pour les hommes. Un Alle-
mand * qui avoit étudié à Conftantinople, alors
le feul afile des bonnes Lettres , le retrouva, en
connut le prix , l'enfeigna publiquement en
Italie, & merita par là à jamais la reconnoiffance du genre humain. L'Europe alors fut éclairée d'une nouvelle lumiere ; on admira un
Droit fi beau, qui tendoit à rendre les hommes
plus doux, plus juftes, plus humains, plus fo-
ciables, en un mot à rétablir l'ordre en toutes
chofes. Les mœurs feroces s'adoucirent ; on
fentit la beauté & le prix de la douce équité ;
on accourut en foule aux Ecoles refpectables,
dans lefquelles on enfeignoit ce Droit ; on
combla d'honneurs ceux qui le profeffoient ;
les Juges, & les Avocats en tirerent bien-tôt
des fecours infinis pour rendre la Juftice, &
firent ainfi paffer dans les Coûtumes & les
ufages du Barreau plufieurs difpofitions tirées
du Droit Romain.

Ils ne furent pas les feuls qui en profiterent ;
les Ecclefiaftiques en enrichirent avec foin le
Droit Canonique, dont ils formerent la chaîne,
le plan, l'efprit, les maximes, & l'art de
l'interpretation fur le Droit Romain. Et com-

* Irnier, en 1125.

* 5

me l'ignorance refpectueufe des Laïques,
jointe à l'ambition des gens d'Eglife, avoit
mis entre les mains de ces derniers la plus
grande partie des affaires civiles, il eft arrivé
que plufieurs difpofitions du Droit Canonique ont paffé dans nos ufages. C'eft ainfi que
nous en avons tiré la forme de nos teftamens,
celle de nôtre procedure, & nos maximes fur
les rentes & les contrats de conftitution.

§. 2.

HISTOIRE DE LA COUTUME
d'Orleans.

A tous ces traits il eft facile de reconnoître que les mêmes caufes qui ont produit les Coûtumes, les ont renduës differentes dans les differentes parties de la France,
par la diverfité des ufurpations des feigneurs
& des Jurifdictions, par celle des mœurs &
des maximes en chaque païs. Mais parmi
ce grand nombre de Coûtumes affez femblables pour faire reconnoître qu'elles étoient
nées dans le même Royaume, & affez differentes pour juger qu'elles ne s'étoient pas formées dans la même Province, celle d'Orleans fe diftingua avantageufement. Il n'eft
pas peu honorable fans doute à nos ayeux,
que leurs Coûtumes ayent merité de fervir
en partie de modele aux établiffemens de S.

Loüis; Reglemens fur la Juftice, que ce Prince, également pieux & éclairé, donna vers l'an 1270. (*f*) On ne peut donc gueres douter que nôtre Coûtume n'eût été dèja redigée par écrit par des Praticiens habiles, qu'on apelloit alors *Coûtumiers.* Elle le fut au moins, & d'une maniere encore plus autentique fous le regne de Philippe le Bel, (*g*) fi nous nous en raportons à la tradition conftante de nos peres, qui avancent ce fait comme indubitable dans l'oppofition (*h*) folemnelle qu'ils firent à la redaction de la Coûtume de Montargis en 1531. Mais ces redactions qui auroient été fi utiles pour connoître le veritable efprit de nôtre Coûtume, l'origine & le progrez de fes difpofitions, le tems où les redactions pofterieures qui furent revêtuës du fceau de l'autorité publique, les ont fait perir.

Charles VII. fut le premier de nos Rois qui entreprit de fixer toutes les Coûtumes du Royaume. Il ordonna par fon Edit de Montis-lès-Tours de l'an 1453. que les Coûtumes de chaque Province feroient redigées par écrit &

(*f*) *Voy.* la Préface de M. de Lauriere, qui eft à la tête du premier volume des Ordonnances des Rois de France; Ducange dans fon Hiftoire de S. Loüis, à la fin de laquelle fe trouve une Edition des établiffemens de ce Prince.

(*g*) *Voy.* M. Delalande dans la Préface de fon Commentaire fur la Coûtume d'Orleans. *Voy.* auffi le Procès-verbal de la Coûtume de Montargis.

(*h*) Les Deputez dans cette oppofition parlent fimplement du Roi Philippe, fans dire lequel; mais les Lettres Patentes qu'ils avoient obtenuës pour être admis à faire cette oppofition, nomment expreffement *Philippe le Bel.*

arrêtées en l'assemblée des Etats de la Province, pour servir deformais aux habitans du païs de loi fixe & invariable. Faisons plus d'honneur à ce Prince & à Loüis XI. son successeur, qui suivit le projet de son pere. La redaction particuliere des Coûtumes ne fut pas proprement leur objet ; leurs vûës plus nobles & plus dignes du Souverain, alloient plus loin. Ils pensoient qu'un même Empire ne doit point être gouverné par des loix differentes ; que cette diversité de Coûtumes est aussi préjudiciable au bien de la Justice, qu'à l'union qui doit regner entre tous les sujets du Roïaume, & à la liaison & l'harmonie de toutes les parties de l'Etat ; que c'est principalement des loix que dépend le bonheur des peuples ; que l'uniformité & la simplicité font le principal ornement & le plus beau caractere de ces loix ; avantages ausquels il est impossible de parvenir dans une si grande confusion de Coûtumes si differentes & si contraires entre elles. Ils le sçavoient, & ils formerent le dessein de donner aux François un corps uniforme de Jurisprudence (*i*) puisé dans cet esprit commun qui regne dans toutes les Coûtumes, & tiré de ce qu'il y auroit en chacune

---

(*i*) C'est Dumoulin qui nous apprend ce fait qu'il pouvoit sçavoir par une tradition prochaine ; & Philippe de Comines dit que *le Roi Loüis XI. desiroit fort qu'en ce Royaume on usât d'une Coûtume, d'un poids, d'une mesure, & que toutes les Coûtumes fussent mises en François dans un beau livre.*

d'elles de meilleur, de plus fage, de plus judicieux, de plus afforti au genie & aux mœurs generales de la Nation. La redaction particuliere des Coûtumes ne fut donc ordonnée que parce qu'elle étoit un moyen néceffaire pour parvenir à l'établiffement d'une loi fimple & univerfelle. Mais malheureufement ce qui n'étoit qu'un moyen, eft devenu l'objet feul de l'exécution ; & le but fi naturel & fi defirable où tendoit ce moyen, feroit peut-être encore aujourd'hui regardé comme un projet plus brillant que pratiquable, deftiné tout au plus à flater les vœux & charmer le loifir d'un fpeculatif outré, fi M. le Chancelier, fous les aufpices d'un Prince né pour être l'arbitre de l'Europe & le pere de fes peuples, n'avoit donné les premices de l'exécution dans l'Ordonnance des Donations & celle des Teftamens.

Qu'on nous pardonne cette digreffion ; elle fied bien, ce femble, fur un point qui intereffe fi particulierement la gloire du Souverain, le bien des fujets, & l'honneur de la Jurifprudence. Revenons à nôtre Coûtume. L'Ordonnance de Charles VII. ne s'exécuta que bien lentement, & la redaction de la Coûtume d'Orleans ne fut commencée qu'en 1494. On s'affembla à Lorris, parce qu'Orleans étoit alors tenu en Appanage ; encore cette tentative demeura-t-elle fans fuccès.

L'ouvrage fut difcontinué. On le reprit en 1509. (*k*) fous de plus heureux aufpices. L'affemblée des Etats de la Province fe tint à Orleans, où les Commiffaires du Roi fe rendirent. Ce fut alors que Montargis & les Bailliages qui en dépendoient, fe feparerent d'Orleans : flattez apparemment de la jaloufe vanité d'avoir une Coûtume particuliere, ils rompirent l'union qui avoit regné jufques-là entre les deux Provinces. D'une feule Coûtume il s'en forma deux, mais fi reffemblantes, qu'on peut les regarder comme deux fœurs, qui, laffes de vivre en commun, confervent toûjours après leur feparation les heureufes marques d'une même origine, & le caractere d'une étroite liaifon.

A peine la redaction de 1509. étoit confommée, qu'on s'aperçût qu'une nouvelle devenoit néceffaire, & que cette premiere ne devoit être regardée tout au plus que comme un effai trop imparfait pour fervir d'une loi fixe & immuable. Mais cette reformation ne fut entreprife que long-temps après. Il femble que par une efpéce de fatalité les hommes n'aportent le remede aux maux politiques qu'après leur avoir laiffé un long & libre cours.

(*k* (La redaction avoit été commencée dès l'année 1505. comme il paroît par un procès-verbal du fieur Etienne de Foüille, Lieutenant General au Bailliage d'Orleans, qui avoit été nommé Commiffaire à cet effet par Lettres Patentes du Roi du 4. Mars 1505. Ce procès-verbal qui eft du 27. Juillet 1507. fe trouve encore en manufcrit.

En 1583. sur les Lettres Patentes données
par Henri III. les Avocats du Bailliage d'Orleans, au nombre de trente - quatre, (*l*) furent nommez pour dresser sous la direction
dés Gens du Roi, les cahiers de la nouvelle
Coûtume. Le celebre Achiles de Harlai, Premier Président du Parlement de Paris; Jacques Viole, & Nicolas Perrot, Conseillers
de la Cour, qui venoient de présider si heureusement à la réformation de la Coûtume de
cette grande Ville, furent encore nommez par
Sa Majesté pour Commissaires à la reformation
de celle d'Orleans. Nos peres avoient devant
les yeux la savante & judicieuse redaction de
la nouvelle Coûtume de Paris. Quel fut donc
le fruit de tant d'avantages ? On en profita à
la verité, pour inserer dans nôtre Coûtume la
plûpart des articles qui avoient été ajoûtez de
nouveau dans celle de Paris, mais non pour y
mettre le même esprit de justesse & de pré-
cision qui regne dans la Coûtume de la Capitale. Celle d'Orleans, malgré nos efforts, resta
après avoir été reformée, infiniment dé-
fectueuse & pour la forme, & pour le fonds,
comme si l'insuffisance & l'imperfection de
nôtre ouvrage eût été une espéce de tribut que
la Province eût payé à la Capitale, & le res-
pectueux aveu de sa superiorité.

(*l*) On apprend ces circonstances dans un Discours latin manuscrit prononcé en 1584. par M. Pierre Chotard, Avocat
au Bailliage.

Ne craignons point de devoiler ici les défauts de nôtre Coûtume ; ce détail eſt trop
néceſſaire à l'inſtruction de ceux qui la doivent étudier , pour bleſſer la délicateſſe de
nos citoyens ; ils pardonneront nôtre liberté
à nôtre zéle.

Et d'abord quelle confuſion dans les matieres
de chaque titre, qu'il eût été ſi facile de ranger
dans un ordre naturel ? (*m*) Pourquoi, par
exemple, dans le long titre des fiefs ne pas di-
ſtinguer les differentes parties dont cette vaſte
& importante matiere eſt compoſée , & qui
ont entr'elles une dépendance & une liaiſon
marquée ? La forme de faire la foi premiere-
ment, enſuite la ſaiſie féodale, puis ſucceſſive-
ment toutes les mutations qui donnent ouverture aux profits, le retrait féodal, le démem-
brement du fief , l'indemnité dûë par les gens
de main-morte, le deſaveu,& enfin la réünion :
Au lieu, dis-je, de placer les articles ſelon le
rang qui leur convenoit dans cet ordre, il
ſemble qu'on ait pris plaiſir à les confondre
& à les jetter dans le titre, ſuivant qu'ils ſe
ſont fortuitement rencontrez.

Il y a plus, dans pluſieurs titres on trouve des articles tout-à-fait étrangers au ſujet

(*m*) En 1702. un Avocat du Préſidial, nommé *Maſſon*, fit
imprimer à Orleans chez la veuve Boyer un ouvrage qui n'étoit
autre choſe que le texte même des articles de la Coûtume remis
ſur chaque titre dans un ordre naturel , & diviſez en chapitres &
en ſections.

du titre ; ainſi l'on eſt étonné de voir la matiere de la garde mêlée à celle des fiefs depuis
l'article 23. juſqu'au trentiéme : l'article 255.
qui parle du franc-aleu, eſt comme égaré dans
le titre des ſervitudes prédiales, auſquelles
il n'a nul raport ; les articles 191. & 210.
ſont encore viſiblement hors de leur place.

Ce n'eſt pas tout, on a chargé la Coûtume
de bien des articles aſſez inutiles, & l'on en
a negligé d'autres qui paroiſſoient eſſentiels,
& qu'on eſt obligé de ſupléer par l'uſage &
par l'interpretation. En general nul ordre,
nul goût, nul choix, nul enchaînement ; la
regle y ſuit quelquefois les exceptions ; les
conſequences y paroiſſent avant le principe ;
des idées differentes y ſont confonduës, & la
même idée s'y trouve au contraire fauſſement
diviſée ; d'une ſeule regle on en fait pluſieurs,
comme dans les articles 328. & 329. & quelquefois de pluſieurs une ſeule.

Mais ces défauts ſont legers en comparai-
ſon de ceux qu'on aperçoit dans la redaction &
l'expreſſion même des articles. Nos redacteurs
oubliant quelle attention, quelle exactitude,
& quels ſoins reſpectueux on doit aporter pour
faire parler la Loi, ſemblent n'avoir pas aſſez
connu cette juſteſſe & cette préciſion ſi con-
venables au langage des Loix. Combien d'articles qui ſe repetent, & ne ſont preſque
que l'écho les uns des autres ? Tels ſont les

articles 279. & 285. Ainſi les articles 178. 179. & 180. ne ſont preſque qu'une repetition des 23. 25. 26. 32. & 33. leſquels déja ſe repetoient en partie. Ainſi l'article 286. eſt renfermé dans les 272. & 273. qui ſe retrouvent encore dans le 306. La fin du 276. revient dans les 278. & 284. On ne finiroit point ſur ces repetitions, ſi l'on prétendoit les épuiſer. C'eſt un des avantages que la Coûtume de Paris a ſur la nôtre : plus courte, ſi l'on compte les articles ; plus longue, plus remplie, & plus étenduë, ſi l'on en peze le ſens & la force. Dans l'une il y a plus de mots ; dans l'autre plus de choſes. On a augmenté celle - ci par l'art heureux de l'accourcir ; on a diminué celle - là , en multipliant ſes articles.

Allons plus loin. Combien dans la Coûtume d'Orleans d'articles conçûs de la maniere la plus obſcure , la plus captieuſe, la plus ambiguë, la plus confuſe? Quelques-uns n'offrent même aucun ſens à l'eſprit, ſi l'on n'y ſuplée bien des choſes qu'on ne ſçauroit pardonner aux redacteurs de n'avoir pas exprimées , comme dans la fin de l'article 261. à ces mots , *ſauf le vendeur & obligé* . . D'autres plus dangereux encore preſentent un ſens faux, & contraire à l'intention de la Coûtume ; tels ſont les articles 314. & 349. Ainſi l'expreſſion de l'article 26. ſemble inſinuer que tous les biens qui échéent aux enfans mineurs pendant la durée de la garde, y tombent, contre l'intention même de la Coûtume, qui ne veut y faire tomber que les biens feuls qui leur font échûs par la fucceffion du conjoint prédecedé. L'article 220. n'eft pas conçû d'une façon moins captieufe & moins équivoque. Dans l'article 12 la tranfpofition de la phrafe, *pourvû que ladite faculté*, confond tout le fens de l'article. Rien de plus obfcur encore que les articles 108. & 138. Il y en a bien d'autres dans ce cas.

Une maxime generale eft quelquefois exprimée d'une façon particuliere ; ainfi l'article 261. n'énonce qu'un feul cas de la regle generale qui fait durer quarante ans l'action hypotecaire, toutes les fois qu'elle fe trouve jointe avec la perfonnelle. L'article 192. n'établit qu'une feule efpéce de la maxime generale des recompenfes duës par la communauté aux conjoints ; & quelquefois au contraire une maxime bornée à un cas particulier eft exprimée d'une façon generale, comme dans l'article 195.

En general le grand défaut des Auteurs de la redaction, leur défaut dominant & par tout répandu dans la Coûtume, c'eft de n'avoir point fçû énoncer les difpofitions de nos Loix municipales de cette maniere pleine, forte, exacte & lumineufe, qui prévient &

décide par avance les queſtions, qui écarte
les difficultez, qui va au-devant des doutes
& des inconveniens , & fixe invariablement
l'application de la Loi.

Mais ſi de la forme nous paſſons au fond même des diſpoſitions de nôtre Coûtume, combien y trouverons-nous de déciſions bizarres,
de déciſions contraires ou à la droite raiſon ,
ou à l'équité, ou même à l'eſprit veritable de la
Coûtume , ou enfin ſujettes à des inconveniens
& des embarras qu'aucun avantage ne rachette , & qui défigurent nôtre Juriſprudence ?

Quoi de plus injuſte , par exemple, que
l'article 26. qui donne au ſurvivant noble de
deux époux la proprieté de tous les biens
mobiliers , échûs par la mort de l'autre ,
à ſes enfans , comme ſi le malheur d'avoir
perdu dans un âge encore trop tendre celui
dont ils avoient reçû la vie , étoit un titre
pour les dépoüiller des biens que l'ordre de
la nature leur a ſi inviolablement affectez ?

Quel article plus oppoſé à l'équité que le
309. qui n'oblige les enfans à raporter les
fruits des biens qui leur ont été donnez par
leur pere , que du jour de la provocation à
partage , & non du jour de la mort du donateur , jour cependant qui ſaiſiſſant également
tous les enfans de la ſucceſſion paternelle, doit
par une ſuite naturelle établir dès ce moment
entr'eux une égalité parfaite?

L'article 408. qui affecte indistinctement les meubles des soulocataires à la sureté des loyers de la maison entiere dont ils n'occupent cependant qu'une partie, ne paroît gueres plus équitable. Sur tous ces points la Coûtume de Paris toûjours plus sage & plus mesurée que la nôtre, établit des dispositions précisément contraires à celles qu'on vient de censurer si justement.

Quoi de plus bizarre encore, & de moins convenable à la douceur de nos mœurs, que l'article 125. qui permet aux seigneurs de cens d'enlever les portes & les fenêtres des maisons dont le proprietaire leur doit des profits?

Mais quelle disposition moins conforme à l'esprit d'une saine Jurisprudence, sujette à plus d'inconveniens, & plus incommode dans l'usage & l'application, que celle de l'article 216. qui fait continuer la communauté entre le survivant qui n'a point fait d'inventaire & tous les heritiers indistinctement, soit majeurs, soit mineurs, soit enfans, soit parens collateraux du conjoint prédecedé? Combien la Coûtume de Paris s'explique-t-elle plus judicieusement sur ce point, en donnant aux enfans mineurs seuls des deux conjoints la liberté de demander, s'ils le veulent, au survivant la continuation de la communauté, comme une peine de sa négligence, & le dédommagement naturel du préjudice que leur caufoit le défaut d'inventaire.

La difpofition de l'article 207. étoit fi peu reguliere, qu'on l'a même abandonnée dans l'ufage, malgré le refpect & l'obéïffance que nous devons aux loix dont nous fommes les efclaves. Le 285. n'eft-il pas encore tout-à-fait oppofé à la jufte raifon du Droit, & aux principes même de la Coûtume fur la matiere des Fiefs ?

§. 3.

JUGEMENT SUR LES AUTEURS
qui ont écrit fur la Coûtume d'Orleans.

On pourroit pouffer beaucoup plus loin cette difcuffion, fi elle ne devenoit trop penible à l'attachement & au refpect fincere que nous avons pour la memoire de nos peres. Faut-il donc faire fentir les fautes qui leur font échapées ? Contentons-nous à prefent de faifir la reflexion qu'elles font naître. Plus nôtre Coûtume étoit imparfaite, & plus elle avoit befoin du fecours fidele d'Interpretes, qui joignant le fçavoir au jugement & à l'experience, fçuffent par l'art d'une adroite & prudente interpretation, aider, adoucir, fupléer, rectifier les difpofitions defectueufes qu'elle nous prefente, en diriger l'ufage, en redreffer l'application.

Pyrrhus Englebermæus , (*n*) Profeſſeur du Droit Romain dans l'Univerſité d'Orleans ſa patrie , entra le premier dans cette carriere delicate. *Pyrrhus* fleuriſſoit au commencement du ſeiziéme ſiécle. En ce tems le Droit Romain & le Droit François faiſoient comme deux états ſéparez , & d'autant plus jaloux l'un de l'autre , qu'ils étoient plus voiſins. A l'aſſemblée de 1509. pour la redaction de la Coûtume , les Docteurs demanderent ſolemnellement que l'article 12. fut retranché du cahier , comme étant de Droit ; ils le revendiquoient comme un bien qui leur apartenoit. Les Commiſſaires ayant rendu une Ordonnance conforme à cette demande , les Maire & Echevins en interjetterent appel; mais ſur leur deſiſtement la Cour rendit un Arrêt qui ordonna que l'article ſeroit rayé. Les articles 200. 205. 261. & 288. eurent le même ſort , parce qu'ils avoient auſſi le malheur d'être ſi conformes à la raiſon , qu'autrefois les Romains en avoient adopté comme loi les diſpoſitions.

Par ce ſeul trait il eſt aiſé de juger que les Docteurs des Univerſitez , fiers de la grandeur & de l'excellence du Droit dont ils étoient comme les Prêtres & les Miniſtres , eſtimoient trop peu les Coûtumes pour y don-

(*n*) Le Commentaire de cet Auteur a été imprimé avec quelques-autres de ſes ouvrages en 1529. à Paris.

ner une application capable de les éclaircir. *Pyrrhus*, au témoignage même de Dumoulin, avoit du genie, des talens, du fçavoir; mais peu verſé dans le Droit Coûtumier, qui ne s'apprend bien que par l'uſage des affaires, il ne connut point le veritable eſprit de nôtre Coûtume. Content d'appliquer ſuperficiellement à chaque article quelques textes ſouvent hazardez des loix, & quelques gloſes des Docteurs; les queſtions néceſſaires pour donner l'intelligence & fixer l'application des articles lui échapent, & ſon ouvrage ne peut être aujourd'huy, & apparemment n'a jamais été d'aucun uſage dans le Barreau, quoique le ſçavant Godefroy en 1598. l'ait fait réimprimer à Francfort avec des Notes & des Additions qu'il y a jointes.

Il étoit reſervé ſans doute à Dumoulin d'être le premier de ce ſiécle, qui ſçût réünir une connoiſſance également parfaite des deux Droits. Pouſſé par la force d'un genie pour qui rien n'étoit difficile, il entreprit de former la Juriſprudence Françoiſe, qui n'étoit alors qu'une eſpéce de cahos informe & tenebreux, & il l'exécuta; il y porta la lumiere, l'ordre & l'exactitude; il établit des principes, il tira des conſequences, il demêla le veritable eſprit de nos Coûtumes; & dans ſes ſçavans écrits il fit voir à la France étonnée, qu'inventer l'art & le perfectionner ſont quelque-

fois

fois la même chofe pour les Grands Hommes.
Le Barreau prit alors une nouvelle face, le
Palais devint une fource de lumieres ; & pendant que les Cujas, les Duaren, les Hotman
travailloient fi heureufement pour le Droit
Romain, les Dargentré, les Lemaître, les
Mornac, les Coquille n'établiffoient pas avec
moins de fuccès les vraïes maximes de nôtre
Droit François. Mais dans un temps fi fecond en genies excellens, & qui fut comme
le triomphe de la Jurifprudence, à Orleans
les efprits furent peu empreffez à éclaircir par
leurs travaux nôtre Droit municipal. Près
d'un fiécle s'écoula depuis *Englebermæus*, fans
qu'il parut perfonne dans cette lice ; car je
ne compte pas une Edition de la Coûtume
d'Orleans qui fe fit en 1570. & dans laquelle
Leon Tripault, Avocat du Siége infera quelques Notes marginales fi fuccintes & en fi
petit nombre, qu'elles ne peuvent être d'une
grande utilité ; elles fuffifent cependant pour
faire juger que l'Auteur entendoit mieux la
Coûtume qu'*Englebermæus*, quoiqu'il n'ait
pû éviter, dans le peu même qu'il a dit, de
tomber en quelques erreurs.

Mais enfin, vers le commencement du fiecle
paffé, il fe trouva dans le Prefidial d'Orleans
un homme laborieux, appliqué, paifible,
ami de la retraite, uniquement partagé entre
les fonctions de fa Charge, & l'étude affiduë
de la Jurifprudence; c'étoit Henry Fornier,
II. Partie.

fecond fils de Guillaume Fornier, celebre par fes écrits, le rival de Cujas, fi quelqu'un eût pû l'être, & l'un des plus grands ornemens de l'Univerfité d'Orleans dont il étoit Profeffeur. Le fils laiffant à fon frere aîné le Droit Romain, comme une efpéce de fief dans cette famille illuftre par le fçavoir, s'attacha particulierement à aprofondir nôtre Coûtume, & en penétrer l'efprit. Pour y parvenir, il la confera foigneufement, tant avec la Coûtume de Paris à qui la nôtre eft fi liée de toutes manieres, qu'avec nôtre ancienne Coûtume, qu'il n'ignoroit pas être le Commentaire le plus jufte & même le plus fecond de la nouvelle; il fçavoit auffi qu'une Coûtume ne s'explique jamais fi bien que par les articles qui la compofent, qu'elle eft à elle-même fon plus fidele & plus fur interprete. Il s'appliqua donc à demêler la dépendance mutuelle des articles, il en compara les differences, il en réünit les raports. Par là il découvrit cet efprit commun qui refulte de l'harmonie, & même quelquefois de la contradiction apparente de plufieurs articles raprochez fous un point de vûë. Il vit avec ce plaifir flateur qui dédommage toûjours avec ufure des travaux de la recherche, que par le feul raprochement d'articles differens, les plus grandes difficultez s'évanoüiffoient quelquefois; & il renferma tout ce travail dans des Notes courtes à la verité, mais qui paroiffent le fruit d'une meditation profonde, & de l'intelligence la plus parfaite de la Coûtume. Ecrivain modeste, exact, judicieux, un seul mot lui suffit pour ouvrir un champ fecond en confequences. Il semble qu'il ne soit avare des mots que pour enrichir la pensée, semblable à ces grains d'essence qui sous une petite masse renferment beaucoup de substance & de vertu. Son ouvrage, quelque court qu'il paroisse, a donc toûjours été infiniment estimé parmi nous au Palais, & nos plus habiles ont été ceux qui en ont fait le plus d'usage.

La même année que parut l'ouvrage de Fornier (*o*), un nommé Duret lui donna un nouveau lustre, en faisant imprimer en un gros Volume *in quarto* le Commentaire qu'il avoit fait sur la Coûtume d'Orleans. On trouva que le vaste Commentaire étoit vuide, sterile & petit, & que les petites Notes au contraire étoient une grande & fertile source d'instructions. Sans cette circonstance où le contraste releve si avantageusement la gloire de Fornier, j'aurois balancé peut-être à mettre ce Duret au rang des Auteurs qui ont travaillé sur nôtre Coûtume. Un Livre écrit sans goût, sans jugement, sans netteté, sans discernement, ne merite que d'être oublié, c'est tout ce que peut esperer l'Auteur de l'indulgence du public.

(*o*) Il fut imprimé en 1609. à Orleans, chez Boinard & Nyon.

On s'en tint donc à Fornier ; mais quelque beau que fut son ouvrage, il faut avoüer qu'il n'avoit pas encore tout fait. L'interêt de la Jurisprudence demandoit quelque chose de plus étendu. Il faut aux besoins des Etudians un Commentaire où ils trouvent le sens, l'usage, & l'espéce des articles pleinement devoilez ; les raisons sur lesquelles sont fondées les dispositions , expliquées & aprofondies ; les objections discutées, la chaîne des consequences qui naissent des regles, dévelopée ; le perfectionnement des maximes par la suite & les changemens de la Jurisprudence , exposé avec soin ; l'origine & le progrez des dispositions coûtumieres, éclaircis par l'histoire de nos antiquitez qui y ont raport ; ces questions douteuses & difficiles qui s'élevent sur l'interpretation des articles, balancées & resoluës, les décisions enfin appuyées & par le suffrage des Auteurs, & par l'autorité des choses jugées.

En traçant ici l'idée d'un Commentaire tel qu'on devoit le souhaiter , j'ai peint, sans y penser , celui de M. Delalande, qui dans le dernier siécle professa le Droit parmi nous avec tant de sçavoir & de reputation. Il semble que ce fût de l'Université d'Orleans que devoit sortir la lumiere destinée à éclairer nôtre Droit municipal, comme si les Ministres de la Jurisprudence Romaine eussent voulu par là faire une espéce de satisfaction à nôtre Droit

Coûtumier qu'ils avoient autrefois traité avec
tant de hauteur. La fatisfaction ne pouvoit
être plus heureufe. Dans ce Commentaire
(*p*) le bon fens, la folidité, l'érudition,
la clarté, l'intelligence vive & lumineufe
de l'efprit de nôtre Coûtume & des principes de la Jurifprudence françoife, par
tout caractérifent l'Auteur ; mais une des
plus grandes beautez de fon ouvrage, &
par laquelle il eft vraiment original, c'eft le
parallele continuel qui y regne entre le Droit
Romain & le Droit François, & l'art judicieux avec lequel il fçait appliquer les plus
beaux textes des Loix à l'éclairciffement &
l'interpretation des difpofitions de la Coûtume. On diroit dans fes écrits que le Droit
Romain n'auroit été fait que pour fervir heureufement le nôtre, tant il lui prête de jour &
de beautez. Son ftile négligé, le tour an-
tique de fon expreffion, & fon vieux langage prefque digne du fiécle d'Henri I I I.
plaifent cependant toujours par l'énergie,
la naïveté, la force, & la netteté qui ac-
compagnent fon difcours. En le lifant on feroit tenté de penfer que nous avons affoibli
nôtre langue en la poliffant. Enfin le Commentaire de M. Delalande feroit parfait fans
quelques fautes qui lui font échapées fur les
points qui dépendent particulierement de

(*p*) On trouvera la Vie & l'Eloge de M. Delalande à la tête des
Obfervations fur les erreurs échapées à ce fçavant homme dans fon
Commentaire.

l'ufage du Palais, & de ces maximes qui fe
forment & s'épurent par l'agitation & la difcuffion tumultueufe du Barreau. Je ne veux
pas obmettre une circonftance bien glorieufe
pour cet ouvrage, c'eft qu'après avoir été négligé d'abord, il a forcé tous les fuffrages de
fe réünir en fa faveur. Long-temps M. Delalande en appella à l'équitable pofterité, long-
temps à Orleans on parut lui refufer fur fon
Commentaire la juftice qu'il étoit fi bien en
droit d'attendre.

Les conjonctures dans lefquelles il le donna (*q*), en avoient peut-être été la caufe.
On fçavoit que M. de Givès, dont le nom
eft encore en veneration dans ce Châtelet,
& dont toutes les décifions étoient reverées
comme des loix, travailloit alors à mettre
par écrit tout ce que des lumieres fupe-
rieures, une longue experience, & l'étude la plus parfaite de la Coûtume lui en
avoient appris. On ne crut pas que l'ouvrage
d'un Docteur peu verfé apparemment dans
l'ufage du Palais, pût fe mefurer avec celui
de ce celebre Avocat du Roi. Mais le Commentaire de M. de Givès n'a point parû, &
nous joüiffons heureufement de l'autre. Sa famille avoit fait prefent du manufcrit à un Ma-

____

(*q*) Il parut pour la premiere fois en 1673. Il a été réimprimé
en 1704. à Orleans chez Borde. La liberté que s'étoit donnée
l'Editeur, de retoucher l'ouvrage, & de mêler fes penfées à
celles de M. Delalande, fit tomber cette Edition. *Voyez* fur ce
fujet le Journal des Sçavans du 1. Décembre 1704.

giftrat deftiné à devenir un jour dans ce
Royaume le chef de la Juftice, dont malgré
fa jeuneffe il étoit déja l'oracle.M.Dagueffeau,
toûjours zelé pour l'avancement des Lettres ,
confia l'ouvrage à M. de Lauriere qui travailloit au grand projet d'un Coûtumier general,
& dans les papiers duquel il n'a pas été poffible
de retrouver le manuscrit après fa mort.

L'Auteur des Notes inferées dans l'Edition
de la Coûtume qui parut en 1711. nous
confola un peu de cette perte ; il nous apprend qu'il avoit eû communication des Memoires de M. de Givès, & qu'il avoit enrichi
fes Notes de ce qu'il y avoit trouvé de plus
beau & de plus intereffant : il s'apropria encore les Notes de Fornier qu'il accommoda
& refondit à fa maniere. Lui-même étoit fçavant dans nôtre Coûtume. De tout cela il
compofa un ouvrage utile, quoiqu'il eût un
des plus grands defauts que puiffe avoir un
bon Livre, celui de n'être point entendu.L'Auteur, qui n'a pas voulu fe nommer , a fçû être
court, mais non pas être clair ; l'obfcurité
ferrée d'un ftile embarraffé & confus, y cou-
vre tellement fes penfées, qu'on ne fçauroit
parvenir à l'entendre qu'à force de reflexions.

§. 4.
LES MOTIFS ET LE DESSEIN DE
l'Ouvrage qu'on donne prefentement au Public.

Malgré ce défaut, l'Edition qu'il donna de
la Coûtume fut fi recherchée, qu'au bout de

vingt ans elle fe trouvoit déja prefque épui-
fée. Sa forme commode, & les Notes où l'on
apprenoit toûjours bien des chofes affez ef-
fentielles qui avoient échapé aux recherches
de M. Delalande, la rendoient néceffaire au
Public. Il falloit donc, ou réimprimer l'ouvrage tel qu'il étoit, ou le perfectionner fans
diminuer la commodité du volume ; il falloit, ou joindre aux articles les Notes de
l'Auteur, ou en fubftituer de nouvelles plus
pleines, s'il étoit poffible, plus claires, plus
exactes, plus utiles en un mot, & dans lefquelles on pût fondre ce qu'il y avoit de bon
dans les anciennes, fans y faire entrer les défauts. C'eft auffi ce dernier parti qu'on a pris
comme plus avantageux au Public, ou, pour
mieux dire, c'eft le deffein qu'on a eû en vûë,
mais dans lequel on n'ofe fe flater d'avoir réüffi.

Il faut trop de parties, trop de talens réü-
nis pour compofer d'excellentes Notes, c'eft
le plus beau fruit d'une érudition confommée ;
& l'on fe tromperoit groffierement, fi l'on en
jugeoit toûjours par la petiteffe du volume
qu'elles offrent aux yeux. L'Auteur dans des
Notes telles qu'il convient de s'en former
l'idée, doit fe mettre, pour ainfi dire, à ce
point de la verité où tous les rayons de lumiere aboutiffent. De là comme d'un centre
fecond, d'un feul trait il répand le jour, &
éclaire tout ce qui l'environne ; il fçait avec
cette juftesse & cette intrepidité de raifon

où il eſt ſi rare de parvenir, ne s'attacher qu'à ce qu'il y a d'eſſentiel, de précis, de déciſif. Il l'exprime dans toute ſa force & ſa pleni- tude ; & comme la clarté n'eſt autre choſe que l'expreſſion parfaite du vrai, il eſt en quel- que façon d'autant plus clair & plus facile, qu'il eſt plus ſerré, plus fort, plus rempli, plus concis.

Encore un coup on n'a garde de penſer qu'on ait pû même approcher de ce modele ; mais on ſçait, & c'eſt d'un grand Maître * qu'on l'a appris, qu'en travaillant il faut toû- jours avoir devant les yeux l'image de la per- fection; ſi avec un tel ſecours on demeure toûjours ſi loin du but, que ſeroit-ce, ſi l'on n'étoit animé par cette vûë noble & puiſſante?

Les nouvelles Notes au ſurplus ne ſont pas la partie la plus intereſſante de l'ouvrage qu'on offre au Public; on lui a fait un preſent plus précieux en lui redonnant les Notes de Fornier ſi eſtimées & ſi rares, & l'on eſpere de meriter par là ſon indulgence pour le reſte. C'eſt donc proprement de l'ouvrage du celebre Fornier qu'il s'agit ici, le reſte ne peut être regardé que comme l'acceſſoire ; & ſi l'on y a ajoûté de nouvelles Obſervations, ce n'eſt que pour developer l'ouvrage du ſçavant Ma- giſtrat, pour y joindre les découvertes & les maximes que le temps a fait naître, ou éclaircies.

* Ciceron.

Sans fortir cependant des bornes étroites qu'on s'eſt preſcrit dans ces Notes, on a tâché de n'y rien obmettre de tout ce qui pouvoit ſervir à l'intelligence la plus pleine & l'application la plus feconde des articles de nôtre Coûtume; on a eſſayé d'y renfermer comme en un tableau racourci , & ſans cet étalage que traîne ordinairement après ſoi le ſçavoir, tout ce que les Auteurs nous apprennent communément ſur les differentes matieres de la Coûtume , & même quelquefois plus qu'ils ne nous apprennent. On s'eſt crû redevable également à toutes ſortes de perſonnes. Sur les partages & les liquidations de communauté, on eſpere que les Notaires y trouveront toute la ſuite des déciſions néceſſaires pour diriger leurs travaux dans des operations ſi intereſſantes au repos des familles, & qui dépendent ſouvent des principes les plus compoſez de nôtre Juriſprudence. Les ſçavans pourront avoir le plaiſir de s'y rapeller d'un coup d'œil toutes les idées des choſes qui leur ont tant coûté à ſçavoir : ceux qui ne ſont que Praticiens y apprendront au moins quelles ſont les maximes & les regles de la Juriſprudence, à la faveur deſquelles ils peuvent agir ſurement dans leur miniſtere. Les gens du monde même qui ſçavent aſſez penſer pour oſer faire uſage de leur raiſon dans la conduite de leurs affaires, y chercheront peut-être quelquefois à s'aſſurer par eux-mêmes de la folidité des confeils qu'ils reçoivent. Ces Notes font courtes, elles font fimples, on s'eft propofé d'y épargner les difcuffions, d'y inftruire fans appareil & fans embarras ; on les a faites pour être d'ufage au Palais comme dans le Cabinet, à la ville comme à la campagne , pour fe prêter par tout, s'il eft poffible , aux befoins de ceux qui voudront bien fe familiarifer avec elles.

On a fait plus, on a crû devoir joindre à ces Notes des Obfervations fur les fautes qui font échapées à M. Delalande dans fon Commentaire. L'envie de fervir le Public , & l'eftime pour l'Auteur ont feules produit cette Critique. M. Delalande meritoit que fon ouvrage devint auffi parfait qu'il eft poffible; & corriger ce petit nombre d'erreurs qui y font répanduës, c'étoit précifément le rendre parfait. On efpere donc qu'au moïen de ces corrections il ne manquera plus rien à l'inftruction de ceux qui s'empreffent avec raifon d'y puifer la connoiffance profonde de nôtre Coûtume & des principes de la Jurifprudence françoife. Il étoit important qu'ils puffent marcher fûrement dans une route fi belle & fi favante. Les erreurs des Grands Hommes font dans les fciences des écüeils dangereux pour les efprits des commençans ; les fautes fe dérobent fous la foule éblouïffante des veritez ; & plus on a conçû une jufte admiration pour l'Auteur, plus on rifque de s'égarer avec lui.

On n'a pas manqué d'inferer auffi dans cette Edition les fçavantes Remarques de Dumoulin fur quelques articles de nôtre ancienne Coûtume, & de les citer à la marge des articles de la nouvelle aufquels elles ont raport. Ces Remarques fi courtes, fi l'on en juge par les mots, renferment des fens fi profonds & fi exquis, qu'on les a toûjours regardées au Palais avec la même veneration qu'on rendoit autrefois aux oracles.

On peut affurer enfin quon n'a rien negligé de tout ce qui pouvoit rendre cette Edition complétte & inftructive. Si l'on n'a pas mis comme dans l'Edition de 1711. des Sommaires aux articles, c'eft qu'on a mieux aimé les éclaircir que les abreger, & qu'ils font courts pour la plûpart fans être exacts. Mais l'Auteur de l'Edition de 1711. avoit joint à fes Notes une Table Parallele de la Coûtume de Paris & de la nôtre, où il en mettoit fous les yeux les raports & les differences; il y avoit ajoûté une Conference de la Coûtume d'Orleans avec les Coûtumes voifines, & particulierement avec celle de Montargis, l'interprete naturelle de la nôtre. Ce travail nous a paru trop effentiel pour n'en pas enrichir l'Edition qu'on donne aujourd'hui au Public. Heureux fi l'on peut lui être utile, c'eft l'objet feul qu'on a eû, & qu'on devoit avoir en vûë. *Deum colit & æmulatur, qui mortalibus benefacit.*

SUPLE-

SUPLÉMENT

Aux Notes sur les Articles du Titre des Fiefs, qui concernent les profits dûs aux seigneurs de fief.

E dessein de ce Suplément est d'établir, conformément aux dispositions de nôtre Coûtume, une théorie generale pour déterminer tous les cas dans lesquels il peut être dû profit aux seigneurs, & décider toutes les questions qui peuvent s'élever sur une matiere si interessante & d'un si grand usage.

PRINCIPE FONDAMENTAL,
qui est la clef de toute cette matiere.

LE propre caractere des profits est d'être le prix du consentement que le seigneur donne à la mutation de son fief; car les fiefs dans leur origine n'étoient ni hereditaires, ni alienables. Ce principe est assez insinué dans

II. Partie. * A

l'article premier de la Coûtume d'Orleans, qui porte, qu'un vaſſal peut vendre ſon fief, & que le ſeigneur eſt tenu de recevoir en foi l'acquereur en payant le quint.

PRINCIPES

Qui ſont des Corollaires du Principe general, & qui en déterminent l'application.

Que les profits ne ſont dûs au ſeigneur que par la mutation du fief.

I.

LA mutation eſt la tranſlation de la proprieté qui ſe fait, ſoit par la voye de l'alienation, ſoit par l'ordre des ſucceſſions, & elle donne ſeule ouverture aux profits.

I I.

Ainſi, pour donner lieu aux profits, il ne ſuffit pas que l'ancien proprietaire perde la proprieté & la poſſeſſion, ſi un autre ne l'acquiert de nouveau; ce n'eſt donc pas l'ouverture ſeule du fief, mais la tranſlation d'une main en une autre qui produit le profit; l'ouverture ne donne lieu qu'à la ſaiſie féodale. (Paris, *art.* 1. Orleans, *art.* 43.)

Ainſi il n'eſt point dû de profit au ſeigneur, ni par la nomination, ni par la mort du curateur créé à la ſucceſſion vacante du vaſſal.

Si cependant la ſaiſie réelle des heritages féodaux, faite à la requête des créanciers de la ſucceſſion vacante, duroit trop long-tems, le feigneur feroit en droit d'obliger les créanciers de lui nommer, en attendant qu'on pût parvenir au decret, un homme vivant & mourant, par la mort duquel il lui feroit dû profit. A la verité les créanciers, aux termes de l'article 4. peuvent demander fouffrance, & le feigneur ne peut la leur refufer ; mais bien entendu qu'elle ne fera point éternelle, & que le feigneur qui, fuivant le droit commun, devoit avoir la faculté de remettre en fa main fon fief qu'il trouvoit ouvert, ne foit pas privé trop long-tems, & du profit de la faifie féodale que la Coûtume lui ôte par l'aritcle 4. & de l'efperance des mutations qui donnent ouverture aux profits. C'eft la doctrine de Dumoulin fur l'art. 85. de la Coûtume de Paris, *n.* 98. & fur l'article 28. *Gloff.* 1. *n.* 23. La Jurifprudence des Arrêts y eft conforme.

I I I.

La mutation de la poffeffion qui paffe d'une main en une autre, n'engendre point de profits, fi la poffeffion fe trouve feparée de la proprieté, ce qui arrive lorfque celui qui étoit en poffeffion & paroiffoit feigneur, ne l'étoit pas veritablement, fi par exemple il avoit acheté *à non domino.* Il eft vrai que tant qu'il n'eft point évincé, il eft reputé feigneur, & en cette qualité apparente peut être contraint au payement des profits ; mais après l'éviction, il faut que la préfomption cede à la verité ; & s'il a payé des profits, il fera en droit de les repeter *condictione indebiti.*

De là il fuit, que fi après avoir acheté un fief de celui qui le poffedoit, quoiqu'il n'en fut pas le legitime proprietaire, je le laiſſe par ma mort à mon heritier qui le revend à Titius, & que Titius laiſſe pour heritier en ligne collaterale Mœvius que le veritable proprietaire évince en fin du fief ; le ſeigneur ſera tenu de rendre, 1°. les deux profits de quint qu'il aura touchez par la vente qui m'avoit été faite, & par celle que mon heritier avoit faite à Titius ; 2°. les deux profits de rachat qui lui auront été payez par mon heritier, & par Mœvius heritier de Titius ; car puiſque je n'étois point proprietaire du fief, quoique je paruſſe l'être, je n'avois pû en transferer la proprieté, toutes ces mutations n'étoient donc qu'aparentes, & ne pouvoient par conſequent donner ouverture aux profits par le principe premier.

Au contraire, ſi le veritable proprietaire étoit mort avant que d'avoir revendiqué, que Pierre ſon heritier collateral eût encore laiſſé pour heritier Jacques qui auroit enfin donné la demande en revendication ; le ſeigneur, en rendant les profits qui lui avoient été payez par les mutations des poſſeſſeurs, ſeroit bien fondé à demander à Jacques deux profits de rachat ; car la proprieté du fief avoit paſſé veritablement à Pierre à titre de ſucceſſion, & de Pierre à Jacques au même titre.

I V.

Pour regler la maniere dont les profits ſont dûs, il faut ſuivre la Coûtume du lieu où eſt ſitué le fief ſervant, car les profits ſont des charges & des redevances impoſées par la Loi ſur les heritages qui les doivent ; or la Loi ſeule du païs dans lequel eſt ſitué un heritage, a droit d'y impoſer des charges.

V.

Dans les mutations qui arrivent du côté du ſeigneur, le vaſſal doit toûjours la foi

& hommage, quand même il l'auroit déja portée au précedent feigneur ; mais il ne doit ni dénombrement, ni profits. (Orl. *art.* 60.)

V I.

A plus forte raifon dans les mutations qui arrivent du côté du vaffal, la foi eft toûjours dûë par le nouveau vaffal, qui ne peut fans cela fe dire faifi contre fon feigneur de fief. (Cout. d'Orl. *art.* 88.)

L'article 38. n'eft pas une exception à cette regle, car le mari ayant porté la foi comme chef de la communauté, eft cenfé l'avoir portée tant pour lui que pour fa femme.

MUTATIONS

Pour lefquelles il eft dû profit de Quint.

V I I.

LE profit de quint n'eft jamais dû que dans les mutations qui arrivent par vente, ou par contrat équipollent à vente, & il doit être payé par l'acheteur. (Coût. d'Orl. *art.* 1. Paris, *art.* 33.

Il eft vrai que les nouveaux Edits raportez cy-deffous ont affujetti l'échange aux mêmes droits que la vente ; mais ces droits d'échange étant plûtôt des impofitions extraordinaires que les befoins de l'Etat ont fait établir, que des droits feigneuriaux attachez à la nature du fief & de la mouvance, ne changent point la verité de la maxime generale.

De là naiffent les confequences fuivantes : 1º. Comme il n'eft dû qu'un feul profit de quint lorfqu'il n'y a qu'une feule vente, il s'enfuit que fi un particulier achette, ou bien fe rend adjudicataire en Juftice d'un heritage féodal pour une perfonne qu'il déclarera dans la fuite, quoiqu'il n'ait point d'elle de pouvoir en forme, s'il fait enfuite la déclaration au profit de Titius qui l'accepte, Titius feul devra le profit, car il eft le veritable & feul acquereur ; mais pour que cette décifion ait lieu, il faut que deux conditions concourent : La premiere, que Titius fut vivant & capable d'acquerir au tems de l'adjudication; autrement on ne pourroit pas fuppofer qu'il auroit donné pouvoir, d'où il fuit que le procureur prétendu n'auroit acheté que pour lui-même, & qu'ayant enfuite cedé l'heritage à Titius, il y auroit eû deux mutations à prix d'argent qui produiroient un double profit de quint. La feconde condition eft, qu'entre l'achat fait pour une perfonne qu'on déclarera, & la déclaration, il ne fe paffe pas un intervalle de tems trop confiderable, qui feroit juftement préfumer que le procureur prétendu n'avoit charge de perfonne, & n'avoit fongé qu'à fe ménager par cette claufe la facilité de revendre plus avantageufement.

2º. Il fuit du même principe, que fi celui qui avoit reçû un pouvoir en bonne forme, achette néanmoins en fon propre nom par inadvertance ou autrement, & cede enfuite par un autre acte le fief à celui qui l'avoit chargé de l'acheter, il ne fera dû qu'un feul profit de quint, pourvû qu'il paroiffe par une procuration devant Notaires, paffée au plus tard le même jour que l'acquifition, que dans la verité il n'avoit où intention d'acheter que pour son mandant. Une protestation qu'il auroit faite devant Notaire le jour même de l'acquisition, ou peu de jours après, auroit le même effet qu'une procuration. On a jugé même par Arrêt rendu en la seconde des Enquêtes, le 6. Mars 1690. & raporté par Lemaître, que lorsque l'acquisition s'est faite sous un nom emprunté, il n'est dû qu'un seul droit, quoique celui qui a prêté son nom ait acheté sans procuration, qu'il se soit fait investir par le seigneur, & qu'il ait paru seul possesseur pendant plusieurs années, pourvû que dans le tems même de l'acquisition, ou incontinent après, il ait fait sa déclaration devant Notaire, & qu'il y en ait minute.

3°. Si quelqu'un achette un fief à la charge de le faire decreter volontairement pour purger les hypoteques, & qu'après l'avoir fait decreter, il s'en soit rendu adjudicataire, il n'est point dû un nouveau profit pour cette adjudication qui n'a point produit de mutation ; car il étoit déja seigneur de l'heritage, ce n'étoit pas même une vente à son égard, *quia rei sua emptio consistere non potest.* Regulierement donc le seigneur ne pourroit exiger le profit que sur le pied du contrat de vente ; cependant la Coûtume par accommodement, & pour prévenir les fraudes que cette double vente pourroit faciliter aux acquereurs, donne le choix au seigneur de prendre les profits suivant le prix du contrat ou du decret. (Paris, *art.* 84. Orl. 106.)

4°. Si celui à qui il est échû une succession composée de biens de différente nature , & entr'autres d'un fief, vend ses droits successifs, l'acquereur devra, pour raison du fief, le profit de quint, qui s'estimera par ventilation ; car quoiqu'il n'ait acheté proprement qu'un droit d'heredité, qui est purement incorporel & distingué des corps hereditaires, & qu'un droit d'heredité ne soit point tenu en fief, cependant la vente du droit d'heredité emporte par une conséquence nécessaire la vente & le transport des effets

*A 4

de la fucceſſion, & ce tranſport ayant été fait à prix d'argent, il en eſt dû le profit de quint.

5°. Puiſque le profit de quint n'eſt pas moins dû pour les contrats équipolens à vente, que pour la vente proprement dite, il en faut conclure, 1°. que ſi un débiteur donne un fief en payement à ſon créancier, le créancier doit le profit de quint. Cette regle néanmoins ſouffre deux exceptions ; la premiere dont il ſera parlé au nombre ſuivant dans le cas d'un pere qui donne un fief en payement de la dot ; la ſeconde, lorſque le mari ou les heritiers du mari donnent à la femme ou à ſes heritiers des conquêts en payement de ſes repriſes, ce qui a lieu, ſoit qu'elle accepte la communauté, ſoit qu'elle y renonce. Dans le premier cas elle prend ces conquèts à titre de prélevement ſur la maſſe de la communauté, & par conſequent à titre de partage, titre exemt de profits, comme nous verrons bien-tôt au nombre 11. Dans le ſecond elle eſt cenſée, en renonçant à la communauté, s'être reſervé ſur les conquêts qui en faiſoient partie, un droit, non pas à la verité pour les partager, mais pour y exercer au moins ſes repriſes, ce qui eſt une eſpéce de partage, & c'eſt à ce titre qu'elle les prend plûtôt qu'elle ne les reçoit en payement. (Arrêt du 23. Juin 1665. raporté par Deſmaiſons, *lettre* L. *ch.* 2. & la maxime en eſt conſtante au Palais.) Mais comme on ne peut plus dire la même choſe lorſqu'elle ſe fait ajuger des propres de ſon mari pour la remplir de ſes repriſes, elle devra alors le profit de quint, ſi ces propres ſont en fief.

2°. On en conclut, que ſi un fief eſt donné pour recompenſe de ſervices eſtimables à prix d'argent, & pour leſquels on peut avoir action en Juſtice, encore que l'acte ſoit conçû en forme de donation, il doit être regardé comme une veritable dation en payement équipolente à vente, & ſujette au profit de quint; (Cout. d'Orl. *art.* 117.) pourvû néanmoins que ces ſervices ne ſoient point enoncés d'une maniere vague

qui feroit cenfée fervir de couleur à la donation,
comme fi le donateur avoit dit en general qu'il donne
fon fief pour recompenfe des peines , voyages, dé-
bourfés & fervices qui lui ont été rendus par le donataire, fans les fpecifier plus particulierement. Que
fi les fervices recompenfés, quelque cenfiderables qu'ils
puiffent être , font des fervices d'honneur & d'affection,
la recompenfe en eft une pure donation. C'eft liberalité que de recompenfer des fervices pour lefquels
on n'a point de droit de rien exiger de nous ; & quoique
la reconnoiffance faffe partie des devoirs d'un honnête
homme , elle n'en eft pas moins gratuite.

La donation onereufe ne diffère de la remunera-
toire qu'en ce que celle-ci paye des fervices paffés,
& celle-la des fervices futurs, & la même diftinction
y a lieu. (Orl. *art.* 117.)

6°. Le bail à rente rachetable emporte le profit de
quint fur le pied du principal de la rente ; (Paris ,
art. 23. Orl. *art.* 109.) car comme il ne tient qu'à
l'acquereur d'avoir, quand il voudra, le fief pour de
purs deniers , c'eft à fon égard un contrat équipolent
à vente , autrement on auroit une voie toute ouver-
te pour frauder les feigneurs. J'aurois peine à
étendre cette décifion au cas d'une maifon de cette
Ville qui auroit été donnée à bail à rente non rachetable , quoique par la difpofition des Ordonnances & de la Coûtume , *art.* 270. ces fortes de
rentes foient rachetables à perpetuité , lors même
qu'elles ont été ftipulées non rachetables. Il fuffit
que par l'intention & la difpofition des parties , la
rente foit non rachetable , quoique par accident, &
par une raifon de police publique elle puiffe être ra-
hetée ; c'eft par le titre du contrat qu'il faut juger
de la nature de la mutation. (Arrêt rendu en la
Grand'Chambre, au raport de M. Cofte de Cham-
peron, le 18. Janvier 1737. qui l'a ainfi jugé.

7°. Si le fief eft aliené pour des charges eftimables
& refolutives en argent , comme de continuer une

rente, de payer une penſion viagere ; ſi l'acquereur conſtitue ſur lui une rente pour le prix de l'heritage ; s'il eſt échangé contre des choſes mobiliaires qui ſe convertiſſent facilement en deniers, ou contre une rente qui apartenoit à l'acquereur, & qu'il s'oblige de faire rembourſer dans l'année par le débiteur; ou ſi c'étoit une rente que le débiteur pour cauſe de ſtellionat eût été condamné à rembourſer, ou une rente dont le créancier auroit été colloqué à l'ordre des deniers provenans de la vente par decret des biens hipotequez à la rente ; dans tous ces cas il eſt dû profit de quint au ſeigneur, puiſque la choſe donnée en contréchange du fief ſe reſolvant en deniers, l'acquiſition dans la verité ſe fait à prix d'argent. *Voyez* la fin de l'article 111.

MUTATIONS

Pour leſquelles il eſt dû profit de Rachat.

VIII.

LA regle generale eſt que pour toutes les mutations, autres que celles qui ſe font à titre de vente ou de contrat équipolent, il eſt dû profit de rachat. (Paris, *art. 33.*) On excepte les ſucceſſions en ligne directe qui ſont exemtes de profit, (Orl. *art. 22.*) exception fondée ſur ce que l'étroite liaiſon que la nature a miſe entre le pere & l'enfant, les fait regarder comme une même perſonne. D'ailleurs, ſuivant cette belle Loi 11. *ff. De liber. exhæred.* les enfans, *vivo etiam patre, paternorum bonorum quodam modo domini exiſtimantur, ita ut poſt mortem patris dominium continuatum potius quàm mutatum videatur.* Or s'il n'y a point de mutation, il n'y a point d'ouverture aux profits par le principe.

De cette regle il ſuit, qu'à cette exception près, toutes les manieres d'acquerir introduites, ou par le droit naturel, ou par la Loi civile, donnent ouverture au profit de rachat. Les premieres ſont l'occupation & la tradition. La tradition d'un fief ſe fait à titre, ou de donation, ou de vente, ou d'échange, ou de bail à rente, ou de dot, ou de ſocieté, ou de partage, ou de tranſaction. Les titres d'acquerir établis par la Loi civile, ſont la preſcription & les ſucceſſions.

OCCUPATION.

Lorſque le ſeigneur Haut-Juſticier s'empare par le droit de ſa Juſtice d'un heritage vacant, ſoit qu'il ſoit abandonné par le proprietaire, ſoit qu'il ſoit tombé en desherence, il eſt tenu d'en porter la foi, & d'en payer le profit de rachat au ſeigneur de qui l'heritage releve en fief, ſi mieux il n'aime vuider ſes mains du fief en l'alienant à un titre qui produiſe au ſeigneur un profit ſuffiſant pour l'indemniſer de celui qu'il recevroit du Haut-Juſticier. (*Orl. art.* 21.) La Coûtume veut auſſi qu'il le mette hors de ſes mains dans l'année qu'il en ſera requis par le ſeigneur féodal. Cette année court, tant contre le majeur, que contre le mineur; tant contre lui, que contre ſon heritier qui ne payera point de rachat pour la ſucceſſion de ce fief en vuidant ſes mains; car le Haut-Juſticier lui a tranſmis ſon droit tel qu'il étoit, c'eſt à-dire, le droit de n'être point vaſſal, ou d'en repudier la qualité.

Mais après l'année le ſeigneur féodal pourra ſaiſir, & gagnera les fruits en pure perte, juſqu'à ce que le

Haut-Jufticier ou fon heritier ayent, ou vuidé leurs mains, ou rendu les devoirs.

Si l'heritage étoit mouvant en plein fief du Haut-Jufticier, il fe réüniroit de plein droit, & il n'y auroit pas lieu à la queftion; mais s'il n'en étoit mouvant qu'en arriere-fief, Dumoulin décide qu'il ne pourroît le conferver, même en portant la foi & payant les profits, parce qu'il y a contradiction qu'il foit vaffal de fon vaffal pour raifon du même vaffelage, qu'il lui porte la foi d'un heritage dont celui-ci lui reporte à fon tour la foi en arriere-fief ; cependant comme les droits feigneuriaux font plus réels que perfonnels, je ne fçai fi la décifion de Dumoulin feroit fuivie dans l'ufage.

Que fi le Haut-Jufticier étoit le Roi, l'ufage eft qu'il vuide fes mains, ou qu'il indemnife fon fujet de la perte de fa mouvance, car le Roi ne peut être vaffal de fes fujets.

Mais fi un particulier par droit d'occupation fe mettoit en poffeffion d'un heritage vacant, & que le feigneur Haut-Jufticier ne le reclamât point, & y confentît, il en feroit dû fans difficulté profit de rachat.

DONATION.

Quoique regulierement le titre de la donation donne ouverture au profit de rachat, la Coûtume d'Orleans, (*art.* 14.) en exempte les donations faites pour Dieu ou en aumône fans fraude, *fumma enim ratio eft quæ pro Religione facit*; elle juge qu'il ne feroit, ni de l'humanité, ni de la pieté du feigneur, de rendre venal fon confentement à une alienation auffi favorable qu'une donation faite ou en aumône, comme par exemple, à des Hôpitaux, à des Ecoles de charité, ou pour Dieu, c'eft-à-dire, foit pour des œuvres pieufes & utiles à la Religion, comme Miffions, Catechifmes, &c. foit pour l'entretien & l'ornement du culte qu'on rend à Dieu. Mais il ne faut pas confondre avec les donations faites pour Dieu, celles qui feroient faites fimplement & fans autre deftination à un Monaftere, ou à un Chapitre.

Puifque le titre de la fucceffion en ligne directe eft exemt de profits, il s'enfuit que les donations faites en ligne directe, en font exemtes auffi, car elles font cenfées faites en avancement de fucceffion. (Orl. *art.* 210.)

Et cette difpofition a lieu, 1°. quand même le fief donné par les pere & mere en faveur de mariage auroit été eftimé & évalué ; car par nôtre ufage l'évaluation de la dot n'en fait point une vente, comme dans le Droit Romain, *tantum fumma declaratur.*

2°. Quand l'enfant, au moyen du don, renonceroit à la fucceffion future de fes pere & mere ; car fi l'on ne peut dire en ce cas que le don lui foit fait en avancement d'hoirie, du moins lui en tient-il lieu.

3°. Quand le don ne feroit fait que par teftament, & qu'ainfi ne pouvant avoir lieu qu'après la fucceffion déferée, il ne pourroit être regardé proprement comme fait en avancement de cette fucceffion, il fuffit qu'il en tienne lieu à l'enfant.

4°. Quand le don excederoit la portion hereditaire de l'enfant, encore qu'on ne puiffe alors proprement dire qu'il lui en tient lieu ; au moins pour l'excedent, mais la faveur de ces dons l'emporte.

5°. Quand le pere auroit fait le don à fon fils à la charge d'acquitter une certaine partie de fes dettes, ce qui femble en faire une vente jufqu'à concurrence du montant des dettes ; mais les dettes étant une charge naturelle de la fucceffion, ne changent point la nature de la donation faite en avancement de cette fucceffion. Ainfi jugé par les Arrêts.

Livoniere, (*Traité des Fiefs,*) *liv.* 3. *ch.* 5. *fect.* 3. va trop loin, lorfqu'il en conclut que quand un pere débiteur de fes enfans pour les reprifes de leur mere, ou pour le reliquat d'un compte de tutelle, leur donne en payement un fief qui lui eft propre, ils n'en doivent point de profit ; car dans ce cas il ne fait que païer à ſes enfans ce qu'il leur doit, comme il le païeroit à un étranger ; il n'a point intention de donner, mais ſeulement de s'acquitter ; il n'agit pas comme pere, mais comme étranger, qui a des interêts à regler avec ſes enfans.

6°. Quand la donation auroit été faite par l'ayeul au petit-fils du vivant de ſon pere ; car elle eſt faite au moins mediatement en avancement de ſucceſſion, ce qui ſuffit dans une matiere ſi favorable.

7°. Quand le fief ſeroit donné par le pere en païement de la dot promiſe en argent, quoique donner en païement ſoit vendre ; mais on juge favorablement que le pere a plûtôt donné le fief en dot à la place de l'argent, qu'il ne l'a vendu pour l'argent promis, & que cet acte n'eſtant qu'une ſuite & une exécution de la premiere donation, en garde la nature. (Paris, *art.* 26.) Et les Arrêts ont étendu cette diſpoſition au cas même où l'enfant doté auroit reçû de ſes freres après la mort de ſon pere le fief en païement ; car ils étoient tenus des faits de leur pere qu'ils repreſentent, & ils n'ont fait en cette qualité qu'accomplir la donation.

8°. Quand la donation ſeroit faite par l'enfant à ſes pere & mere ou autres aſcendans, car l'intime liaiſon qui eſt entre le pere & les enfans, fait toûjours conſiderer cette donation comme ne faiſant pas une veritable mutation.

Mais ſi un pere donnoit un fief à un Monaſtere pour la dot de ſa fille qui s'y fait Religieuſe, il ſeroit dû profit de rachat par le Monaſtere ; il ſemble même d'abord que ce devroit être le profit de quint, au moins juſqu'à concurrence de la ſomme à laquelle ont été fixées les dots des Religieuſes par l'Edit de 1693. puiſqu'aux termes de cet Edit, la dot eſt payée pour tenir lieu de la penſion de la Religieuſe, & qu'une penſion eſt une charge eſtimable & reductible en argent ; mais on répond que le contrat eſt toûjours gratuit de

la part du pere qui donne le fief, *ex parte tradentis.*
Voyez ci-deſſous le Principe 10. dans le cas même où la
fille ſe ſeroit dotée *de ſuo*, on pourroit dire que le contrat devroit encore être reputé gratuit, parce que l'entrée en Religion, ſuivant les Canons, nétant pas eſtimable à prix d'argent, on ne doit pas ſupoſer que la
fille ait donné le fief pour y être reçûë & entretenuë.

3°. Si un fief étoit donné à l'heritier même préſomptif en ligne collaterale, il ſeroit dû profit de
rachat ; car le profit ſeroit dû, ſi l'heritier préſomptif y
ſuccedoit. (Orl. *art. 22.*) Et d'ailleurs une donation
faite en ligne collaterale à l'heritier préſomptif, n'eſt
point reputée faite en avancement de ſucceſſion, ſi le
donateur ne s'en eſt expliqué dans l'acte de la donation.

TESTAMENT.
SUBSTITUTION.

1°. Les diſpoſitions portées par un teſtament étant
dés donations à cauſe de mort, donnent ouverture
aux profits de la même manière & dans les mêmes
cas que la donation entre vifs. Il faut ſeulement obſerver que le profit eſt dû du jour de la mort du teſtateur, ſi le legs eſt pur & ſimple, & dû jour de
l'échéance de la condition, s'il eſt conditionnel, &
non pas ſeulement du jour du ſaiſiſſement du legs.
Le ſaiſiſſement ne donne que la poſſeſſion au legataire, il a acquis par la puiſſance de la Loi la proprieté dès l'inſtant de la mort ; or c'eſt l'acquiſition
& la tranſlation de la proprieté qui donne lieu aux
profits ; cela eſt ſi vrai, que s'il mouroit avant que
d'avoir accepté le legs, ſon heritier devroit deux ra-
chats ; la raiſon en eſt que la proprieté a paſſé d'abord du
teſtateur au legataire, puis du legataire à ſon heritier.

Il n'en ſeroit pas de même ſi le legataire avoit
cedé ſon droit à un tiers avant que de s'être
fait ſaiſir de ſon legs, que ce tiers fût mort, & eût
laiſſé un heritier collateral qui ſe fût fait enfin ſaiſir
du legs ; il ne ſera dû profit en ce cas, ni du chef du

ceſſionnaire pour la ceſſion qui lui a été faite du
legs, ni pour l'acquiſition que l'heritier du ceſſionnaire a faite à titre de ſucceſſion de ſes droits & actions
ſur le legs, car la ceſſion n'avoit point transferé au
ceſſionnaire la proprieté de la choſe leguée ; le cedant l'avoit bien cette proprieté, mais tant qu'il n'é-
toit point ſaiſi du legs, il ne pouvoit la transferer à
un tiers, *quia traditionibus non nudis pactis rerum
dominia transferuntur*. Le cedant étoit donc demeuré
proprietaire, il n'avoit fait que conſtituer le ceſſionnaire ſon procureur *in rem ſuam*, pour demander le
ſaiſiſſement du legs ; ce ſaiſiſſement n'ayant donc été
demandé & obtenu que par l'heritier du ceſſionnaire,
il n'a commencé que de ce tems à avoir la proprieté
du fief legué ; & comme il l'a acquiſe en vertu du
titre de la ceſſion qui avoit été faite à prix d'argent,
il en doit le profit de quint. De là vient que ſi le
cedant mouroit après la ceſſion, & avant que le
ceſſionnaire ſe fût fait ſaiſir & mettre en poſſeſſion
du legs cedé, l'heritier collateral du cedant ſeroit tenu d'en payer le rachat, quoiqu'il en doive perdre
inceſſamment la proprieté, car il faut toûjours au
ſeigneur un homme par la mort duquel il lui ſoit dû
profit : le ceſſionnaire ne pouvoit être encore cet
homme, reſte donc que le cedant le fût ; mais il ſeroit équitable en ce cas que le ceſſionnaire indem-
niſât l'heritier du cedant du profit qu'il a payé, s'il
avoit été en demeure de ſe faire ſaiſir.

2°. Dans les ſubſtitutions il eſt dû autant de profits de rachat, qu'il y a de perſonnes qui recüeillent,
en vertu du teſtament, les biens ſubſtituez des mains
de leur parent collateral.

Ainſi 1°. ſi un teſtateur inſtituë, ou fait legataires
univerſels ſes neveux, & les charge, au cas qu'ils
décedent ſans enfans, de reſtituer ſes biens à ſon
ami ou à un de ſes parens collateraux, le neveu
devra un profit de relief ; & lorſque la ſubſtitution
écherra, le parent ou l'ami du teſtateur en devra

auſſi. La raiſon de douter étoit que ſuivant le Principe 15. ci-deſſous, lorſqu'il y a pluſieurs mutations & un ſeul titre d'acquiſition, il n'eſt dû qu'un ſeul profit : or ici, dit-on, il y a à la verité deux mutations, mais elles ne ſe font qu'en vertu du même titre, du même teſtament.

La réponſe eſt, qu'il y a autant de ſubſtitutions & de donations, qu'il y a de perſonnes qui ſont appelleés ; chaque degré de diſpoſition eſt indépendant de l'autre, & forme un titre particulier, quoique chacun de ces titres ſoit renfermé dans le même acte qui eſt le teſtament. (*Ita* Dumoulin, *art.* 33. *Gl.* 1. *n.* 87 *&* *ſuivans.*)

2°. Si un teſtateur inſtitue ſon neveu, & le charge de reſtituer aprés ſa mort ſes biens aux enfans de ce neveu, les enfans par l'échéance de la ſubſtitution ne devront point de profit ; car encore qu'il ſoit vray que ces enfans ſubſtitués tirent leur droit du teſtateur, & non de leur pere inſtitué, & que par là ils ſemblent ſucceder plutôt au teſtateur qu'à leur pere ; il eſt pourtant vrai qu'ils reçoivent de leur pere, qu'ils reçoivent en ligne directe la proprieté de l'heritage ſubſtitué, le grevé de ſubſtitution n'en eſt pas moins propriétaire, *L.* 66. *ff. de rei vind.* la proprieté paſſe donc en ce cas du pere à ſon fils, & par conſequent c'eſt une vraie mutation en ligne directe, or la mutation en ligne directe eſt exempte de profits. Arrêt du 1. Septembre 1640. raporté par Henris, qui l'a ainſi jugé.

3°. Si un pere inſtitue l'un de ſes enfans, & lui ſubſtitue ſes freres, ils devront profit lorſqu'ils ſeront appellés à la ſubſtitution, encore qu'ils ſoient deſcendans du teſtateur, & qu'ils tiennent leur droit de lui; car recevant la proprieté de l'heritier grevé, c'eſt à cet heritier qu'ils ſuccedent immediatement, & la mutation ſe fait en ligne collaterale; or c'eſt la mutation qui engendre le profit plûtôt que le titre en vertu duquel elle ſe fait. Ainſi jugé par un Ar-

rêt de Reglement du Parlement du mois de Mai 1737.
contre l'avis de deux grands Auteurs , Ricard *des Subſt.*
p. 1. ch. 3. n. 104. & Henris , *l. 3. c. 3. Queſ.* 27.

E C H A N G E.

Il ſuit du principe que le profit de rachat eſt dû
pour l'échange d'un fief contre un autre heritage ,
(Orl. *art.* 13.) ou contre une rente fonciere , ou même contre une rente conſtituée , pourvû qu'elle fut
déja créée lors de l'échange , ne fut-ce que peu de
jours auparavant ; car la permutation d'un immeuble contre un autre immeuble , ne peut jamais être
regardée comme un contrat équipolent à la vente à
qui il eſt eſſentiel , *ut in pretio numerato conſiſtat.* Ce
qui a lieu , quand même celui qui donne la rente en
contréchange pour le fief , s'obligeroit de la fournir
& faire valoir.

Mais ſi les heritages échangez de part & d'autre
relevoient en fief du même ſeigneur , il ne ſeroit
point dû de profit , parce que le ſeigneur ne change
point d'homme , quoique ſon fief change de main ,
il a toûjours les mêmes vaſſaux. (Orl. *art.* 13.)
La même déciſion auroit lieu , ſi un fief étoit
échangé contre une rente fonciere inféodée par le même ſeigneur.

Mais il n'en ſeroit pas de même ſi de deux heritages
échangez , l'un relevoit en fief , & l'autre à cens du
même ſeigneur ; car un cenſitaire n'étant point vaſſal ,
le ſeigneur changeroit veritablement d'homme , il auroit un nouveau vaſſal à inveſtir ; or par le principe
general il lui eſt dû profit pour le prix de l'inveſtiture.

Par Edit du mois de Février 1674. il eſt ordonné
» que les mêmes droits ſeigneuriaux qui ſont établis
» & ordonnez par les Coûtumes des lieux pour les mu-
» tations qui ſe font par contrat de vente , ſeront auſſi
» payez en toutes mutations qui ſe feront par con-
» trats d'échange d'heritages , droits & autres im-

meubles tenus du Roi & des seigneurs féodaux & «
censiers , soit que les échanges soient d'heritages «
contre heritages, ou d'heritages contre des droits, «
rentes & redevances de quelque nature qu'elles «
puissent être , & qu'il y ait soute ou non, sans au- «
cune distinction ; lesquels droits seront payez pour «
les contrats où il y aura de simples rentes en ar- «
gent , données en contréchange sur le pied du «
principal desdites rentes ; & pour les autres con- «
trats où il y aura de part & d'autre des heritages, «
droits & redevances, ils seront reglez sur le pied «
de l'estimation qui en sera faite par les Juges des «
lieux, sur l'avis de gens experts, dont les parties in- «
teressées conviendront , sinon qui seront par eux «
nommez d'office. «

Par la Déclaration du 1. Mai 1696. il est porté
que lesdits droits seront payez, même dans les Coû- «
tumes, lesquelles attribuent aux seigneurs un droit «
de relief, ou autre droit aux mutations par échan- «
ge , pourvû néanmoins qu'il soit moindre que celui «
qui seroit dû en cas de vente , auquel cas le sur- «
plus doit être payé au Roi, ou à ceux qui acquer- «
ront de lui lesdits droits d'échange. «

Il est bon de remarquer que les Fermiers du Domaine sont dans l'usage de percevoir les droits d'é-
change dans le cas même où les heritages échangez
sont en même mouvance censuelle ou féodale, ce
qui peut être fondé sur la disposition litterale des Edits.

SOCIETE'.

Comme la societé est une espéce d'échange, où
les contractans mettent de part & d'autre en commun ce que chacun d'eux aporte à la societé , il s'en-
suit que si chacun d'eux, ou l'un d'eux seulement y
aporte un heritage féodal , l'autre par l'effet de la
societé devenant proprietaire de la moitié indivise de
ce fief, il en sera dû le profit de rachat.

De là naiſſent pluſieurs conſequences. La premiere, que ſi un mari ameublit un fief par le contrat de mariage, & le met dans la communauté d'entre ſa femme & lui, tant que la communauté ſubſiſtera, il n'en ſera à la verité point dû de profit, parce que le mari étant le maître & le ſeigneur de la communauté, il eſt vrai de dire que le fief n'a point changé de main : mais après la diſſolution de la communauté, ſi la femme l'accepte, elle devra pour la moitié du fief ameubli profit de rachat ; la raiſon en eſt, qu'au moment que la femme accepte la communauté, la moitié de tout ce qui la compoſe eſt cenſée lui avoir appartenu dès le commencement ; il s'eſt donc fait une vraie mutation de la moitié indiviſe du fief ameubli de la perſonne de ſon mari en la ſienne.

Si l'on opoſe que l'article 38. de nôtre Coûtume exempte la femme de payer profit pour raiſon de l'acceptation qu'elle fait de la communauté, on répond que cette diſpoſition ne peut regarder que les fiefs acquis pendant le mariage, parce que le mari en ayant déja payé le profit, tant pour lui, que pour ſa femme, elle ne le doit plus une ſeconde fois ; mais ici elle ne l'a point payé.

20. Si par l'évenement du partage le fief ameubli par le mari tomboit tout entier au lot de la femme, elle ne devroit toûjours le profit que de la moitié, puiſqu'elle a l'autre moitié à titre de partage, titre exemt de profits, comme on verra bien-tôt.

30. Si la femme renonçoit à la communauté, il ne ſeroit dû aucun profit ; le fief alors ne faiſant que continuer d'apartenir au mari, comme il lui apartenoit pendant le mariage, il n'arrive point de mutation.

4 . Si c'eſt la femme qui ait ameubli à la communauté le fief qui lui étoit propre, le mari, dès le tems de la celebration du mariage, ſera tenu d'en payer le profit pour la moitié qu'il acquiert veritablement ; il devient même, comme chef & maître de la communauté, le ſeigneur du total ; mais l'ac-

ceptation de la communauté par la femme ayant un effet rétroactif, la moitié par là fera cenfée être toûjours demeurée à la femme, d'où il fuit, que fi la femme ou fes heritiers venoient à renoncer à la communauté, le feigneur feroit en droit d'exiger du mari, ou de fes heritiers, le profit pour cette feconde moitié, dont il fe trouve par l'évenement avoir été proprietaire dès le commencement du mariage.

5°. Si l'un des conjoints avoit aporté à la communauté une fomme fixe à prendre d'abord fur fes meubles, & enfuite fur fes immeubles, qui demeureroient ameublis jufqu'à dûë concurrence, il ne feroit dû profit qu'au cas que par l'évenement de la diffolution de la communauté, la claufe fe trouvât avoir lieu & être réellement exécutée; car un ameubliffement de cette forte étant plutôt regardé comme une promeffe d'aporter à la communauté, que comme un aport effectif, il n'a d'effet & n'opere une tranflation de proprieté, que lorfqu'à la liquidation de la communauté, le conjoint qui avoit fait l'ameubliffement, cede réellement quelque partie de fes immeubles, & qu'ils demeurent à l'autre conjoint par l'évenement du partage, ou de ce qui en tient lieu.

D O T.

Par l'effet du mariage, le mari acquiert feulement la joüiffance & non la proprieté des biens immeubles de fa femme, il femble donc qu'il n'en devroit point payer de profit, puifqu'il n'y a point de mutation; (cy deffus, Principe 1.) cependant, comme au moyen de la puiffance & de l'autorité qu'il a fur la perfonne & les biens de fa femme, il paroît devenir l'homme du feigneur. L'ancien ufage de la France, en païs coûtumier, étoit que le mari devoit le profit de rachat pour raifon des fiefs de fa femme.

L'ancienne Coûtume d'Orleans avoit aporté un temperament à cette rigueur dans deux cas. Le

premier, lorfque l'heritage étoit donné par les peres, meres, ayeuls ou ayeules en avancement de fucceffion fans demiffion de foi. (*Art.* 44.) Le fecond,
lorfque le frere aîné avoit porté la foi, par là il affran-
chiffoit fes fœurs mariées pour le mariage dans lequel
elles fe trouvoient engagées après ce port de foi.
(*Articles* 35. & 49.)

La nouvelle Coûtume a été plus loin, & a affranchi
indiftinctement les premiers mariages du payement
des profits ; mais elle n'a pas crû que les feconds mariages meritaffent la même faveur ; (*articles* 36. & 37.)
mais comme on doit toûjours tendre à refferrer, autant qu'il eft poffible, & fans bleffer l'autorité des
Loix, une difpofition contraire à la raifon & fondée
fur une pure erreur, l'ufage & l'interpretation du Palais a été jufqu'à affranchir même les feconds mariages, lorfqu'ils font les premiers, par raport au feigneur ; & cette Jurifprudence qui eft conftante parmi nous, eft établie fur des confequences tirées du
raport de l'ancienne Coûtume avec la nouvelle ; or
c'eft, comme on fçait, la maniere la plus fure & la
plus jufte d'interpreter les Loix.

La nouvelle Coûtume n'a abrogé les articles 35.
& 49. de l'ancienne, qu'en ce qu'ils n'exemtoient
les filles mariées de payer profit, que lorfque leur
frere avoit porté la foi pour elles ; mais elle ne les
a point abrogez en ce qu'ils vouloient que les filles
fuffent affranchies une fois, foit que ce fut leur premier ou leur fecond mariage. Dumoulin avoit déja
frayé la route à cette diftinction.

De ces principes il fuit, 1°. que quand un fief a été
donné ou vendu à la femme par le contrat de fon premier mariage, il eft dû profit pour ce fief par le fecond mariage, parce que le premier mariage a produit une efpéce de mutation de ce fief qui lui étoit
propre de fa perfonne en celle de fon mari, & par
confequent elle a déja été affranchie par le feigneur,
d'où il fuit qu'elle ne doit plus l'étre au fecond mariage.

2°. Que si le fief échet à la femme pendant son premier mariage, par donation en ligne directe ou par succession, il en sera dû profit par le second mariage, parce qu'elle aura déja été affranchie par le seigneur de la mutation arrivée dans le premier mariage.

3°. Lorsque le fief est ameubli par la femme, il est dû profit au seigneur, même par le premier mariage, parce que l'ameublissement transfere réellement la proprieté au mari : mais si après la dissolution du mariage, le fief ameubli revient à la femme, & qu'elle se remarie, il ne sera point dû profit par ce second mariage, parce qu'elle n'a point encore été affranchie.

4°. Que si l'hetitage échet à la femme pendant le premier mariage par acquisition ou donation autre qu'en ligne directe, il n'en sera point dû de profit par un second mariage, parce que l'heritage ayant été acquis directement au mari, comme tombé dans sa communauté, il n'y a eû qu'une seule mutation de la personne du donateur en celle du mari, pour laquelle le mari a dû payer le profit ; mais la femme n'a point été affranchie, & par consequent elle doit l'être au second mariage.

5°. Que si la femme par le contrat du premier mariage avoit stipulé qu'elle conserveroit la jouïssance de ses propres, il n'en seroit point dû de profit par un second mariage, où la même clause ne se trouveroit point, parce que par le premier mariage le mari n'ayant pû devenir l'homme du seigneur, par raport à un fief dont il n'avoit point droit de joüir, on ne peut pas supofer qu'il y ait eû de mutation, la femme n'y a donc point été affranchie par le seigneur; or elle doit l'être une fois.

6°. Que si l'heritage échet à la femme dans l'intervale du premier mariage au second, ou par le partage de la premiere communauté, il n'en sera point dû de profit par le second mariage, qui n'est

que le premier par raport au feigneur , puifqu'elle
n'a point encore été affranchie.

Loin donc que les feconds mariages doivent toûjours profit, il peut arriver que le quatriéme même
n'en doive pas , fi la femme n'a point été affranchie
dans les précedens.

BAIL A RENTE.

Il fuit du principe, qu'il eft dû profit de rachat, lorfque la rente n'eft pas ftipulée rachetable , & que le
bailleur s'eft expreffément défaifi de la foi ; car s'il
ne s'en étoit pas défaifi , il feroit cenfé l'avoir retenuë , il feroit refté l'homme du feigneur , & la foi
feroit demeurée attachée à la rente. *Voyez* les Notes
fur les articles 7. 8. 9. 10. & 11.

TRANSACTION.

La tranfaction n'étant qu'une renonciation, moyennant quelque récompenfe, à des prétentions conteftées,
& par là n'operant que la liberation d'un procès, ou
déja intenté , ou pret à naître , il eft clair qu'elle
n'eft point par elle-même un titre d'alienation, &
par conféquent le feigneur fur le fimple titre d'une
tranfaction n'eft pas fondé à prétendre des profits,
encore que par la tranfaction le poffeffeur pour fe
conferver l'heritage ait payé une fomme d'argent à
fa partie, & qu'elle lui ait cedé tous fes droits fuivant la claufe ordinaire des tranfactions , ou qu'au
contraire le poffeffeur ait délaiffé l'heritage à celui qui
le troubloit dans fa poffeffion , & que celui-ci ait
donné de l'argent pour y rentrer ; car on préfume
que l'argent n'a été donné de part ou d'autre, que
pour éteindre la conteftation , & acheter la libe-
ration d'un procès qui eft toûjours un grand mal.
(Dumoulin fur l'art. 78. *Gloff.* 3. *n.* 15. 16. & 17.)
On le préfume, dis-je, fi le concours de circonftances

par-

particulieres & plus fortes ne détruit cette pré-
somption , ou que le seigneur n'offre de prouver
qu'il y a eû une veritable translation de proprieté dé-
guisée sous le nom & les couleurs apparentes d'une
simple transaction. (Dumoulin sur l'art. 33. *Gloss.* 1.
n. 67.) C'en seroit , par exemple , un puissant pré-
jugé , si le possesseur , pour conserver la possession de
l'heritage , ou celui qui y avoit des prétentions pour
l'acquerir , avoient donné une somme presqu'égale
à la valeur de cet heritage.

Que si un acheteur avoit transigé sur des Lettres
de restitution obtenuës contre lui pour lezion , &
donné de l'argent , ce seroit un suplément de prix
pour lequel il devroit profit de quint.

En general , il faut toûjours en revenir au fond & à
la verité , & examiner , ou par les circonstances , ou
par les autres preuves que le seigneur pourra fournir ,
s'il y a eû une translation réelle de la proprieté , car
toute translation doit profit ; puis si cette mutation
s'est faite , *mediante pecuniâ* , *vel non.*

SUCCESSION.

La succession directe est exemte de profit , suivant
le Principe 7. Pour la collaterale , il est dû profit de
rachat par l'heritier , encore même qu'il soit mort
avant d'avoir accepté la succession , ce qui auroit lieu ,
quand même lors de sa mort il auroit été précedé par un parent plus proche qui depuis a renoncé ;
car dans ces deux cas il n'est pas moins censé avoir
été saisi par la Loi dès l'instant de la mort de celui
de la succession duquel il s'agit.

Il sera même dû un nouveau profit de rachat par
la mort de l'heritier , à moins qu'elle ne soit arrivée dans la même année que la mort de celui auquel il avoit succedé. (Orleans, *art.* 17.)

II. Partie. *B

I X.

Les mutations qui fe font à un titre mêlé de vente & de quelqu'autre efpéce de contrat, donnent ouverture au profit de quint à proportion de ce qu'ils font vente, & au profit de rachat pour le furplus. (Orleans, *art.* 13.)

De là il fuit 1°. que fi je donne un fief valant dix mille livres à mon ami, à la charge d'acquitter pour moi 4000. liv. de dettes, il fera dû le quint de 4000. liv. & le rachat pour les trois cinquiémes de l'heritage.

2°. Il en eft de même, fi je lui vends mon fief les 10000. liv. qu'il vaut, dont il m'en paye feulement 4000. liv. déclarant que je lui fais remife des fix autres mille livres.

3°. Il en eft encore de même, fi je lui vends mon fief pour la fomme de 4000. liv. feulement qu'il me paye comptant, lui faifant remife du furplus du jufte prix ; car quoique dans les deux derniers cas il femble que le total de l'heritage ait été vendu moyennant 10000. liv. & que le don ne tombe que fur la partie du prix dont on a fait remife, & non fur l'heritage méme, cependant, comme fuivant les Loix 36, *ff. de contrah.* **Empt.** & la Loi 9. *Cod. de Don.* on ne doit pas regarder comme prix veritable celui dont on convient pour ne pas l'exiger, il s'enfuit qu'il n'y a point eû ici de vraie vente du total de l'heritage.

4°. Si j'échange mon heritage contre un autre avec un retour en argent de 5000. liv. je devrai le rachat à raifon de l'échange, & 1000. liv. pour le quint à raifon des 5000. liv. de retour.

X.

Pour juger de la nature & du titre de la mutation, il faut plûtôt confiderer l'acte *ex parte tradentis , quàm ex parte accipientis ; ïneſt enim ,* (pour me ſervir des termes de Du-moulin,) *in tradente originalis primaria & efficaciſſima cauſa mutationis , accipiens autem eſt tantum cauſa concurrens & neceſſaria.*

Ainſi , ſi pour faire plaiſir à mon ami, je donne un fief en payement à ſon créancier qui le pourſuit pour 10000. liv. qu'il lui doit , ſans entendre repeter contre mon ami ces 10000. liv. c'eſt une dation en payement, & par conſequent une vente par raport au créan-cier; par raport à moi qui ne reçois rien pour le fonds que je donne, c'eſt un pur acte de liberalité : or ſui-vant le principe , c'eſt par raport à moi qu'il faut juger de la nature de l'acte, Dumoulin en conclut qu'il ne ſera dû au ſeigneur que le profit de rachat, & non le profit de quint.

Vice verſâ , ſi je donne mon fief à l'ami de mon créancier qui en recompenſe me quitte de 10000. liv. que je lui dois, il ſera dû le profit de quint, ſuivant le principe de Dumoulin; car quoique je ne reçoive rien de l'acquereur , je reçois de ſon ami ma libe-ration en échange de mon heritage , le titre n'eſt donc pas gratuit *ex parte tradentis.*

M U T A T I O N
à titre de partage.

X I.

La mutation qui eſt tellement une ſuite néceſſaire de celle que le ſeigneur a déja conſentie, qu'il n'a pû conſentir à celle-ci ſans conſentir tacitement à l'autre, ſans que le ſecond conſentement fût implicitement ren-fermé dans le premier , eſt de droit com-mun exemte de profits ; c'eſt pour cela que

par le droit commun & general pour le partage & tout ce qui fe fait pour y parvenir,
ou pour en tenir lieu , il n'eft point dû de
profit : *Alienatio divifionis gratiâ*, dit Pon-
tanus , *erat ſtatus implicitus communioni.* Toute part indivife dans une chofe commune
n'eft deferée qu'à la charge du partage &
avec le droit de le demander , & celui d'avoir
même les parts des autres , s'il y échet par l'é-
venement du partage , & qu'on ne puiffe autrement tirer d'une maniere commode les
parties de communauté ; d'où il fuit que ce
qui tombe à l'un des coheritiers des effets
de la fucceffion par le partage qu'on en fait,
ou par l'acte qui en tient lieu , il l'acquiert
en vertu d'un droit qu'il y avoit déja par le
titre même de la fucceffion.

Ce Principe que nôtre Jurifprudence a adopté avec
vivacité , eft la fource d'une infinité de confequences
qui font tous les jours d'un grand ufage.

La premiere eft , que le titre du partage doit être regardé comme le titre même de la fucceffion , &
qu'ainfi on ne doit plus de profits pour ce qui nous
échet à titre de partage , lorfqu'ils ont été payez
pour la fucceffion.

2º. Le partage a donc un effet rétroactif , & l'heritier eft cenfé avoir reçû immediatement du défunt
tout ce qui lui eft échû des biens de la fucceffion
par l'évenement du partage.

3º. D'où il fuit que le partage n'eft pas attributif,
mais feulement déclaratif de proprieté , & la Loi en
déferant en commun la fucceffion à tous les parens
qui font en même dégré , ne leur défere proprement

que le droit d'avoir ce qui leur écherra par l'évenement du partage.

4º. Il fe fait néanmoins dans le partage qui renferme une efpéce d'échange & par conféquent alienation, une veritable mutation ; mais cette mutation n'eft pas confiderée , parce qu'elle n'eft que le
complement & l'exécution du titre de la fucceffion,
& d'un droit que la Loi avoit déferé à chaque coheritier fur les parts des autres.

5º. Au moment que la fucceffion eft échûë, chaque coheritier a donc vraiment la proprieté de fa
part indivife, mais cette proprieté eft refoluble par
l'évenement du partage.

6º. D'où il fuit que le feigneur de fief, (par le
Principe 12. cy-deffous,) eft bien fondé à demander
à chacun des coheritiers les profits pour l'acquifition
qu'ils ont faite chacun de leur part virile & indivife
dans le fief, fans être obligé d'attendre l'évenement
du partage ; ce n'eft point ici le cas d'apliquer, au
préjudice du droit acquis au feigneur , l'effet rétroactif qu'on donne aux partages. On a fait voir cy-
deffous , *n.* 12. qu'en fuivant l'efprit des Principes on
doit décider qu'une acquifition refoluble ne donne pas
moins ouverture aux profits qu'une acquifition faite
incommutablement. *Voyez* au furplus la Note 2. fur
l'article 38 de la Coûtume d'Orleans. *Voyez* auffi ce
qu'on a dit ci-deffus fur le cas de l'ameubliffement
d'un fief, *n.* 8. *P. Societé.*

7º. Dans les partages, les parties n'ont pour intention principale & directe que de fortir de la communauté où elles font engagées ; & comme c'eft l'intention des parties qui doit déterminer la nature d'un
acte, il s'enfuit que de quelque maniere qu'elles s'y foient
prifes , quelque expedient & quelque forme de contrat qu'elles ayent employé dans la vûë & pour parvenir
à fortir de communauté , c'eft toûjours un partage.

8º. Ainfi l'on peut fort bien définir le partage, fuivant nos mœurs, tout acte par lequel des copro-

prietaires d'une même chofe par indivis fortent de communauté, ou commencent même d'en fortir; maxime utile, generale, mais à laquelle on n'eft parvenu qu'infenfiblement & par degrez. D'abord les retours de partages furent exemptez de profit, parce que fans ces égalemens on ne pourroit fouvent parvenir au partage, & qu'ainfi ils en font partie; enfuite les licitations entre coheritiers, parce qu'elles ont le même effet qu'un retour de partage, & n'en different que par les encheres; puis les licitations, même entre tous ceux qui fe trouvent à quelque titre que ce foit coproprietaires d'une même chofe, les licitations même où les encheres étrangeres font reçûës. & qui font faites en Juftice, quoique le coheritier qui fe rend adjudicataire femble alors ne le faire que comme un pur étranger.

On s'eft long-tems arrêté là. (Paris, *art* 80. *&* 6.) (Orleans, *art.* 15. *&* 16.) Enfin on a été plus loin, & l'exemption de profits a été étenduë, non-feulement à la renonciation qu'un des coheritiers fait en faveur de l'autre à la fucceffion moyennant une fomme d'argent, mais même à la vente qu'il lui fait de fes droits fucceffifs, c'eft l'efpéce de l'Arrêt du 29. Février 1692. raporté au Journal du Palais. Ce même Arrêt a jugé, que lorfqu'un des heritiers donne à fon coheritier créancier de la fucceffion commune des heritages de cette fucceffion, en payement de fes créances, il n'eft point dû de profit, quoique donner en payement foit vendre, & que le coheritier reçoive alors les heritages en payement, non comme heritier, mais comme étranger en vertu de fes créances particulieres : on a jugé qu'il fuffifoit que l'acquittement de ces créances entrât néceffairement dans le partage, & qu'on ne pût le terminer fans les regler.

Ce n'eft pas tout, & comme on n'a pas crû devoir s'arrêter dans une matiere fi favorable, l'Arrêt du 9. Mars 1722. rendu en la Grand'Chambre au raport de M. Devienne, a jugé que lórfque par un partage entre trois coheritiers, un immeuble de la fucceffion eft tombé par moitié dans les lots de deux d'entre eux, & que dans la fuite ils l'ont fait liciter entre eux deux, il n'eft point dû de profit par celui qui fe l'eft fait ajuger tout entier, quoiqu'il femble que cette licitation ne fe faifant que pofterieurement au partage, ne puiffe être regardée comme en tenant lieu ; il fuffit de dire que le partage étoit demeuré imparfait à l'égard des deux à qui la terre étoit échûë, puifqu'elle leur reftoit encore à partager, & c'eft par la licitation qui a fuivi qu'ils l'ont enfin partagée.

De là il fuit, & l'efprit de l'Arrêt nous conduit jufques-là, que fi de quatre ou d'un plus grand nombre de coheritiers, l'un vend à l'autre fes droits fucceffifs, il ne fera point dû de profit, quoique cette vente laiffant encore les chofes indivifes, ne tienne point lieu de partage ; elle en tient lieu du moins à l'égard de celui qui a vendu, il fort de communauté ; cette vente facilite le partage avec les autres en diminuant le nombre des copartageans, elle eft donc un acheminement au partage, un commencement de partage, & cela fuffit.

Mais fi l'un de plufieurs coheritiers avoit vendu fa portion à un étranger, & qu'enfuite les autres coheritiers fiffent liciter l'heritage avec cet étranger qui s'en rendit adjudicataire, il devroit le profit de quint ; autrement ce feroit un moyen tout ouvert pour frauder les feigneurs lorfque des coheritiers voudroient de concert vendre quelque fonds de la fucceffion à un étranger. D'ailleurs cet étranger ayant eû une portion du fief à titre de vente, eft cenfé, à caufe de l'effet rétroactif des partages, avoir le tout au même titre ; comme il n'a donc payé les droits que pour une portion, il faut qu'il les paye pour le furplus ; c'eft fur ce fondement que l'Arrêt du 20 Mars 1703. raporté au Journal des Audiences a jugé fur les conclufions de M. l'Avocat General qui difcuta pleinement la queftion, qu'en ce cas il étoit dû profit ; les coproprietaires

ne font donc exemts de payer les profits pour la licitation faite à l'un deux, que lorfqu'ils font coproprietaires en vertu d'un titre commun d'acquifition.

Ainfi encore fi l'heritier aux propres paternels
donnoit à l'heritier maternel des heritages paternels en
payement de ce qu'il devoit à la fucceffion, ou pour
acquitter fa part de la contribution aux dettes communes, il y a lieu de penfer que l'heritier maternel
devroit le profit de quint, cette dation en payement
ne pourroit être regardée comme l'effet d'un partage à faire entr'eux, puifque les heritiers de di-
verfes lignes ne font pas proprement coheritiers ni copartageans entr'eux, chaque efpéce de patrimoine forme une fucceffion diftincte & feparée.

ALIENATIONS RESOLUES.

Comment elles donnent ouverture aux profits.

XII

Les alienations revocables, faites fous une
condition refolutoire, ou à longues années,
ne donnent pas moins ouverture aux profits
que les alienations faites irrévocablement ;
la raifon en eft, que le feigneur n'étoit pas
plus tenu de confentir à une alienation refoluble qu'à une autre, c'étoit toûjours changer
de vaffal ; (Orleans, *art.* 12.) on ne laiffe pas
d'être proprietaire quoiqu'on ne le foit pas incommutablement : *Nec ideò minus recte quid
noftrum effe afferimus quod abire à nobis dominium
fperatur, fi conditio legati extiterit. Leg. 66. ff. de
rei vind.* La refolution de l'alienation ne donne
donc lieu à la repetition des profits payez par
l'acquereur qu'en deux cas ; le premier, lorf-

que le titre de l'alienation est declaré nul ,
prout ex tunc , non prout ex nunc , comme s'ex-
priment les Docteurs, lorsqu'il est resolu par
une cause qui ait un effet retroactif , telle
qu'est la restitution en entier accordée contre le titre de l'alienation ; car ce titre au
moyen de la restitution se trouvant avoir été
nul *ab initio*, il se trouve qu'il n'y a point
eû d'alienation, *quod enim nullum est* , *nullum
producit effectum* , & il est clair que *ex contractu
nullo , nulla debentur laudimia.*

Le second cas est lorsque le titre de l'alienation se trouve n'avoir pas tout l'effet sur
lequel l'acquereur avoit compté , & sur le
pied duquel il avoit contracté ; car n'ayant
contracté, n'ayant acquis que dans cette sup-
position , elle formoit comme une espéce de
condition essentielle du traité , à laquelle il
avoit attaché son consentement; cette sup-
position manquant donc , son consentement
tombe aussi : or s'il n'y a point eû de consentement , il n'y a point eû d'acquisition ,
& par consequent il n'a point été dû de profit. Tout cela resulte de la disposition de l'article 115. de la Coûtume d'Orleans.

De ce Principe naissent bien des consequences. La
premiere partie nous fait voir, 1o. que celui qui achete
un heritage pour sa vie, en doit le profit de quint,
s'il ne paroît par les termes ou du moins par l'esprit
de l'acte qu'il a eû seulement intention d'acquerir la
joüissance & l'usufruit ; & s'il meurt peu de tems après

la vente, & avant d'avoir payé le profit, le feigneur fera bien fondé à l'exiger de fes heritiers, quoiqu ils n'ayent plus l'heritage, car il faut confiderer la chofe dans le principe.

Il en eft de même de celui qui a acquis pour un tems déterminé, il doit le profit de quint lorfque c'eft à prix d'argent qu'il a acquis ; mais s'il n'avoit acquis que pour un tems court, comme de quinze, vingt, ou trente ans, & que par les termes de l'acte il parût qu'il n'avoit eû intention d'acquerir que la jouiffance, & que le bailleur ne s'étoit point defaifi de la propriété, il ne devroit point de profit, car il n'y a point de mutation, & dans le doute on doit favorablement préfumer que la chofe s'eft effectivement paffée de cette forte entre les parties; mais s'il s'agiffoit d'un tems bien long, cette préfomption cefferoit, comme dans le cas d'un bail emphiteotique, où la proprieté utile paffant à l'emphiteote, il en doit le profit.

2°. On en conclut que dans la vente faite fous faculté de remeré, l'acheteur doit le profit de quint quand le vendeur viendroit à retirer l'heritage peu de tems après la vente, car l'acheteur doit s'imputer à lui-même d'avoir acquis fur ce pied. (Orl. *ar.* 12.) Il eft vrai que dans les Coûtumes qui n'ont pas une difpofition pareille à celle d'Orleans, on juge qu'une vente fous faculté de remeré ne donne ouverture au profit de quint que lorfque le vendeur n'a pas exercé le remeré dans les neuf ans, mais c'eft qu'on regarde cette efpéce de vente plûtôt comme un engagement que comme une veritable alienation, lorfque le vendeur a effectivement retiré l'heritage dans les neuf ans. De même s'il furvient des enfans au donateur peu de tems après qu'il a fait la donation, le donataire ne devra pas moins le profit de rachat, quoique la donation fe trouve revoquée par la furvenance des enfans.

Il en eft encore de même d'une alienation faite fous la Loi commiffoire, c'eft-à-dire, à la charge que faute

dé payer le prix dans le tems convenu, ou faute de
payer les arrerages de la rente conftituée pour le prix,
ou de la rente fonciere pour laquelle l'heritage a été
baillé, l'alienation demeureroit nulle & refoluë, &
le bailleur rentreroit ; l'acquereur évincé en vertu
de cette claufe n'en doit pas moins le profit, & s'il
l'a payé, il ne pourra le repeter.

Dans tous ces cas Dumoulin par une efpéce de temperament d'équité penfe que fi l'acquereur avoit été
évincé dans l'année de l'alienation, il ne devroit
point de profit, *non videtur enim factum quod non du-
rat factum;* il femble n'avoir point acquis ce qui lui
eft enlevé dans le moment de fon acquifition. *Incivile
foret patrono*, dit Dumoulin, d'exiger dans ce cas des
profits, *nec debet plus capere commodi à feudo, quàm ipfe
vaffallus percipere potuerit.*

Quoiqu'il en foit, dans le cas de la Loi commiffoire ,
fi les termes dans lefquels elle eft conçûë paroiffent
former une condition fufpenfive, l'acquereur évincé
en vertu de cette claufe ne devra point de profits,
car la vente n'étoit point encore accomplie, elle étoit
en fufpens jufqu'à ce que le prix eût été payé, & le
proprietaire n'avoit point encore transferé la proprieté,
il n'y avoit donc point eû de mutation, & par confequent point d'ouverture aux profits: fi l'acquereur
avoit été mis en poffeffion, ce n'étoit que précaire-
ment & par provifion ; or dans le doute on doit préfumer que telle a été l'intention des parties, & qu'elles
font convenuës que faute de payer le prix, il n'y auroit point de vente, & non pas fimplement que la
vente demeureroit refoluë, fur-tout lorfque le prix,
aux termes du contrat, devoit être payé promptement.

De la feconde partie du Principe qui porte qu'il n'eft
point dû de profit pour une alienation dont le titre eft
déclaré nul & reduit *ad non caufam*, il eft aifé de conclure que fi, ou l'acheteur, ou le vendeur prennent
des lettres de reftitution contre la vente, fondées fur
l'erreur, le dol, la violence, la lezion, ou la mi-

norité, & que ces lettres foient enterinées, l'acquereur ne devra plus de profit pour une acquifition refoluë par un vice inherent au contrat, & où le confentement s'étant trouvé nul & défectueux, n'avoit pû produire un titre valable d'alienation, ni donner aucun droit à l'acquereur.

Et comme cet acquereur ne pouvoit transferer à un autre plus de droit qu'il n'en avoit lui-même, il s'enfuit, que fi dans l'intervale entre la vente & la reftitution, il avoit vendu lui-même l'heritage à un troifiéme, ou que le fief acquis eût paffé à fon heritier, & de là à l'heritier de fon heritier par la mort de celui-ci, les profits payez au feigneur pour toutes ces acquifitions ou fucceffions intermediaires pourroient être repetez ; car l'alienation originaire fe trouvant radicalement nulle, il fe trouve que le premier acquereur n'étoit point proprietaire, & n'avoit pû transferer par conféquent une proprieté qu'il n'avoit pas ; d'où il fuit que toutes les mutations qui ont fuivi n'ont été qu'apparentes, & que les profits payez l'ont été fans caufe.

De même il n'eft point dû de profits par l'acquereur lorfqu'il a obligé le vendeur de reprendre l'heritage, à caufe d'un vice redhibitoire que celui-ci n'avoit point déclaré, car il n'avoit entendu acheter qu'au cas que l'heritage fut exemt de ce vice redhibitoire ; l'heritage en étant donc affecté, il fe trouve qu'il n'a point acheté, & cette condition étant naturellement attachée au contrat de vente, étoit cenfée reconnuë & confentie du vendeur même.

Mais dans ce cas & dans les précedens l'acquereur ne peut repeter les profits que lorfque la vente a été annullée par un Jugement rendu de rigueur entre les parties qui avoient contracté, car le feigneur n'eft pas obligé de s'en raporter à ce qui leur plaît de regler entre elles au préjudice d'un contrat folemnel ; lors même qu'il y a eû une Sentence, s'il articuloit qu'elle a été renduë par collufion entre les parties, il feroit recevable à en faire la preuve.

C'eſt enfin une ſuite de la troiſiéme partie du Principe, que l'acheteur évincé par action hipotecaire à
la requête des créanciers anterieurs à ſon acquiſition,
ſoit en droit de repeter directement contre le ſeigneur
les profits qu'il lui a payez ; cependant la Coûtume
de Paris, & celle d'Orleans, article 115. ont jugé
à propos par une eſpéce d'accommodement & de compoſition entre l'acquereur & le ſeigneur, d'exemter
celui-ci d'une reſtitution qui pourroit lui étre one-
reuſe par la difficulté de trouver de l'argent, en lui
donnant l'ouverture d'indemniſer l'acquereur par un
équivalent, & de lui ceder au lieu du profit qu'il étoit
tenu de droit de rendre, celui qui lui ſera dû pour
l'adjudication qui ſe fera par decret de l'heritage évincé
hipotecairement.

Mais pour que l'acquereur évincé ſoit en droit de
joüir de la faculté qui lui eſt accordée par la Coûtume, il faut,

1°. Qu'il n'ait pas acquis à la charge des dettes &
hipoteques ; car s'il avoit acquis à cette charge, ſon
acquiſition auroit été pleine & conſommée, puiſqu'elle
lui auroit transferé une proprieté auſſi incommutable
qu'il auroit eû intention de l'acquerir, & par conſequent
il auroit été dû profit par le principe.

2°. Il faut qu'il ait délaiſſé en Juſtice ſur la demande
donnée contre lui; car s'il avoit délaiſſé volontairement,
il ne ſeroit point évincé, il s'évinceroit lui-même.

3°. Que l'éviction ne ſoit point arrivée par ſa faute :
*Quod enim quis ex culpâ ſuâ damnum ſentit, non intelli-
gitur damnum ſentire. L. 203. ff. de reg. Juris.*

Le ſeigneur de ſon côté ne peut uſer de l'avantage que lui donne la Coûtume, & eſt tenu abſolument de rendre le profit payé dans les cas ſuivans.

1°. Lorſqu'il ne s'agit pas d'une action hipotecaire,
mais d'une rente fonciere dont le fonds étoit chargé,
parce que le bailleur y rentrant de plein droit ſans payer,
de profits, le ſeigneur n'auroit point d'équivalent à
offrir à l'acquereur évincé.

2°. Quand lors de l'éviction ou de l'adjudication par decret ce n'est plus le meme seigneur que celui à qui l'acquereur a payé le profit, ou du moins son heritier; car le profit qui sera dû pour l'adjudication par decret devant alors apartenir à un autre seigneur qu'à celui qui avoit reçû le profit de l'acquisition, celui-ci n'y auroit point de droit, & par consequent ne pourroit le ceder pour l'équivalent du profit à la restitution duquel il est tenu de droit.

3°. Quand le seigneur est tenu de la restitution de deux profits, car il ne seroit pas juste qu'il pût s'acquitter de cette obligation en donnant un seul profit de l'acquisition pour l'équivalent de deux qu'il doit.

Pierre, par exemple, a vendu un fief à Jacques qui me l'a revendu; je suis évincé pour les dettes de Pierre, & non pour celles de Jacques, mais j'ai mon recours en garantie contre Jacques : Jacques & moi n'ayant donc pas acquis aussi incommutablement que nous le comptions, il n'a point été dû de profit de nos deux acquisitions, le seigneur sera donc tenu précisément de rendre l'un à Jacques, & pourra, s'il le veut, me ceder pour l'équivalent de l'autre le profit de l'adjudication future de l'heritage dont j'ai été évincé.

X I I I.

Les alienations se resolvent, ou par l'effet d'une cause ancienne & inherente au titre originaire de l'acquisition, ou par l'effet d'une cause survenuë de nouveau. Elles se resolvent en vertu d'une cause ancienne en deux manieres; la premiere par la destruction & l'anéantissement du titre primordial de l'alienation, comme lorsque la vente est annullée pour cause de restitution, ou pour vice redhibitoire. La feconde, par l'effet d'une charge ou condition impofée en l'alienation , comme dans une donation faite à la charge que fi le donateur vient à fe marier , il rentrera dans les biens donnez ; s'il fe marie, la donation demeurera refoluë par l'effet de cette condition. Hors l'efpéce de ces deux refolutions, toutes les autres quoique néceffaires, quoique forcées, arrivent par l'effet d'une caufe nouvelle ; les premieres ne donnent jamais ouverture aux profits ; les fecondes en pro'uifent, puifqu'elles forment un titre nouveau d'alienation , pour lequel il faut le confentement du feigneur par le principe fondamental.

Ainfi fi un donateur obtient contre le donataire Sentence qui déclare la donation refoluë pour fon ingratitude, il devra , en rentrant dans l'heritage donné, le profit de rachat ; la refolution en ce cas n'étoit point une condition impofée dans la donation, il avoit donné abfolument & fans referve, l'heritage ne lui eft ajugé que par forme de dommages & interêts, c'eft la voye que la Loi a choifie pour punir l'ingratitude du donataire. Tel eft l'efprit de la Loi derniere au Code *de revoc. donat.* laquelle a introduit ce droit de revocation.

X I V.

La mutation qui fe fait lorfque l'ancien proprietaire rentre dans fon heritage par la deftruction du titre d'alienation , a cela de commun avec celle qui arrive lorfqu'il y rentre en vertu d'une condition impofée en l'a-

lienation, que la resolution dans les unes &
dans les autres n'engendre point de profit;
mais elle en differe en ce que dans la premiere, ni la resolution, ni le titre resolu ne
peuvent donner ouverture aux profits, car la
resolution du titre ayant un effet retroactif,
ce titre se trouve avoir été radicalement nul,
& le bailleur dans la verité n'avoir jamais
cessé d'être proprietaire.

Mais dans la seconde, comme le titre, loin
d'être anéanti, subsiste si bien dans toute sa
force, que la resolution ne se fait qu'en vertu
du titre, & par l'effet d'une charge qui y a
été imposée, l'acquereur a dû profit pour ce
titre qui a operé une veritable mutation; au
contraire il n'en est point dû pour la resolution qui n'est point une nouvelle mutation,
mais la suite, ou si l'on veut, la cessation de
la premiere, *Dominium non transfertur, sed
potius redit ad antiquam & pristinam causam.*
L'ancien maître qui n'avoit aliené que pour
un certain tems, ou jusqu'à l'échéance d'une
certaine condition, recommence d'être proprietaire en vertu même du titre par lequel il
avoit aliené; comme il n'avoit aliené que pour
un tems limité, ou jusqu'à l'échéance d'une
certaine condition, il est vrai de dire qu'il
n'avoit point aliené au-delà, & n'avoit fait
que demeurer proprietaire pour le tems qui
suivroit l'échéance du tems fixé ou de la con-

dition ; en attendant sa proprieté étoit comme suspenduë, & la mutation qui arrive ensuite lorsqu'il rentre dans le fief , est l'effet d'un titre par lequel il n'avoit fait que conserver la proprieté : or il n'est point dû de profit pour un tel titre, car le vassal n'a pas besoin de la permission du seigneur pour se conserver la proprieté du fief dont le seigneur l'a déja investi.(Ci-dessus, Principe fondamental.)

La regle qu'on vient d'exposer est établie sur la disposition de la fin de l'article 12. de la Coûtume ; des exemples en vont faire l'éclaircissement & l'aplication.

La premiere consequence est donc que dans tous les cas de restitution, (il en est de même dans la redhibition) soit que ce soit le vendeur, soit que ce soit l'acquereur qui demande la restitution , le vendeur ou bailleur originaire rentre dans son heritage sans payer de profit pour ce retour, parce qu'au moyen de l'effet retroactif qu'on donne à la restitution , il est censé n'avoir jamais cessé d'être proprietaire ; & cela a lieu dans la restitution même pour lezion de plus de moitié du juste prix , quoiqu'alors le retour de l'heritage dans les mains du vendeur paroisse l'effet d'une cause nouvelle & purement volontaire, puisque l'acquereur étoit le maître de conserver l'heritage en payant le suplément du juste prix ; mais il faut observer que son acquisition n'en est pas moins resoluë en force d'une cause ou d'un vice inherent au contrat de vente : *Sola rescisio & restitutio rei est in obligatione , suppletio autem pretii in facultate.* (Dumoulin sur l'article 33. *Gloss.* 1. *n.* 44.)

Que si l'acquereur use de cette faculté, il sera tenu de payer le profit de quint sur le pied, tant du prix du premier contrat, que du suplément, car les deux font ensemble le total & veritable prix de la vente.

2°. Lorfque le donateur rentre dans les biens donnez à la faveur des enfans qui lui font furvenus, &
dont la naiffance a revoqué la donation, il ne doit
point de profits, puifqu'il rentre en vertu d'une condition que la Loi & le vœu de la nature de concert
avoient attachée à la donation; car qui eft-ce qui fe
porteroit à donner fes biens à des étrangers, s'il pré-
voyoit avoir un jour des enfans qui duffent lui fucceder?

3°. Lorfqu'après la mort d'un pere qui avoit donné
fes biens à des étrangers, fes enfans prennent leur legitime fur les biens donnez, la mutation de ces biens
qui paffent alors du donataire, lequel en étoit le vrai
proprietaire, aux enfans du donateur, n'engendre
point de profits; les biens donnez rentrent alors dans
la fucceffion du pere, & ils y rentrent en vertu d'une
charge inherente à la donation, qui eft la legitime
dûe aux enfans, charge qui a fuivi les biens donnez,
& au préjudice de laquelle le pere n'avoit pas le pouvoir d'en difpofer.

4°. Celui qui avoit baillé fon heritage à rente fonciere ne doit point auffi de profits lorfqu'il y rentre,
ou par le défaut de payement de la rente, ou par le
déguerpiffement du preneur; il eft vrai que ce déguerpiffement étant volontaire, femble être une caufe
nouvelle; mais il faut confiderer que le bailleur n'avoit
aliené qu'à la charge de la rente & autant qu'elle fub-
fifteroit : la rente venant donc à ceffer par le déguerpiffement, fon alienation ceffe auffi, il rentre ainfi en
vertu d'une condition effentiellement attachée à la
nature même du bail à rente.

5°. Le vendeur ne doit point de profit lorfqu'il retire l'heritage en vertu de la faculté de remeré qu'il
s'étoit refervée en vendant, car il n'avoit vendu qu'à
la charge de ce retour, & le prix qu'il rend ne forme point une nouvelle vente, mais fait ceffer feulement l'effet de la premiere, (Orl. *art.* 12.) ce qui
a lieu, quand même il ne retireroit qu'après l'expiration du tems accordé par le contrat pour racheter,

pourvû qu'il le faſſe avant que l'acquereur ait obtenu Sentence qui l'ait fait déchoir de la faculté de
remeré ; car les Reglemens prolongeant juſqu'à trente
ans l'effet de la faculté portée au contrat, tant qu'il n'y
a point eû de Sentence de déchéance, le vendeur y rentre toûjours en ce cas *ex virtute & potentiâ primi con-
tractûs* ; mais ſi depuis l'expiration du tems de la grace,
l'acquereur lui avoit accordé une prolongation pendant laquelle il ne pourroit le faire déchoir , & que le
vendeur retirât pendant le tems de cette prolongation,
il devroit profit , il ne retireroit plus *ex vi cauſa in-
exiſtentis primo contractui, verum*, pour me ſervir des
termes de Dumoulin, *ex causâ novâ & voluntariâ ex
intervallo ſuperventâ* , & cette cauſe eſt la prolongation accordée par l'acquereur , prolongation ſans
laquelle , en faiſant dechoir le vendeur , il auroit
éteint l'action que celui-ci tiroit du contrat de vente.

Que ſi l'heritier collateral du vendeur retiroit l'heritage en vertu de la faculté de remeré que le vendeur
lui avoit tranſmiſe dans ſa ſucceſſion , il en devroit
le profit de rachat, car il a eû de la ſucceſſion de
ſon parent le droit en force duquel il l'a acquis ; le
titre de ſucceſſion eſt donc le titre original & principal en vertu duquel il le poſſede, il ne le poſſede en
vertu d'aucun autre titre d'acquiſition, car le remeré
qu'il en a fait n'eſt point un nouveau titre d'acquiſition ,
ce n'étoit que la ſuite, le complément & l'exécution
du droit qu'il avoit acquis à titre de ſucceſſion , or le
titre de ſucceſſion eſt ſujet au profit de rachat. Mais
ſi le vendeur ou ſon heritier avoient cedé l'action de
remeré à un étranger, qui en conſéquence eût retiré
le fief, il devroit au ſeigneur le profit de quint, tant
du prix de la ceſſion, que de celui du remeré, puiſqu'il n'a le fief qu'au moyen de l'argent qu'il a payé ,
& au vendeur originaire pour avoir la ceſſion de ſes
droits, & au premier acquereur pour exercer ſur lui
le retrait. Cet acquereur à la verité eſt évincé en vertu
d'un droit inherent à ſon acquiſition, mais le ceſſion-

naire n'acquiert pas proprement en vertu de ce droit, il acquiert en vertu de la ceſſion qui lui a été faite, & qui eſt ſurvenuë de nouveau.

6°. Lorſque le parent du vendeur retire le fief par retrait lignager ſur l'acheteur, ſon acquiſition alors eſt reſoluë par une cauſe inherente au contrat de vente, & cette cauſe eſt la diſpoſition de la Loi qui donne au lignager du vendeur l'action de retrait; mais comme la Loi ne lui donne que le droit d'acquerir à prix d'argent l'heritage préferablement à tout acheteur étranger ; lorſqu'il retire , il ne fait que tranſferer ſur lui la vente, & devenir acheteur à la place de l'étranger qui ſe trouve par là n'avoir point acheté, n'avoir point acquis. De là pluſieurs conſequences.

1°. Que ſi l'acquereur revend l'heritage dans l'an à un tiers qui le revend auſſi dans l'an du retrait à un autre, il ne ſera dû aucun profit pour ces trois ventes, comme il a été jugé par un Arrêt raporté par M. Loüet, *L. R. n. 2.*

2°. Que ſi l'acquereur n'a pas encore payé les profits, le ſeigneur ne peut plus les lui demander, il doit les demander au retraïant qui eſt devenu le veritable acquereur.

3°. Que ſi l'acquereur les a payé, le retraïant eſt obligé de les lui rendre , & le ſeigneur n'en pourra demander de nouveaux au retraïant qui eſt ſubrogé à la place de l'acheteur.

4°. Que ſi le ſeigneur a fait remiſe des profits à l'acquereur, celui-ci à la verité ne pourra les repeter contre le retraïant, car à quel titre les repeteroit-il ? De ſon chef ? il ne les a point payés ; du chef du ſeigneur ? il ne paroît point qu'il ait les droits cedés du ſeigneur ; mais le ſeigneur qui n'avoit voulu faire grace qu'à l'acquereur , rentre dans ſes droits, dès que par l'évenement il n'eſt plus acquereur, & il ſera bien fondé à demander les profits au retraïant qui devient le veritable & ſeul acquereur.

De là il ſuit , que ſi le retraïant par ſes privileges

étoit exemt de payer les profits dans la mouvance du Roi, il faudra que le fermier du Roi rende à l'acquereur, qui n'étoit pas privilegié, ceux qu'il aura payé; & au contraire, fi l'acquereur eft privilegié, & que le retraïant ne le foit pas, qu'il paye au Roi, & non à l'acquereur les profits. Telle eft la Jurifprudence des Parlemens de Toulouze, de Bourdeaux, de Provence, & de Dauphiné. La même chofe a été jugée au Parlement de Paris par un Arrêt du 16. Decembre 1668. raporté au Journal du Palais, & dans celui des Audiences; mais on prétend que depuis la Jurifprudence y a changé, fur ce fondement, que le Roi, en faifant remife des profits aux privilegiez, eft cenfé leur en faire don, & les mettre à fes droits pour l'acquifition qu'ils ont faite, & pour les repeter contre le retraïant. *Voyez* Livoniere, *Tr.* des Fiefs, *Livre* 3. *chapitre* 7.

Les Secretaires du Roi par Edit de 1545. les Chevaliers & Commandeurs de l'Ordre du S. Efprit, par Edit de   les Maîtres des Requêtes, Meffieurs du Parlement de Paris par Edit de Novembre 1690. les Treforiers de France par Edit d'Avril 1699. font exemts des profits pour les terres qu'ils acquierent dans la mouvance immediate du Roy; en eft-il de même dans le Domaine de l'Apanage? il faut diftinguer. Ceux dont la conceffion du privilege eft pofterieure à l'erection de l'Apanage, ne peuvent joüir de leur exemption pour les terres mouvantes de l'Apanage, le Roi n'ayant pû leur accorder de privilege au préjudice du droit déja acquis au Prince apanagifte, ni diminuer fa joüiffance fans fon confentement.

A l'égard de ceux dont le privilege eft anterieur à la création de l'Apanage, tels que les Secretaires du Roi, l'Arrêt du 21. Mars 1641. raporté au Journal des Audiences femble avoir jugé par provifion, que leur privilege devoit s'étendre aux terres qui relevent du Domaine roïal donné en Apanage aux Enfans de France. M. Talon, Avocat General, qui parla

dans cette Caufe, montra que le Domaine donné en
Apanage, ne cefie point d'etre le Domaine de la Couronne par l'efperance de la reverfion ; que le Domaine
de la Couronne étant veritablement inalienable, la
conceffion qu'on en fait à l'Apanagifte, ne doit pas
être regardée comme une alienation, mais comme
une jouiffance, une efpéce d'ufufruit qu'il ne tranf-
met qu'à fes defcendans mâles à perpetuité, pour les
faire fubfifter felon leur dignité : *Terra Apanagii*,
dit Dumoulin fur l'article 43. de Paris, *n.* 185. *funt*
pars Domanii Regis, conceffa per modum provifionis
filiis mafculinis Regum & defcendentibus ex eo. L'Appanage étant une legitime Roïale, un fleuron de la
Couronne, une portion des Fleurs-de-lys, l'Apanager
eft coproprietaire, cofeigneur avec le Roi, le Roi le
communique à fes freres fans le perdre lui-même,
ils ont l'honneur d'entrer avec lui dans une efpéce
de focieté d'une poffeffion toute roïale ; auffi l'Appanage entre les mains du Prince apanagé, conferve
toûjours les caracteres du Domaine ; il ne peut, ni l'aliener, ni même l'hipotequer ; il n'en peut difpofer que
comme le Roi pourroit faire lui-même. L'Apanage ne
fuit point l'ordre naturel des fucceffions établi par les
Loix, il eft tranfmis comme la Couronne, de mâle
en mâle, d'aîné en aîné ; l'Apanager y exerce tous
les droits roïaux, il eft en la place du Roi, il le reprefente, & en cette qualité il eft fujet aux mêmes
charges aufquelles nos Rois ont bien voulu affujettir
leurs Domaines dans l'établiffement des Loix primi-
tives & fondamentales de leur Couronne. L'inter-
diction de couper les bois, l'obligation de raporter les
comptes & les actes de foi à la Chambre ; ce mélange
d'Officiers qui exercent la Juftice au nom du Roi &
de l'Apanager tout enfemble, l'efperance perpetuelle
de retour, tout cela démontre que l'Apanage n'eft
pas tellement detaché du Domaine, qu'il n'en faffe
encore partie. Ce qui eft conforme à l'Ordonnance
qu'on apelle du Domaine [de l'an 1570. où le Roi

déclare que les terres alienées à la charge de retour, font de pareille nature & condition que le Domaine.

Malgrédes raifons fi puiffantes, pat Arrêt du Confeil de Regence du 31. Juillet 1718. il a été jugé pour M. le Duc d'Orleans Regent, que le privilege des Secretaires du Roi n'a pas lieu fur les terres de l'Apanage, mais ils l'exercent inconteftablement contre les feigneurs engagiftes; le Domaine du Roi n'eft point aliené au profit des Engagiftes, il leur eft feulement donné en engagement, c'eft une efpéce de contrat pignoratif, où la jouiffance des terres du Domaine leur tient lieu des interêts de l'argent qu'ils ont prêté au Roi. Ainfi jugé par les Arrêts de la Cour.

Enfin la derniere conféquence du Principe 14. eft que lorfque quelqu'un a vendu fon heritage, à la charge qu'il lui fera permis d'y rentrer, faute de payement du prix dans les termes convenus, s'il y rentre en vertu de cette claufe, il ne devra point de profit; mais la Coûtume, article 112. a été plus loin, & dans le cas même où le vendeur n'a point ftipulé cette faculté de rentrer, elle veut que, fi du confentement de l'acheteur il reprend l'heritage en acquit du prix qui lui eft encore dû, il ne foit point tenu de payer de profit. Cependant dans ce cas il ne rentre pas par l'effet d'une caufe inherente au contrat de vente, mais par le fimple effet d'une convention toute nouvelle avec l'acheteur qui confent de lui retroceder l'heritage, il femble donc que ce foit une nouvelle vente; mais comme le prix n'a pas encore été payé, ni la premiere vente entierement accomplie, la Coûtume juge favorablement que cette retroceffion n'eft point une nouvelle vente, mais un pur refiliment de celle qui avoit été faite, & qui n'étoit point encore exécutée, & cette difpofition de la Coûtume a lieu dans le cas même où il ne feroit plus dû qu'une partie du prix, & quand même le vendeur, en reprenant l'heritage, rendroit à l'acheteur le furplus du prix, car tant que la vente n'eft point entierement confommée, les parties femblent fe déporter plûtôt de celle qu'ils avoient contractée, qu'en contracter une nouvelle.

Que fi l'acheteur avoit conftitué rente pour le prix de l'heritage, & qu'il le retrocedât pour demeurer quitte de la rente, ce feroit une nouvelle vente, la premiere ayant été pleinement exécutée ; en effet la conftitution d'une rente au profit du vendeur pour le prix de l'heritage, fupofe que ce prix lui a été payé. Il faut avoüer pourtant que le contraire a été jugé plufieurs fois au Bailliage d'Orleans & dans un cas encore moins favorable, où la retroceffion étoit faite à un tiers qui avoit acquis du vendeur la rente conftituée pour le prix de l'heritage.

X V.

La mutation feule ne fuffit pas pour donner ouverture aux profits, fi elle n'eft jointe à un titre d'acquifition ; le titre d'acquifition ne fuffit pas auffi s'il n'eft accompagné d'une mutation effective. Ce Principe a fon fondement dans le Principe general, où l'on voit que les profits n'ont été introduits que comme le prix du confentement que donne le feigneur que fon fief change de main ; donc quand le fief ne change pas de main, que la vente n'eft pas fuivie de mutation, *nulla fubeft caufa propter quam laudimia debeantur ;* ce n'eft donc, ni le titre feul, ni la mutation qui arrive en vertu du titre qui produit les profits. Auffi l'article 33. de la Coutume de Paris porte expreffement qu'en toutes mutations de fief eft dû rachat, & quint dans celles

qui

qui fe font par vente ou bail à rente rachetable ; ainfi ce n'eft pas la vente du fief qui
engendre le droit de quint, mais la mutation
à titre de vente, d'où il fuit que s'il y a plufieurs mutations & un feul titre d'acquifition,
il ne fera dû qu'un profit ; & au contraire s'il
y a plufieurs titres & une feule acquifition,
il ne fera pareillement dû qu'un profit.
(Coûtume d'Orleans , *art.* 12.)

Ainfi 1°. fi les parties refilient le contrat de vente
après même le payement du prix, pourvû que ce foit
avant la tradition réelle , ou la tradition feinte qui
tient lieu de la réelle dans les Coûtumes qui l'ad-
mettent , il ne fera point dû de profit. La tradition
feinte eft celle qui fe fait par la defaifine-faifine pardevant Notaires , laquelle équipole à la tradition
réelle & la poffeffion prife de la chofe, fuivant l'article 278. de la Coûtume d'Orleans.

2°. Si l'acheteur avant aucune tradition revend à
un autre l'heritage , & que cet autre le revende à
un tiers, & ce troifiéme à un quatriéme, qui enfin
eft mis en poffeffion ; ce quatriéme feul devra profit
de quint. Ce cas pourroit arriver même dans nôtre
Coûtume , fi les ventes n'avoient été paffées que fous
feing privé.

3°. Si l'heritage a été vendu fans terme , & que le
prix n'ayant point été payé, le vendeur rentre faute
de payement, non-feulement il ne devra point de profit pour être rentré , mais il n'en fera pas même dû
par l'acheteur à qui le domaine n'avoit point été
transferé , parce que *res vendita & tradita non aliter
emptori acquiruntur , quàm fi is venditori pretium fol-
verit,* (§. 41. *Inft. de rer. divif.* Jufques-là le contrat
n'ayant point eû fon accompliffement, il n'y a point
eû de mutation.

II. Partie.   C

4°. Les adjudications qui se font sauf quinzaine dans les ventes qui se poursuivent en Justice , demeurant sans effet & sans tradition , n'engendrent point de profit , ou plûtôt dans ces adjudications qui font ce qu'étoit en droit l'*addictio in diem* , l'encherisseur est subrogé au premier acquereur , & ce n'est qu'une même vente avec l'adjudication finale , pour laquelle il n'est dû qu'un seul profit du total du prix , y compris l'enchere.

COMMENT L'ALIENATION

de la proprieté du fief avec reserve d'un droit réel , ou l'alienation d'un droit réel sur le fief avec reserve de la proprieté , donne ouverture aux profits.

X V I.

Aliener son fief avec demission de foi , c'est le donner en consentant que celui qui l'acquiert en porte la foi ; sans demission de foi , c'est le donner à condition que celui qui l'acquiert n'en portera pas la foi , & que celui qui l'aliene , continuera toûjours de la porter , comme s'il étoit proprietaire. Cette retention de foi ne peut se faire sans se reserver sur son fonds en l'alienant , quelque droit réel , qui tienne lieu de la proprieté , & la represente , & auquel la qualité de vassal puisse demeurer attachée. (C. de Par. *art.* 5 1.)

Or entre les droits réels il y en a dont la reserve emporte tellement la retention de la foi , qu'il y auroit même contradiction qu'elle ne fut pas retenuë , comme le bail à cens , *in datione enim ad censum* , dit Dumoulin sur l'art. 41. de Paris , *Glos.* 2. *n.* 28. & 29.

eo ipfo ex naturâ actûs ineft retentio dominii , & fic non cenfetur fieri alienatio feudi.

D'autres dont la referve emporte tacitement la retention de la foi , fi on ne déclare expreffement qu'on s'en demet , comme le champart & le bail emphiteotique.

Quelques-uns dont la referve ne peut emporter de droit commun la retention de la foi , fi le bailleur ne le ftipule expreffement en alienant, comme le bail à rente ; *in conceffione enim ad reditum ,* dit encore Dumoulin , *ex ejus naturâ nullum jus dominicum in re conceffâ retinetur, fed omne jus concedentis transfertur folo jure annui reditus retento.* Il en eft autrement néanmoins dans la Coûtume d'Orleans , où le bail à rente emporte la referve de foi, fuivant la difpofition des articles 10. & 11. fi le bailleur ne s'en eft defaifi.

Il y en a d'autres enfin qui fupofent tellement la demiffion de la foi, qu'on ne peut pas même la retenir en ne fe refervant que ces fortes de droits. Telles font les fervitudes ; car une fimple fervitude ne reprefente pas fuffifamment le fonds , & ne peut être regardée comme un droit feigneurial auquel la qualité de vaffal puiffe demeurer attachée.

X V I I.

Lorfque le vaffal en alienant avec referve d'un droit réel, fe retient encore la foi, la qualité de vaffal demeurant par là attachée à ce droit réel, il n'y a point de changement de main à l'égard du feigneur qui continuë toûjours d'avoir le même vaffal, & par confequent il ne fera point dû de profit, ni par cette alienation, ni par toutes les mutations qui pourront fuivre du fonds chargé de ce droit réel. (Orl. *art.* 8.) Mais fi ce droit réel vient à être vendu ou tranfmis par fucceffion, comme c'eft dans ce cas *iftud jus cui cohæret qualitas vaffalli*, ou pour mieux dire, comme ce droit réel eft le vrai fief par raport au feigneur, il lui fera dû profit, non pas feulement de la valeur de la rente, ou autre droit réel aliené, mais de toute la valeur du fonds qui de ce moment là feulement eft aliené tout entier à l'égard du feigneur, (*art.* 7. 8. & 9.) & ce profit fera payé, non par le preneur ou détenteur, mais par le bailleur ou fes fucceffeurs, (Orl. *art.* 11.) la raifon en eft que ce profit fe paye pour le prix de l'inveftiture du bailleur; c'eft donc le bailleur qui le doit, il le devroit même en entier, quand par les augmentations confiderables que le détenteur auroit faites fur l'heritage féodal, les profits s'en trouveroient beaucoup plus confiderables; car le détenteur en faifant ces augmentations, n'avoit fait qu'ufer de fon droit.

Si cependant le feigneur avoit aprouvé le bail à cens ou à rente fait par fon vaffal, s'il avoit confenti qu'il lui portât la foi d'un cens fur l'heritage féodal, & non de l'heritage même comme auparavant, il ne pourroit plus demander les profits aux mutations qui arriveroient de la part du bailleur, que fur le pied de la valeur du cens, & non de l'heritage.

On prétend que par deux Arrêts de la Cour, l'un du 3. Avril 1726. & l'autre du 7. Février 1729. rendus

dans la Coûtume de Peronne, dont les articles 72.
73. & 74. portent la même difpofition que l'article 8.
de la Coûtume d'Orleans, il a été jugé que lorfqu'un
vaffal, en baillant fon fief à un cens modique, a reçû
en deniers d'entrée une fomme à peu près égale à la
valeur du fief, cette retention de foi doit être regardée comme frauduleufe, & comme une vraye vente
du fief déguifée, fous le nom de bail à cens, & par
confequent qu'il eft dû profit de quint par l'acquereur.
Cette Jurifprudence à la verité paroît contraire au
texte de la Coûtume de Peronne; auffi les Juges de
ce Bailliage, depuis ces Arrêts, ont perfifté à juger
le contraire; mais au moins on ne peut fe difpenfer
de fuivre fur ce point la difpofition de la Déclaration
du 27. Juillet 1731. qui ordonne que lorfque la proprieté du fief, & celle du Domaine utile de la même
terre ayant été transferées par des actes feparez, auront paffé à autre titre que de fucceffion, entre les
mains du même proprietaire, dans l'efpace de dix
années, à compter du jour de la premiere defdites
alienations feparées, il y aura ouverture aux profits
& droits feigneuriaux fur le même pied qu'ils auroient été dûs, fi le tout avoit été aliené par un feul acte.

XVIII.

La création d'un droit réel dont le vaffal charge fon heritage fans l'aliener, ne donne point
ouverture aux profits, puifque fa qualité de
vaffal refte attachée à la proprieté qu'il conferve, quoique diminuée de la valeur de la rente ou de la fervitude, ou de tel autre droit réel
dont le fief eft chargé; de même encore la
vente d'une rente fonciere créée fur un fief,
& à laquelle la foi ne fe trouve point attachée,
n'engendre point de profit.

Mais fi dans la fuite le fief chargé de ce droit réel, d'une rente, par exemple, vient à changer de main, il fera dû profit fur le pied de la valeur du total du fief, fans en diminuer la valeur de la rente ; autrement les feigneurs fouffriroient un préjudice confiderable par la création de ces droits réels qui diminueroient le prix de l'heritage , & l'empêcheroient d'être vendu à l'avenir auffi avantageufement, & par là de produire des profits auffi utiles aux mutations.

Mais fi le feigneur avoit inféodé le droit réel, la fervitude, par exemple, ou la rente, en confentant qu'on lui en portât la foi & hommage, il feroit dû profit toutes les fois que la rente viendroit à changer de maître, & alors le détenteur du fonds ne devroit profit aux mutations que pour le furplus de la proprieté, la rente déduite, comme dans l'article 138. de la Coûtume d'Orleans.

On a demandé s'il eft dû profit pour le rembourfement d'une rente fonciere inféodée. Cette rente étant fonciere eft veritablement une partie de la proprieté ; ainfi lorfque le vaffal la rachette, il recouvre cette partie de la proprieté de fon fief qu'il avoit demembrée, il l'acquiert de nouveau, il fe fait une mutation par ce rachat, & non une fimple extinction d'un droit : il faut donc diftinguer ; ou la rente étoit ftipulée rachetable, ou non : dans le premier cas, il ne doit point de profit, par le Principe 14. parce qu'il rentre dans la partie de fon fief qu'il avoit demembrée, & il y rentre en vertu d'un droit ançien, en vertu d'une faculté de remeré qu'il s'étoit refervée en conftituant la rente. Dans le fecond cas, il doit profit, parce que la mutation eft l'effet d'une caufe nouvelle. (Coûtume de Paris, *art.* 87.)

X I X.

Si la vente d'un droit réel fur le fief ne produit point de profits , à plus forte raifon la
vente d'un fimple droit *ad obtinendam rem
feudalem*, comme d'une faculté de remeré ,
ou d'un droit de refus que l'on cede à un tiers
fur un fief, n'engendre point de profit, c'eft
une fuite du Principe 15.

R E G L E   S I M P L E

*Pour determiner generalement tous les cas où il
eft dû profit , tant dans les Cenfives à droit de
ventes , que dans les Cenfives à droit de relevoifons.*

X X.

Quand on fçait une fois comment les profits font dûs dans les fiefs, dès-là on fçait comment ils font dûs dans les cenfives , par le
moyen des deux regles fuivantes.

I. Pour les cenfives à relevoifons, il n'eft
point dû de profit dans tous les cas où il n'en
eft point dû pour les fiefs, excepté le cas de
la donation faite pour Dieu ou en aumône , &
celui de la fucceffion en ligne directe ; (Orl.
art. 126.) je dis, fucceffion, car la donation
même en ligne directe eft exemte du profit de relevoifons ; (*art.* 273.) & les relevoifons font dûës dans tous les cas où il eft
dû profit pour les fiefs.

I I. Pour les censives à droit de ventes, il n'eft dû profit que dans les cas où le profit de quint eft dû pour les fiefs, c'eft-à-dire, dans les mutations par vente ou par contrat équipolent, tel que le bail à rente rachetable, (*art.* 109.) & la donation onereufe, (*art.* 117.) La feule exception à cette Regle eft dans le cas de l'échange, (*art.* 111.) & dans celui du bail à rente perpetuelle & non rachetable, où il eft dû vingt deniers de profit par chaque franc de rente, c'eft-à-dire, une livre pour vingt-deux livres de rente.

Il eft bon d'obferver ici que la vente d'une rente fonciere conftituée fur un heritage cenfuel, engendre profit, (*art.* 109.) quoique la vente d'une rente fonciere impofée fur un heritage féodal n'en produife point, fi elle n'eft inféodée ; la difference eft que dans les fiefs, la qualité de vaffal étant en quelque forte indivifible & perfonnelle, demeure naturellement attachée à la proprieté que le vaffal conferve en créant une rente fur fon fief. La même raifon n'a pas lieu dans les heritages cenfuels.

OBSERVATIONS
SUR
LE COMMENTAIRE
DE
M. DELALANDE.

ELOGE HISTORIQUE

DE

M. DELALANDE.

CEux qui lifent les Ecrits de ces hommes rares, nez pour l'avantage des Lettres, & pour la gloire de leur pays, font charmez d'en connoître la vie ; l'ouvrage intereſſe pour la perſonne de l'Auteur ; leurs citoyens furtout font engagez par devoir , & par honneur, pour le bien même de la patrie, à conſacrer, s'il eſt poſſible, leur memoire aux fiécles à venir. Ces éloges bien-tôt font naître de nouveaux talens par l'émulation qu'ils allument ; c'eſt l'hommage naturel que les hommes doivent à la vertu ; c'eſt la feule recompenſe qu'ils ſoient toûjours les maîtres de lui accorder. Pourquoi donc laiſſerois-je échaper ici l'occaſion de faire connoître à la poſterité M. Delalande qui a fait tant d'honneur à la Ville d'Orleans ſa patrie ? J'oſe me perſuader en ce moment qu'elle-même me charge du ſoin de ſa reconnoiſſance.

M. Delalande (Jacques) naquit à Orleans le 2. de Décembre 1622. de Daniel Delalande

Conseiller en la Prévôté de cette Ville, & de Michelle le Gendre. Sorti du cours ordinaire des Humanitez, il s'attacha à l'étude de la Jurisprudence, pour qui il eût d'abord ce goût vif & décidé, qui marque les talens & annonce les grands succès. Ce fut pour la mieux servir, qu'il s'apliqua particulierement aux Lettres Latines, il y joignit une connoissance exacte des anciens Auteurs & des antiquitez romaines, celle même des monumens les plus curieux de nôtre Histoire. Le 27. Mars 1646. il prit dans l'Université d'Orleans le Degré de Licentié ; six ans après il prit celui de Docteur. Une Chaire qui fut mise au concours en 1653. lui presenta l'occasion de recüeillir le fruit de ses études. M. Riviere osa seul être son competiteur; il s'en faloit bien cependant qu'il égalât le genie, le sçavoir & l'érudition de M. Delalande, mais il croyoit racheter ce qui lui manquoit de ce côté-là par son esprit, son adresse, par les graces de l'élocution & d'une prononciation la plus heureuse qui fut jamais. Il ne se trompa pas. Les Juges balancez entre des qualitez solides d'un côté, & des qualitez au moins ébloüissantes de l'autre, prirent le parti, délicat à la verité, mais déja fondé sur des exemples, de partager la Chaire entre ces deux habiles Concurrens. M. le Marquis de Sourdis, Gouverneur de la Province, qui fit l'honneur à l'Univerſité d'aſſiſter à cette Diſpute, & de donner ſa voix excitative à la tête des Conſervateurs, rendit l'élection plus ſolemnelle encore & plus éclatante par ſa préſence. On voulut cependant conſerver à M. Delalande une primauté qu'on ſentoit lui être dûë ; il eût ſeul l'exercice & les revenus de la Chaire, & l'on donna à M. Riviere avec le titre les honneurs & le rang, l'expectative de la premiere Chaire qui viendroit à vacquer. Il eſt des circonſtances où l'on eſt obligé quelquefois de ſortir des regles ordinaires, & de s'affranchir pour un plus grand bien des Loix de la timide prudence.

La Chaire obtenuë ne fut pas, ce qui n'arrive que trop ſouvent, la fin des études de M. Delalande, comme elle en étoit la recompenſe. Son zéle actif embraſſa même alors plus d'une maniere de ſervir ſa patrie par les travaux de l'eſprit & par le ſçavoir Le 29. Mai 1654. il ſe fit inſtaler dans la Charge de Conſeiller au Préſidial d'Orleans, il n'en avoit été pourvû que depuis qu'il étoit Docteur-Regent ; mais il faut avoüer qu'environ quatre ans après il la quitta, préferant la ſpeculation tranquile au tumulte importun des affaires. Il n'en fut que plus utile à ſes citoyens & à la Juriſprudence, à l'étude de laquelle il conſacra tout ſon tems & mit tous ſes plaiſirs. Matinal, laborieux, heureux ſeu-

lement dans fon cabinet , & trouvant dans
fes Livres la plus agréable de toutes les fo-
cietez & la plus exquife des converfations,
déplacé en quelque forte par tout ailleurs
où le devoir ne l'apelloit pas, il fe délaffoit
du Droit Romain par le Droit François. Il
acquit bien-tôt de ce dernier la connoiffance
la plus profonde & la plus étenduë pour tout
autre, mais foible en comparaifon du vafte
& éminent fçavoir qu'il avoit dans les Loix
Romaines ; un genie tel que le fien ne pouvoit demeurer au-deffous que de foi-même.
Il poffedoit fi pleinement le Droit Civil, qu'on
difoit ordinairement de lui , que fi tous les
exemplaires du Digefte & du Code avoient
été perdus, il auroit pû les retrouver par le
fecours feul de fa memoire. Ce fçavant homme étoit une efpéce de Corps de Droit vivant & animé.

Ce fut cependant par le Droit François
qu'il commença à enrichir le Public du fruit
de fes veilles, & cette préference eft d'autant plus honorable à nôtre Droit, qu'elle
avoit dû coûter à M. Delalande. Il aimoit
les Loix Romaines avec cette paffion tendre
& vive que les profanes ne font pas même
capables d'imaginer, mais qui donne les plai-
firs les plus purs & les plus parfaits aux ames
choifies qui en ont fçû connoître & goûter
les beautez. Deux ans lui fuffirent pour com-

poser l'excellent Commentaire sur la Coûtume d'Orleans qu'il donna en 1673. & dont la reputation a toûjours été en augmentant. Il y mit à profit les Mémoires manuscrits de plusieurs sçavans Conseillers & Avocats (*a*) du Présidial d'Orleans, qu'il avoit recüeillis avec soin. Il recherchoit avec curiosité les piéces rares & les manuscrits interessans, mais c'étoit pour en faire part au Public ; bien different de ceux qui dans leurs sombres cabinets enfoüissent de ces trésors, dont ils ne sçavent ni joüir, ni faire joüir les autres, espéce de sottise qui n'est que trop commune, & qui réünit l'ignorance avare à la bizarrerie injuste.

L'Edition de la Coûtume finie, M. Delalande ne songea plus qu'à travailler au grand Ouvrage qu'il avoit déja commencé sur le Droit Romain. Un homme ordinaire n'auroit pas même imaginé d'en former le projet, mais il sentoit les forces de son esprit, & il eût assez de vie & de perseverance pour mettre la derniere main à ce vaste travail. Il avoit entrepris d'y expliquer successivement toutes les Loix contenuës dans les titres du Digeste ; la plûpart venoient se ranger comme d'elles-mêmes dans l'ordre naturel des matieres où il les plaçoit en abregé : d'autres plus difficiles exigeoient une interpretation particuliere qu'il

______

(*a*) Entr'autres de Mrs. Duchon , Hubert, Bouquin, Robert, Chautard.

y joignoit ; les unes & les autres il les faifoit
fervir au Droit François dont il ne perdoit
jamais de vûë les interêts. Il marquoit fur
chaque Loi ce qu'elle avoit, ou de conforme,
ou dé contraire à nos ufages : & comme nous
n'avons reçû proprement dans nos mœurs du
corps des Loix Civiles que ce qui eft de droit
immuable, en abandonnant la plûpart des
fubtilitez arbitraires qui en font le tiffu, on
peut regarder le travail de M. Delalande comme une efpéce de cours fuivi du droit naturel, où les Loix qui font l'ouvrage de la
fageffe & de la raifon éternelle, font par tout
diftinguées de celles qui ne font que l'ouvrage de la fageffe politique des Romains ; en
quoi M. Delalande paroît avoir eû de l'avantage fur Domat même, cet homme incom-
parable né pour être l'organe le plus parfait de
la raifon, & le Legiflateur du genre humain ; car Domat content de tirer du corps
des Loix Romaines tout ce qui s'y trouvoit de
regles immuables de l'équité naturelle, fans
y mêler les arbitraires, nous aprend à la verité le Droit naturel, mais non pas le Droit
Romain qu'on ne reconnoît plus dans fon Livre ; au lieu que M. Delalande embraffoit
également les deux Droits fans les confondre,
& les diftinguoit en les réüniffant. Quel dommage qu'un Livre fi intereffant pour la Jurifprudence n'ait pû trouver jufqu'à prefent d'Im-

primeur en France, par le seul défaut d'être écrit en Latin ; est-ce au goût des lecteurs, ou au jugement seul des Imprimeurs qu'il faut s'en prendre ? (*b*)

Dans le tems même que M. Delalande donnoit au Public son Commentaire sur la Coûtume , le Roi voulut honorer ses travaux par des Lettres de Conseiller Honoraire au Présidial d'Orleans , qu'il lui accorda le 18. Juillet 1673. & qui sont conçûës dans les termes les plus avantageux pour ce Docteur. Cette grace lui donna occasion de publier un petit Ouvrage fort curieux , intitulé : *Juris Dissertatio de ingressu in Secretaria Judicum, & de honorariis dignitatibus.* . . . Tout chez M. Delalande, (& les graces même qu'il recevoit,) tournoit au profit de la Jurisprudence.

Heureux si les chagrins trop sensibles du ménage ne l'en avoient pas distrait quelquefois. Il avoit eû la foiblesse de se marier ; (*c*) car c'en étoit une pour un homme qui ne respiroit qu'après les douceurs d'une libre & tranquile étude, & qui n'avoit de passion veritable que pour la Jurisprudence. Semblable

(*b*) En 1690. M. Delalande, pour essayer le goût dn Public, avoit fait imprimer chez Boyer à Orleans , le commencement de ce grand Ouvrage , depuis le Titre 1. jusques & compris le Titre 8. du premier Livre du Digeste. Cet essai , intitulé, *Specimen Juris Romano-Gallici ad Pandectas* , est en un volume in 12.

(*c*) En 1651. il avoit épousé Marguerite Davezan , fille de Jean Davezan, Professeur en Droit dans l'Université d'Orleans, & depuis dans celle de Paris , & Conseiller d'Etat.

à Socrate, il trouva dans fon mariage des occafions frequentes d'exercer fa patience & fa douceur. Le repos & la paix étoient pour lui des biens trop precieux pour ne leur pas faire le facrifice de fon autorité. Il fentoit fi bien cette efpéce d'impuiffance où fe trouve fouvent un mari, de faire valoir toute l'étenduë du pouvoir que l'ordre des Loix lui affure, qu'il a été jufqu'à en faire une maxime de Jurifprudence dans fon Commentaire fur l'article 198. de la Coûtume, il y foûtient que les maris doivent avoir, auffi - bien que les femmes, la faculté de demander la feparation de biens ; car, ajoûte-t-il, quoique la Loi les rende maîtres des actions de leurs femmes, & de la conduite de la communauté, il ne faut pas croire qu'ils puiffent toûjours exercer l'empire qu'elle leur donne fur un fexe fuperbe & aimable.

M. Delalande avoit cette heureufe fimpli-cité qui empêche fouvent un grand homme de connoître ce qu'il vaut, & qui le rend à mon gré encore plus grand. Il fut jufte, mo-defte, doux, fimple, équitable, parce qu'il ne pouvoit être autrement, la hauteur, l'oftentation, l'interêt n'ont jamais pû trou-ver de prife fur lui ; c'eft le fort des vertus communes d'avoir le merite des combats & l'honneur de la victoire, mais les ames qui aprochent plus près de la perfection, font même au-deſſus de 'cette gloire. Il aimoit ſincerement les hommes ; la voix de ſa patrie qu'il regardoit comme des ordres, l'emportoit ſur l'interêt même de ſes etudes. Il fut Maire pendant les années 1691. & 1692. il avoit déja été Receveur de la Ville en 1683. & 1684. Attentif & vigilant dans les affaires publiques qu'il eût à conduire, il étoit negligent & ſans précaution pour les ſienes. Eclairé ſur les interêts des autres, habile à donner à ceux qui s'empreſſoient de le venir conſulter, des conſeils prudens & des lumieres ſures, mais credule & aiſé à tromper ſur ce qui le regardoit. Il étoit deſintereſſé & ennemi de la dépenſe ; négligé dans ſes manieres & dans ſon exterieur, particulier, retiré ; il étoit en même tems officieux, commode, obligeant, affable, il avoit tout le fonds de cette politeſſe dont il négligeoit les dehors.

Il n'eſt peut-être arrivé qu'à lui ſeul d'étudier toûjours debout ſur un bureau fort élevé, ſoit qu'il lût, ſoit qu'il écrivît, ſoit qu'il meditât ; & comme l'étude a rempli tout le cours de ſa vie, on peut dire de lui preſqu'à la lettre, qu'il ne s'eſt jamais aſſis tant qu'il a vêcu. Je n'aurois pas relevé cette circonſtance, ſi les petites choſes mêmes n'intereſſoient par la ſingularité, ſur-tout dans les hommes extraordinaires.

Attaché à ſes devoirs, & par goût, & par

religion, il alloit naturellement au bien, la droiture & la pieté sans fard regnoient dans ses actions; si l'on eût pû lui faire quelque reproche, ce seroit peut-être d'avoir été trop facile & trop indulgent, & pour ses enfans, & pour ses écoliers qu'il aimoit presque autant que ses enfans. La rigueur coûtoit trop à son caractere, la bonté seule, cette bonté qui faisoit le fonds de son cœur, l'empêchoit, malgré ses resolutions, de maintenir dans les Ecoles l'exacte severité de la discipline, l'interêt n'y avoit aucune part, & son ame qui n'a jamais donné d'entrée au vice, ne pouvoit être trompée sur ses devoirs que par une vertu.

Des qualités si estimables jointes a un sçavoir si profond, acquirent non seulement à M. Delalande l'estime, l'amour & la confiance de ses citoyens, mais répandirent encore sa reputation bien au-delà des bornes de la Province; Paris même lui paya ce tribut d'estime qu'il accorde toujours aux talens distinguez, dès qu'il peut les reconnoître & les demêler quelque part. M. de Ficubet Conseiller d'Etat & Chancelier de la Reine, M. le Président de Menars, M. l'Avocat General Talon, & M. l'Abbé Bignon, l'honorerent de leur amitié & de leur protection, espece d'hommage que les grands éclairez & dignes de leur fortune, sçavent rendre au merite même qui ne peut

leur être utile. Le nom de M. Delalande pe-
netra jusqu'à la Cour. Ce qui lui arriva en
1700. au paſſage du Roy d'Eſpagne à Orleans , en eſt une preuve bien ſenſible. Ce
Prince accompagné de Monſieur le Duc de
Bourgogne & de Monſieur le Duc de Berry
ſes freres , & ſuivi d'une nombreuſe Cour ,
alloit prendre poſſeſſion de la Couronne d'Eſpagne. M. Delalande le complimenta à la
tête de l'Univerſité. L'Orateur n'avoit aucun
de ces dehors capables d'en impoſer, d'une
petite taille & d'une figure fort commune ,
on ne voyoit rien de noble & d'élevé dans ſon
air, ni dans ſes manieres ; & pour ſurcroît
de malheur , dans ſon diſcours ſa memoire
infidele avoit trahi ſa vieilleſſe. La Cour cependant au travers de ces apparences rebu-
tantes perça juſqu'à M. Delalande lui -même.
Son nom parla pour lui ; on engagea le Roy
d'Eſpagne fort jeune alors à lui envoyer un
Gentilhomme pour le prier de le venir voir
& de lui apporter ſes ouvrages. Le vieillard
arriva tenant ſa Coûtume ſous ſon manteau ;
le Roy la feüilleta , lui dit bien des choſes
obligeantes, lui parla de ſon grand ouvrage,
& lui fit promettre qu'auſſi-tôt qu'il ſeroit imprimé, il lui en envoyeroit par la poſte un
exemplaire à Madrid. Un trait ſi honorable à
M. Delalande fait bien voir en même tems
le bon goût naturel de la Cour toujours prête

à courir au-devant du merite, aimant à honorer le sçavoir, & habile à distinguer ce petit
nombre d'hommes en qui la nature à placé
des talens superieurs.

M. Delalande mourut enfin le 5. Fevrier
1703. agé de plus de 80 ans. Ses citoyens
honorerent sa memoire des regrets les plus
tendres & les plus sinceres. La mort le
trouva occupé à des travaux utiles à sa patrie.
Il se preparoit à donner une nouvelle Edition
de son Commentaire sur la Coûtume d'Orleans. Si elle eût paru de son vivant, elle
nous auroit epargné vrai-semblablement les
Observations que nous avons cru devoir à l'in-
struction du Public. Il avoit composé de sçavans Memoires dans lesquels il suppleoit ce
qui manquoit à son ouvrage, il redressoit ce
qui étoit défectueux, & corrigeoit les erreurs
qui lui étoient échapeés. Malheureusement
aprés sa mort ces Memoires tomberent en des
mains peu capables d'exécuter le projet de
l'Auteur ; on peut voir sur ce point le Journal
des Sçavans du 1. Decembre 1704.

CATALOGUE

Des Ouvrages de M. DELALANDE.

Exercitationes utriusque Juris ad Titulum de ætate, qualitate, & ordine præficiendorum, apud Gregor. IX. cum brevi Tractatu de nuptiis Clericorum vetitis, aut permissis, & ad Titulum secundum Libri 28. Pandectarum de Liberis præteritis, vel exheredatis, in quarto, 1654. Orl.

Prælectiones in Titulum de Decimis primitiis & Oblationibus Libri tertii Decretal. Gregor. IX. in quarto, 1661. Orleans.

Commentaire sur la Coûtume d'Orleans, in folio, 1673. Orleans. *Seconde Edition,* 2. vol. in folio, 1704. Orleans.

Juris Dissertatio de ingressu in Secretaria Judicum, & cum his considendi societate viris honoratis competente, & de honorariis dignatibus, in quarto, 1674. Orleans.

Traité du Ban, & de l'Arriereban, in quarto, 1675. Orl. *Réimprimé en* 1704. *à Orleans, à la fin de la seconde Edition du Commentaire sur la Coûtume.*

Juris Dissertatio ad Novellam Imperatoris Justiniani 130. *cujus argumentum est de transitu militum, eorumque annona, & de metatis.* Gallicè, *du passage, des Etapes, & logement des gens de guerre,* in quarto, 1679. Orleans.

*Specimen Juris Romano - Gallici ad Pan-
dectas, seu Digesta, in-douze, 1690. Orl.*

La suite entiere de ce grand Ouvrage, qui
n'est encore que manuscrit, est entre les mains
du dépositaire des papiers & des autres effets
dépendans de la succession du feû Sieur de Lu-
meau, l'un des fils de M. Delalande.

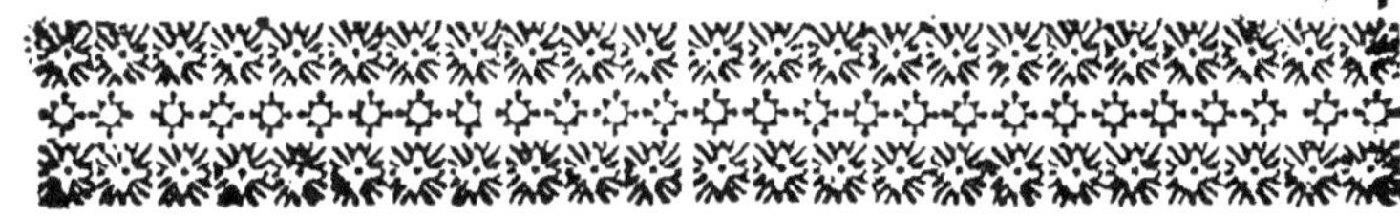

OBSERVATIONS

Sur plusieurs Décisions contenuës au Commentaire de M. DELALANDE, qui peuvent
souffrir difficulté, ou meriter explication,
ou qui se trouvent contraires à la Jurisprudence qui est reçûë aujourd'hui.

Article 1. Page 6. Colonne 1.

L'Auteur dit que la transaction engendre profit;
lorsque l'heritage sur lequel on transige ne demeure point au possesseur; & qu'il n'en est point dû,
lorsqu'il lui demeure. L'avis de Dumoulin paroît plus
juste, qui décide que quoique l'heritage contentieux
demeure au possesseur, neanmoins il est dû profit,
lorsque le seigneur peut justifier qu'il ne lui apartenoit pas, & qu'il ne l'acquiert que par la transaction;
car alors il est vrai de dire que la transaction a operé
une mutation qui donne ouverture au profit. Au reste,
il faut que le seigneur puisse justifier cela sommaire-
ment. *Vice versâ*, suivant le même Dumoulin, il n'est
point dû de profit, quoique par la transaction le possesseur se desiste de l'heritage au profit de l'autre, à moins
que le seigneur ne justifie que l'heritage contentieux
appartenoit effectivement à celui qui s'en est désisté;
en effet c'est au seigneur, comme demandeur, à justifier qu'il y a eû une mutation qui ait donné ouverture au profit par lui demandé; la transaction
seule & *per se* ne le justifie pas, étant par sa nature
de re dubiâ. Voyez Dumoulin *in Consuet. Par. art.* 23·
Gl. 1. *n.* 3· *& 68. & art.* 78. *Gl.* 3. *n.* 17.

II. Partie.   * D

Page 6. Colonne 2.

L'Auteur dit que pour que la vente donne ouverture au profit, il faut que l'acquereur ait été mis en poſſeſſion, parce que juſqu'a ce tems il n'y a point de mutation ; d'ou il conclut que ſi l'acquereur le revend à un tiers avant que d'en avoir été mis en poſſeſſion, il ne ſera dû qu'un ſeul profit. On peut dire contre cet avis que la clauſe de déſaiſine-ſaiſine qui s'inſere dans le contrat, équipollant dans nôtre Coûtume à tradition de fait, ſuivant l'article 278. il y a mutation dès l'inſtant du contrat, avant que l'acheteur ait pris une poſſeſſion réelle, & par conſequent qu'il y a ouvertute au profit dès l'inſtant du contrat ; d'ou il ſuit, que ſi l'acheteur revend l'heritage à un tiers, quoiqu'avant d'avoir été mis en poſſeſſion réelle, il ſera dû double profit.

Article 2. Page 11.

L'Auteur ſemble dire que le ſeigneur ne peut point en quelque maniere que ce ſoit exiger d'un acquereur les anciens profits dûs du chef de ſes auteurs. La Coûtume décide ſeulement que le ſeigneur ne peut refuſer de recevoir l'acquereur en foi pour raiſon deſdits anciens profits qui ne lui ſeroient point offerts ; mais il peut en faire reſerve & les demander par action à cet acquereur, ainſi que la Coûtume le décide formellement, *art.* 66.

Article 4. Page 13.

L'Auteur dit que le curateur à la ſucceſſion vacante doit, pour la plus grande ſureté des créanciers, aller faire & offrir l'hommage au ſeigneur. Cela ne paroît pas neceſſaire, puiſque la Coûtume en cet article 4. exige ſeulement qu'il demande ſouffrance. Il a même été jugé contre le Baron d'Huiſſeau, qu'il n'étoit pas néceſſaire que le curateur demandât cette ſouffrance en perſonne, laCoûtume ne l'exigeant point.

Article 6. Page 16. ligne 36.

L'Auteur dit que la ſouffrance accordée au commiſſaire, expire par la mort du commiſſaire. Cela ne paroît

pas veritable ; car elle n'eſt pas accordée perſonnelle-
ment à ce commiſſaire, mais à l'univerſalité des créanciers qui l'a demandée par ſon miniſtere.

Article 7. Page 17. Colonne 2. ligne 17.

L'Auteur dit que dans le bail à rente la foy n'eſt pas
cenſée retenuë, ſi elle ne l'eſt expreſſement. Les art.
10. & 11. paroiſſent décider au contraire qu'elle eſt
retenuë *hoc ipſo*, que le bailleur ne s'en eſt point de-
ſaiſi. Les art. 54. & 84. de Lorris le décident en termes formels ; & cette Coûtume eſt d'un grand poids
pour expliquer la nôtre, les deux Coûtumes n'en
ayant fait qu'une autrefois. *Voyez* nos Notes ſur l'art. 7.

Article 9. Page 22.

L'Auteur décide fort bien que lorſqu'une perſonne a
donné un heritage feodal à cens ſans le conſentement
de ſon ſeigneur, & que le preneur l'a beaucoup me-
lioré, le bailleur ne peut demander aucun dédommagement au preneur, pour raiſon de ce qu'il devient
par là ſujet à de plus gros profits ; mais la raiſon que
l'Auteur raporte de cette déciſion ne paroît pas juſte :
Il dit que la raiſon eſt, que le bailleur en eſt dédom-
magé, parce qu'il recevra lui-même de plus gros profits de cenſive par les mutations du preneur. Cette
raiſon n'eſt pas la veritable ; car il en ſeroit de même
quand même le bailleur n'en reſſentiroit aucun dédommagement, comme ſi le bail étoit fait à la charge d'un
cens annuel ſeulement, ſans qu'il y eût de profit par
les mutations du preneur. La ſeule & veritable raiſon eſt, que le preneur a uſé de ſon droit en faiſant
les meliorations qu'il a faites ; d'où il ſuit, qu'il ne
peut devoir pour cela aucun dédommagement.

Article 13.

Depuis l'impreſſion du Commentaire de l'Auteur,
par Edit du mois de Février 1674. & les Déclarations renduës en conſequence, les échanges ont été
aſſujettis au droit de quint au profit du Roy ou de
ceux qui ont acquis du Roy leſdits droits ; ſur lequel

droit de quint le feigneur de fief prend fon droit de
rachat. *Voyez* nos Notes fur l'art. 13.

Article 14. *Page* 29. *Colonne* 2. *Ligne* 33.

L'Auteur rapporte une Sentence qui a jugé que la
femme ne doit point de profit pour le fief qui lui a été
cedé pour la remplir du prix de fes propres alienez.
Cela ne doit avoir lieu que dans le cas où ce fief eft un
conqueft ; il en feroit autrement, fi c'étoit un propre du
mari.

Article 15. *Page* 31. *Colonne* 1. *ligne* 8.

L'Auteur dit qu'il eft dû profit pour les retours de
partage entre autres perfonnes que des coheritiers.
Il paroît que la Jurifprudence eft contraire. *Voyez* nos
Notes fur l'article 16.

Ibidem, *Colonne* 2. *ligne* 33.

L'Auteur dit qu'il a été jugé, qu'il n'étoit point dû
de profit, lorfque des coheritiers après le partage fait,
échangeoient enfemble leurs lots, pourvû que cet
échange fe fit avant qu'ils fe fuffent mis en poffeffion
de leurs lots. Je ne croirois pas que cette décifion
pût avoir lieu dans nôtre Coûtume, lorfque le partage
a été fait devant Notaire ; parce que fuivant nôtre article 278. la claufe de défaifine-faifine qu'on y infere,
équipolle à la prife de poffeffion réelle.

Article 16. *Page* 31. *Colonne* 2. *Ligne* 12.

L'Auteur dit qu'il eft dû profit par les Licitations
entre les copropriétaires, autres que coheritiers. La
Jurifprudence paroît contraire. *Voyez* nos Notes fur
l'art. 16.

Page 33. *Colonne* 1. *ligne* 15.

L'Auteur dit que la Licitation entre coheritiers,
pour être exempte de profits, doit avoir été ordonnée
en Juftice. On n'exige plus cela. *Voyez* nos Notes fur
l'art. 16.

Ibidem, *Colonne* 2. *ligne* 17.

L'Auteur dit que l'accommodement par lequel un
coheritier cederoit fa part pour une fomme à un coheritier, ne feroit point exempt de profits, s'ils n'a-

voient point encheri l'un sur l'autre. La Jurisprudence est contraire à son avis. Tout premier acte passé entre des coheritiers, pour sortir de communauté, tient lieu de partage, & est exemt de profit. *Voyez* nos Notes sur l'article 16.

Article 18. *Page* 35. *Colonne* 1. *ligne* 11.

L'Auteur dit que l'heritier de celui qui a acquis un fief en sa mouvance, peut éviter la réünion, en alienant le fief ou l'arriere-fief, avant qu'il soit contraint d'en porter la foy. Il semble qu'il seroit plus exact de dire, *avant qu'il en ait porté la foy. Voyez* nos Notes sur les articles 18. & 19.

Article 20. *Page* 37. *Colonne* 1. *ligne* 29.

L'Auteur dit que le conquêt acquis dans la censive propre du mari, est réüni au fief pour le total, quoique par la suite la femme accepte la communauté. Il y a lieu de penser qu'il n'est réüni que pour la moitié, l'acceptation de la femme ayant un effet rétroactif au tems de l'acquisition. On pourroit même aller plus loin, & dire qu'il n'y aura point de réünion, si par le partage de la communauté ce conquêt échet au lot de la femme, au moyen de l'effet rétroactif qu'on donne aux partages. Suivant les mêmes principes, on peut dire que lorsqu'un heritage est acquis dans la censive propre de la femme, l'acceptation de la communauté de la part de la femme ne fera point de réünion, si par le partage il échet au lot du mari; la réünion sera donc en suspens dans tous ces cas. Que si le mari vient à revendre durant la communauté l'heritage qu'il a acquis dans sa censive propre, la réünion se confirme par la revente qu'il a faite, parce que par cette revente il devient certain que cet heritage aura apartenu au mari seul, & jamais à la femme qui ne peut avoir part que dans les heritages qui se trouvent composer la communauté au tems de sa dissolution ; & par la même raison il n'y aura point de réünion de l'heritage qu'il auroit acquis dans la censive de sa femme, s'il revend cet heritage durant la communauté , parce que l'heritage n'aura jamais apartenu à la femme.

Article 20. *Page* 38. *Colonne* 1. *ligne* 6.

Il est dit que s'il est acquis un heritage dans la mouvance féodale ou censuelle de l'un des conjoints, celui des conjoints, dans la mouvance duquel il est, peut le retenir, en payant à l'autre le mi-denier de l'acquisition. Il semble que de droit commun & sans titre particulier , ce retrait ne peut avoir lieu dans nôtre Coûtume , que lorsque l'heritage est dans la mouvance féodale d'une Châtellenie, ou d'un fief d'une plus grande dignité, nôtre Coûtume n'admettant point de retrait censuel, & n'accordant le retrait féodal qu'aux seigneurs châtelains, & à ceux d'une plus grande dignité , *art.* 49.

Article 25. *Page* 48. *Colonne* 1. *ligne* 6.

M. Delalande dit que plusieurs estiment que les immeubles confisquez pour forfaiture , n'apartiennent point à l'usufruitier de la Justice. Cet Auteur sur l'article 63. embrasse un sentiment contraire , que je crois devoir être préferé. Il ne repugne nullement que des immeubles soient *in fructu.* Il y en a un exemple en la Loi 7. §. 1. *ff. de usufructu.* L'argument tiré de la Loi *arboribus*, au même titre, n'est pas juste, parce que les arbres renversez par les vents, ne renaissent point, & que le fonds dont ils faisoient partie, est diminué; mais les confiscations d'immeubles ne diminuent point le fonds de la Justice, qui , malgré la confiscation , consiste toûjours dans la même étenduë de territoire; & ces confiscations peuvent être reproduites , ceux à qui le seigneur vendra les immeubles confisquez, pouvant de nouveau les confisquer.

Article 25. *Page* 49. *ligne* 3.

L'Auteur dit que les successions mobiliaires échûës aux mineurs durant la garde-noble, tombent dans la garde, & sont acquises au gardien , ainsi que le revenu des immeubles qui adviennent aux mineurs durant ledit tems. L'usage est absolument contraire au sentiment de l'Auteur ; & tout le monde convient que la garde-noble, tant pour le gain des meubles, que pour celui du revenu des immeubles, ne s'étend qu'aux biens de la succession du prédecedé. On s'apercevra aussi que c'est le sens de nôtre Coûtume, si on consulte le Procès - verbal & les articles de l'ancienne Coûtume ausquels il renvoye. Le Procès-verbal dit que cet article 25. est tiré des articles 43. & 98. de l'ancienne Coûtume, & que ce qui a été ajoûté est pour l'explication. Cet article 25. contient deux points ; l'un, de savoir ce qui doit être observé quand la gardienne noble se remarie, & c'est ce qui est tiré de l'article 98. de l'ancienne Coûtume ; & ce qui a été ajoûté pour explication, regarde ce point. L'autre point est de savoir en quoi consiste le profit & les charges de la garde, c'est ce qui est tiré de l'article 43. de l'ancienne Coûtume ; c'est donc à cet article qu'il faut avoir recours pour avoir le vrai sens de nôtre article 25. sur ce point : or il est évident, par la relation qui est entre ledit article 43. & le 42. qui le précede, que l'article 43. ne donnoit au gardien noble l'émolument du gain des meubles & de la joüissance des immeubles, qu'à l'égard des biens de la succession du prédecedé ; d'où il faut conclure que la nouvelle Coûtume n'ayant point en cela établi un droit different de celui de l'ancienne, les gardiens-nobles n'en peuvent prétendre davantage. *Voyez* les articles 42. & 43. de l'ancienne Coûtume. Il est bon de répondre à present aux argumens dont l'Auteur se sert pour établir son opinion.

Le 1. est tiré de ce que la Coûtume, dans cet article 25. ne fait aucune distinction. La réponse est, que le Procès-verbal renvoye à l'article 43. de l'ancienne Coûtume, où la distinction est suffisamment marquée. On tire aussi argument du terme *jusques* dont la Coûtume se sert ; mais ce terme est seulement employé pour marquer le tems que doit durer la garde.

Il est vrai qu'il est mal placé, mais ce n'est pas le seul endroit où le stile de la Coûtume est peu correct, & où il se trouve des transpositions.

Le 2. argument consiste en ce raisonnement : « L'ayeule a la garde-noble par le refus que font le » vitric & la mere remariée de se charger du bail, » & en cette qualité elle gagne les meubles. » Or, dit nôtre Auteur, ce ne peuvent être ceux de la succession du prédecedé, puisque la mere noble, qui s'est depuis remariée, les a gagnez, donc il y a d'autres meubles que ceux-là qui tombent dans la garde. La réponse est, que les meubles que l'ayeule gagne en ce cas sont ceux de la succession du prédecedé. La mere remariée qui refuse de se charger du bail, est tenuë de lui en compter ; car, par ce refus, elle perd l'émolument de la garde-noble, non-seulement pour l'avenir, mais pour le passé, ne pouvant y avoir deux gardes-nobles, & c'est ainsi que cela se pratique.

Le 3. argument de nôtre Auteur est tiré du Procès-verbal de l'Ancienne Coûtume, où l'on remontre que la plûpart des mineurs demeuroient sans aucuns meubles lorsqu'ils venoient en âge. Mais ceci est plus contraire que favorable à l'avis de nôtre Auteur ; car, selon son avis, ce n'auroit pas été seulement la plûpart, mais tous les mineurs tombez en garde ou bail noble, sans exception d'aucuns, qui se seroient trouvez sans aucuns meubles, lorsqu'ils seroient venus en âge. A l'égard de ce qui fut dit par les nobles, que les baillistres gagnoient *tous* les meubles, ce terme doit s'entendre *pro subjectâ materiâ*, & relativement à l'art. 43. de tous ceux de la succession du prédecedé. A l'égard de ce que nôtre Auteur en dernier lieu dit, que l'article 29. de l'ancienne Coûtume paroît s'exprimer sans distinction sur le gain des fruits, la réponse est que cet article 29. s'explique par le 43. de la même Coûtume.

Article 25. Page 50. Colonne 1. ligne 53.

L'Auteur décide que le gardien noble est tenu de

compter aux mineurs des alimens qu'il devoit leur fournir lorsqu'ils ont vêcu de leur induſtrie, ou ont été nourris par d'autres. Ce ſentiment n'eſt point du tout ſuivi dans l'uſage.

Ibid. Colonne 2. ligne 6.

Il eſt dit que s'il a été amorti durant la communauté quelque rente propre dûë par le prédecedé, la recompenſe qui en eſt dûë au ſurvivant ſe confond dans la garde. Il y a lieu de dire au contraire que cette récompenſe conſiſtant en ce que la rente amortie, revit au profit du ſurvivant, ſuivant les articles 244. & 245. de Paris que nous ſuivons ici; il n'y a que les arrerages courus durant la garde qui doivent ſe confondre, & non le fonds qui eſt reputé immeuble, *art.* 351.

Ibid. Ligne penultiéme.

Il eſt dit que le préciput dû au ſurvivant ne ſe confond point dans la garde. Il me paroît qu'il doit s'y confondre, & je ne vois aucune raiſon pourquoi il ne s'y confondroit pas.

Page 51. Colonne 2 ligne penultiéme.

Il eſt dit que l'ayeul qui prend la garde au refus de la mere qui s'eſt remariée, & du beau-pere, gagne les meubles qui adviennent aux mineurs pendant ſon adminiſtration. Il faut dire au contraire, qu'il ne gagne que ceux de la ſucceſſion du prédecedé, dont la mere, qui s'eſt remariée, & qui refuſe la garde, eſt tenuë de lui rendre compte, auſſi-bien que des fruits des heritages qu'elle a perçûs ; car, lorſque l'ayeul prend la garde en ſa place, les choſes ſont miſes au même état que ſi elle n'avoit jamais été gardienne, la garde-noble ne pouvant avoir lieu qu'une fois.

Articles 26. & 27. Page 53. Colonne 2. ligne 49.

Il eſt dit qu'il a été jugé que les bailliſtres collateraux d'un mineur domicilié en nôtre Coûtume, ne doivent pas avoir les fruits des heritages de ce mineur, quoiqu'ils ſoient ſituez dans des Coûtumes qui les leur attribuent, comme, par exemple, en

Berry. Quant à moi, il me paroît que deux choses
font à confiderer dans le bail des mineurs; la tutelle
legitime des mineurs, & le gain, foit des meubles,
foit des fruits des heritages des mineurs que plufieurs
Coûtumes y attachent. Le premier point eft per-
fonnel, & on doit fuivre à cet égard la Coûtume du
domicile des mineurs. Mais le fecond point qui concerne le gain des fruits, me paroît réel, & partant il femble
qu'en ce qui concerne ce gain des fruits, on devroit
fuivre le lieu où font fituez les heritages du mineur.

Article 32. Page 56. Colonne 2. ligne 2.

Il eft dit qu'on met quelquefois dans le contrat de
mariage, que le mari qu'époufe la veuve roturiere,
fe chargera de l'adminiftration des perfonnes & biens
des enfans du premier lit de cette veuve. Cette claufe
ne peut donner la tutelle au beau-pere, à moins que
fur l'avis de la famille, le Juge ne l'ait nommé tuteur.

Article 35.

Il eft dit que lorfque l'aîné renonce à la fucceffion, le
puifné qui le fuit peut porter la foi pour fes freres &
fœurs, comme l'auroit pû l'aîné, s'il n'eût pas renoncé. J'aurois bien de la peine à être de ce fentiment;
car le puifné, par la renonciation de fon frere à la fucceffion, ne fuccede point aux droits d'aîneffe; l'aîné,
quoiqu'il ait renoncé, demeure l'aîné de fa famille.

Article 36. Page 61. Colonne 2. ligne 13.

Il eft dit que la femme doit porter la foy pour fes
heritages propres pour lefquels fon mari l'avoit portée pour elle. Paris, *art.* 39. le décide ainfi. Néanmoins l'Auteur des Notes de l'Edition de 1711. prétend qu'on obferve ici le contraire.

Article 37. Page 61. Colonne 1. ligne 16.

Il eft dit que nôtre article eft fondé fur la faveur
des premieres nôces. Point du tout. Le premier mariage que la Coûtume exemte ici de profit, n'eft
pas le premier de tous les mariages abfolument & en
tout fens, mais le premier des mariages par raport au
feigneur. La Coûtume accorde aux filles qui n'ont

point de frere, le même droit qu'avoient par l'ancienne
Coûtume celles dont le frere avoit porté la foi pour
elles ; or cette foi les garantiſſoit pour une fois : de même par la nouvelle Coûtume, les filles, en ſe mariant,
doivent être exemtes de profit une fois.

Article 41. Page 68. Colonne 1. ligne 24.

Il eſt dit qu'on juge en faveur des Hôpitaux, qu'on
ne leur peut demander, comme aux autres gens de-
main-morte, indemnité & vicaire, mais ſeulement
l'un ou l'autre. Je ne vois pas que cela ſoit en uſage.

Article 42.

Il eſt dit que le vicaire, qui a porté la foy, n'eſt
point obligé de la porter de nouveau quand il y a
mutation de ſeigneur. Cette déciſion me paroît ha-
zardée & n'avoir aucun fondement.

Article 43. Page 71. Colonne 1. ligne 3.

Il eſt dit qu'il eſt mieux de prendre une commiſſion
pour ſaiſir féodalement. Il faut dire que l'uſage a rendu
aujourd'hui cette commiſſion abſolument néceſſaire.

Ibidem.

Il eſt dit que l'exploit de ſaiſie féodale n'eſt pas
ſujet aux formalitez des autres ſaiſies. Cela ne doit
s'entendre que de l'établiſſement de commiſſaires :
l'exploit de ſaiſie féodale n'eſt point ſujet à cette formalité, & le ſeigneur peut ſe faire mettre lui-même
en poſſeſſion par le ſergent ; au reſte, l'exploit de
ſaiſie féodale eſt ſujet aux autres formalitez des ſaiſies.

Ibid. Colonne 2. ligne 31.

Il eſt dit que le ſeigneur ne peut ſaiſir féodalement
qu'après que l'acquereur a pris poſſeſſion de l'heritage. La clauſe de deſaiſine-ſaiſine équipollant dans
nôtre Coûtume à tradition, il paroît qu'on doit en
conclure que le ſeigneur n'eſt plus obligé d'atendre cela.

Ibidem.

Il eſt dit que le ſeigneur, qui ſaiſit féodalement,
doit avoir le revenu des beſtiaux, lorſque le revenu
de la terre conſiſte en cela. Berry, *tit. 5. art. 42.*
décide le contraire, & avec raiſon ; car la ſaiſie

féodale ne donne au seigneur que le revenu de l'heritage tenu de lui en fief ; or les bestiaux sont de simples meubles qui ne font point partie de l'heritage. *L. 1. ff. Instr. vel instr. fund. Leg.* Tout ce que le seigneur peut prétendre, c'est le loyer des pâturages & hebergemens, pour le tems que le vassal s'en sera servi pendant le cours de la saisie.

Page 72. Colonne 2. ligne 19.

Il est dit que lorsque le seigneur saisit pour foi non faite, profits non payez, &c. il suffit qu'une des causes soit vraye. Il seroit plus exact de dire qu'il suffit que la cause de foy non faite soit vraye ; car si la foy a été faite, la saisie féodale ne peut subsister, pour les profits.

Article 48. Page 78. Colonne 1. ligne 8.

Il est dit que plusieurs tiennent qu'entre plusieurs heritiers d'un fief commun, un coheritier peut faire la foy au nom de tous. Cela ne se peut que dans le cas de l'article 35. car l'hommage est personnel, & ne se peut faire par procureur.

Article 49. Ibidem.

Il est dit que l'usufruitier qui a exercé le retrait féodal, est tenu, après l'usufruit fini, de restituer le fief retiré au proprietaire du fief dominant ; c'est aussi la doctrine de Dumoulin *in Conf. Par. art. 20. gl. 1. n. 33. & seq.* Presque tous ceux qui ont écrit depuis ont suivi cette décision de Dumoulin. Il me paroît qu'on n'a pas fait attention que cette décision de Dumoulin est une consequence de son Principe, que l'action de retrait féodal n'est pas cessible, parce que, selon cet Auteur, cette action de retrait n'est pas *jus avocandi rem ab emptore præcisè*, mais *jus avocandi pro se*, & pour la réünion à la mense seigneuriale ; d'où il suit qu'il n'y a que le seigneur féodal qui puisse exercer cette action de retrait féodal, ou quelqu'autre en son nom ; qu'ainsi cette action ne peut tomber *in fructu*, & qu'elle ne peut être exercée par l'usufruitier, qu'au nom en quelque façon du propriëtaire, comme son Procureur *ad faciendam meliorem proprietatis caufam.* D'où il fuit, qu'après l'ufufruit fini, le proprietaire du fief dominant peut revendiquer le fief ainfi retiré, comme réüni à fa menfe, en remboursant l'ufufruitier de ce qui lui en a coûté pour exercer ce retrait. Tout ceci eft une fuite du Principe de Dumoulin. Mais aujourd'hui que ce Principe n'a plus lieu, & qu'il eft d'une Jurifprudence certaine que le retrait féodal eft ceffible, il paroît qu'on doit raifonner tout autrement. L'action en retrait féodal ne doit être confiderée que comme un droit qu'a le feigneur à caufe de fon fief, de profiter du bon marché de l'acquereur : & en confiderant cette action de cette maniere, on n'y voit autre chofe qu'une fimple obvention féodale, *qua eft in fructu*, comme tout-le refte, d'où il fuit que l'action de retrait féodal qui naît pendant le cours de l'ufufruit, apartient entierement, ainfi que tous les autres fruits, à l'ufufruitier qui peut l'exercer en fon nom & pour fon profit particulier, fans être obligé de rendre au proprietaire, après l'ufufruit fini, le fief qu'il aura retiré. Tout ceci s'aplique pareillement au mari.

Page 81. Colonne 2. ligne 16.

Il eft dit que la quarantaine du retrait féodal court du jour des offres & de l'exhibition du contrat. Cela s'entend fi le feigneur a requis cette exhibition.

Article 52. Page 83. Colonne 2. ligne 16.

Il eft dit que la fomme offerte pour le rachat, doit être proportionnée au revenu du fief. Dumoulin fur l'article 33. *gl.* 4. *n.* 2. dit au contraire que cela n'eft pas néceffaire, pourvû que ce ne foit pas une fomme de nulle confideration. Nôtre Coûtume n'oblige pas le vaffal à offrir une fomme confiderable, mais une fomme *telle qu'il verra convenable.* Il peut fe tromper dans cette eftimation.

Article 55.

Il eft dit que le feigneur doit, après les quarante jours, fommer le feigneur de faire fon choix. Je ne

crois pas que cela soit nécessaire. La Coûtume ne requiert point de sommation pour mettre le seigneur
en demeure de faire son option , il en est déchu de
droit au bout de la quarantaine, & le vassal est quitte
du rachat en laissant son heritage vacant pendant l'année. Il est néanmoins d'usage que le vassal fasse si-
gnifier au seigneur que, faute par lui d'avoir fait option , il lui laisse son heritage vacant pour en joüir
comme bon lui semblera.

Article 57. Colonne 2.

L'Auteur supose que le revenu des bestiaux apartient au seigneur ; ce qui n'est pas vrai. Il ne peut
prétendre que le loyer des hebergemens & pâturages. *Voyez* nôtre Observation cy-dessus sur l'art. 43.

Article 62. Colonne 2.

L'Auteur supose que les proclamations pour som-
mer les vassaux d'une châtellenie de venir à la foy,
se font encore aux Prônes ; mais depuis l'impression
de son Commentaire , l'Ordonnance de 1695. art.
32. & la Déclaration du 16. Décembre 1698. ont
dispensé les Curez de faire ces sortes de proclamations pour toutes affaires prophanes. Au lieu de
cela on les fait par un sergent à la porte de l'Eglise
à l'issuë de la Messe de Paroisse.

Article 63. Page 90. Colonne 2. ligne 19.

Il est encore dit que l'usufruitier doit, après l'usufruit fini , restituer au proprietaire du fief dominant
l'heritage qu'il a retiré par retrait féodal. *Voyez* à ce
sujet nôtre Observation sur cet article 49.

Article 71. Page 97. Colonne 1. vers la fin.

Il est dit que le remboursement des labours & semences doit être fait avant que le seigneur puisse profiter de la saisie féodale , & que c'est le sens de ces
mots *au préalable.*

Je penserois que ces mots signifient seulement ,
que le seigneur peut être contraint par le vassal à
ce remboursement , même avant la recolte des fruits ;

mais quand même il ne l'auroit pas fait, il n'en gagneroit pas moins les fruits.

Article 72.

Sur l'article 72. l'Auteur raporte plufieurs raifons de la difpofition de la Coûtume, qui oblige le feigneur qui a faifi féodalement, à entretenir les baux faits de bonne foy par fon vaffal. Je crois qu'il faut s'en tenir à la raifon tirée de la liaifon qui eft entre le feigneur & le vaffal, laquelle doit engager le feigneur à ménager fon vaffal, & à ne pas l'expofer à tomber en des dommages & interêts envers fon fermier. Les autres raifons ne me paroiffent pas bonnes; il ne me paroît pas qu'il y ait aucune parité entre les créanciers qui font envoyez en poffeffion des biens de leur débiteur, & le feigneur qui faifit féodalement. Ces créanciers exercent les droits de leur débiteur dans les biens *in quorum poffeffionem mittuntur*, & par conféquent il eft clair qu'ils doivent entretenir les baux faits par leur débiteur, *cùm ejus jure utantur ;* mais dans le cas de la faifie féodale, le feigneur exploite l'heritage *fuo jure*, & non comme exerçant celui de fon vaffal, lequel eft refolu ou du moins fufpendu pendant le cours de la faifie. La raifon que l'Auteur raporte en dernier lieu, tirée de ce que par l'inféodation le feigneur a donné au vaffal le droit d'adminiftrer fon fief, & la liberté d'en difpofer, me paroît encore une fort mauvaife raifon; elle iroit à prouver que le feigneur feroit tenu de toutes les charges réelles que le vaffal auroit impofées à l'heritage.

Article 81. *Page* 109. *Colonne* 1.

L'Auteur paroît fupofer qu'un defaveu extrajudiciaire peut donner lieu à la commife; néanmoins il paroît que nôtre Coûtume n'entend parler que du defaveu judiciaire, ce qui paroît par la relation de cet article avec les précedens qui font dans le cas d'une inftance formée.

Ibid. Colonne 2. *ligne* 23.

Il eft dit que le vaffal qui defavoüe n'eft point

sujet à la commise, lorsqu'il reclame à seigneur le
Roy. Cette ancienne opinion a été rejettée formellement par plusieurs Coûtumes ; Laon , *art.* 198.
Châlons, *art.* 199. Reims , 127. S. Quentin, *tit.* 4.
art. 80. Ribemont , *tit.* 2. *art.* 29. Je ne vois que la
Coûtume de Meaux qui ait une disposition en con-
formité de cet usage. Si on vouloit suivre cet usage
dans les Coûtumes qui ne s'en expliquent pas , telle
qu'est la nôtre , il faudroit du moins y aporter ce
temperament ; sçavoir, que si ce vassal étoit abandonné par le Procureur du Roy , & qu'il ne laissât pas
de persister dans son desaveu , il fut sujet à la commise.

Ibid. Page 111. *Colonne* 2.

L'Auteur parle d'une felonie commise envers le
seigneur suzerain. Il paroit qu'il n'y en a point ; car
le seigneur de mon seigneur n'est pas mon seigneur.

Article 87. *Page* 118. *Colonne* 2. *ligne* 6.

L'Auteur semble dire qu'on peut s'adresser au Juge
du seigneur suzerain pour être reçû par main souveraine. Cela n'est pas veritable ; la Coûtume porte
expressement qu'on s'adressera au Juge Royal.

Articles 89. & 90. *Page* 121. *Colonne* 1. *ligne* 14.

Il est dit que si un heritage féodal est retiré, en
vertu d'une faculté de remeré , sur les enfans de
l'acquereur , les deniers doivent être partagez entre
eux sans droit d'aînesse. Dumoulin *in Conf. Par. art.*
11. *Gl. un. n.* 31. est de contraire avis ; il distingue
fort bien le cas de la restitution en entier , & celui
du remeré. Lorsque le vendeur est restitué en entier
contre les enfans de l'acquereur, le droit que le vendeur avoit en la chose , est détruit non-seulement
prout ex tunc , mais *prout ex nunc* , de telle maniere que l'acquereur & ses heritiers sont censez
n'avoir jamais eû aucun droit en la chose , l'aîné
n'y peut donc avoir de droit d'aînesse ; mais le remeré
ne détruit pas le droit de l'acquereur *prout ex tunc* ,
mais seulement *prout ex nunc*. Bien plus, le remeré
ne se fait point *per viam mera resolutionis* ; les enfans

de l'acquereur fur qui le remeré s'exerce , revendent veritablement l'heritage , non à la verité en vertu d'aucune nouvelle convention, mais *ex caufa antiqua* , & en vertu de celle qui fait partie de l'ancien contrat. De là il fuit que l'aîné qui avoit une plus grande portion dans la chofe qui eft par eux revenduë, doit auffi avoir une plus grande portion dans le prix. Cet avis de Dumoulin eft fuivi par le Brun, *Traité des Succeffions, liv.* 2. *Gl.* 1. *n.* 55. *& feq.* par Renuffon , *Traité des Propres , Chap.* 1. *Gl.* 10.

Article 18. *Page* 144. *Col.* 1. *lig.* 39.

Il eft dit qu'il n'eft point dû nouveau profit de ventes, lorfque la rente fonciere eft rachetée , foit que la faculté de rachat ait été accordée par le bail , foit qu'elle ne l'ait été que depuis. Ce fentiment eft fondé fur une très-bonne raifon, qui eft que le preneur par le bail à rente, & par le rachat qu'il fait enfuite de la rente , n'acquiert autre chofe que l'heritage entier qu'il n'avoit eû d'abord que fous la déduction de la rente ; ces deux acquifitions ne compofent donc enfemble qu'une acquifition entiere de l'heritage dont le preneur a déja payé le profit lors du bail à rente, d'où il fuit qu'il ne doit pas en payer un nouveau lors du rachat. Cette décifion n'eft pas toutefois fans quelque difficulté, non-feulement parce que nôtre Coûtume ne parle que du bail fait avec la faculté de racheter, mais encore parce que la Coûtume de Montargis qui n'en a fait qu'une autrefois avec la nôtre, & qui porte comme la nôtre , qu'il eft dû profit lors du bail à rente, décide en termes formels, *chap.* 2. *art.* 10. qu'il eft dû profit lorfque la rente créée fans faculté de rachat , eft rachetée.

Article 118.

L'Auteur en fon Commentaire fur cet article , paroît n'en pas prendre le fens. Pour l'entendre, il faut rétablir ainfi la conftruction : " Si aucun heri-" tage cenfuel, ou rente (fonciere) fur icelui confti-" tuée, eft vendu, donné, ou autrement aliené à "

l'Eglise, &c. » Cet article n'eſt pas le ſeul dans nôtre
Coûtume, où il y ait des tranſpoſitions de termes.

Article 119.

Il eſt dit que dans les cenſives à droit de ventes,
le ſeigneur peut, outre l'indemnité, prétendre profit par toutes les mutations de vicaire. Cela ne paroit pas juſte, & eſt contraire à l'uſage. *Voyez* nos
Notes ſur l'art. 118.

Article 126.

L'Auteur après avoir dit que la donation faite à
un enfant ne donne ouverture au profit de relevoiſons que lors du décès du donateur, aporte cette raiſon ; ſçavoir, que l'enfant n'en eſt pas proprietaire incommutable, à cauſe du raport qu'il ſera tenu en
faire à la ſucceſſion. Cette raiſon ne me paroît pas
bonne ; car s'il aliéne cet heritage, il ne ſera pas
obligé de le raporter en eſſence. D'ailleurs il n'eſt pas
néceſſaire d'être proprietaire incommutable pour devoir profit. (*art.* 13.) La veritable raiſon me paroît
être, que ces donations étant cenſées faites en avancement de ſucceſſion, la mutation arrive, non pas
tant à titre de donation, que par un effet anticipé
d'un titre de ſucceſſion qui n'exiſte point ; il faut donc
attendre qu'il exiſte par le décès du donateur, pour
qu'il donne lieu au profit.

Article 127.

L'Auteur entend par le premier mariage, le premier de tous les mariages. *Voyez* l'Obſervation ſur l'article 37.

Article 128. Colonne 1.

Il eſt dit que pour la validité du guêvement, il
faut remettre les clefs le premier jour du terme.
Mais on juge qu'on peut les donner juſqu'au jour de S.
Pierre, ce terme étant donné dans l'uſage pour déloger.

Article 145. Page 179. Colonne 1.

L'Auteur comprend les bois ſous le terme de terres
vaines dans leſquelles le pâturage eſt commun en
Beauſſe. Cela ne doit pas s'entendre des bois an-

ciens, mais feulement des écruës venuës fur les terres autrefois labourables, ainfi qu'il refulte de l'art. 154.

Article 138. Page 189. Colonne 1.

Il eft dit que lorfque la bête qui a fait dommage,
n'eft pas deferée à Juftice dans les 24. heures, celui
à qui elle a caufé dommage eft déchû de fon action.
Je ne croirois pas qu'il fut déchû pour cela de fon
action, puifque la Coûtume ne prononce point cette
peine; il doit feulement être tenu en ce cas des dommages & intetêts du maître des bêtes.

Article 186. Page 208. Colonne 1.

Il eft dit que lorfque le mari achette un herïtage
dans fa mouvance féodale, il peut, après la diffolution de la communauté, le retenir en rendant la moitié
du prix à fa femme. Cela ne doit s'entendre en ce
fens, que le mari puiffe exercer une efpéce de retrait
de la moitié qui apartient à fa femme, en lui rendant la moitié du prix que l'heritage a coûté. Le mari
ne peut avoir ce retrait dans nôtre Coûtume, s'il
n'eft feigneur châtelain, ou s'il n'a quelque titre particulier, nôtre Coûtume n'accordant le retrait qu'au
feigneur châtelain. Ce que dit l'Auteur ne peut donc
être veritable que dans ce fens, que le mari peut, fi
la commodité du partage le demande, retenir cet heritage qu'il a acquis dans fa mouvance, en faifant
raifon de la moitié du prix qu'il vaut au tems du
partage.

Ibid. Page 210. Colonne 1.

Ce que dit l'Auteur touchant le droit qu'a le mari
furvivant, de retenir l'office acquis durant la communauté dont il eft pourvû, merite explication. C'eft
un privilege accordé au mari Officier, fondé fur ce
qu'il feroit contre la bienféance de dépoüiller un Officier de fon office. Le mari peut ufer de ce privilege,
ou n'en pas ufer, l'office eft commun jufqu'à ce qu'il
déclare qu'il veut le retenir fur le pied qu'il a coûté;
fi néanmoins il l'avoit confervé un tems confiderable
depuis la mort de fa femme, il doit être préfumé

avoir par là tacitement opté de le retenir, & l'officer
doit être à ses risques.

Article 187. *Colonne* 1. *ligne penultiéme.*

Il est dit que la femme, quoique commune, peut,
après la dissolution de la communauté, revendiquer
son propre que son mari a vendu durant la communauté, sans être tenuë d'aucuns dommages & interêts. Cette décision n'est pas sans difficulté. On peut
dire au contraire, que l'obligation de faire joüir l'acquereur, ayant été contractée par le mari devant le
mariage, est une dette de la communauté dont la
femme, en qualité de commune, est tenuë person-
nellement pour moitié, & hipotecairement pour le
total , comme détemptrice des conquéts, ce qui la
rend non recevable dans son action de revendication,
suivant la maxime, *quem de evictione tenet actio, eum-
dem agentem repellit exceptio. Toto tit. ff. de exceptione
rei vend. & trad. nec obstat* que le mari ne peut aliener les propres de sa femme, car un tuteur ne peut
pas non plus aliener les heritages de son pupile ; néanmoins si ce pupile vient à succeder aux obligations de
son tuteur, en devenant son heritier, il se rendra
non recevable à revendiquer son heritage que son tuteur aura vendu : pareillement la femme dont le mari
ne peut aliener les propres, ne laisse pas de se rendre
non recevable à revendiquer ceux qu'il a vendu durant la communauté, en devenant participante des obligations de son mari par l'acceptation qu'elle fait de la
communauté. Au reste elle peut prétendre pour moitié contre les heritiers de son mari les dommages &
interêts qui lui resultent d'être privée de son propre.

Article 189. *Page* 212.

L'Auteur dit qu'aux termes des art. 189. & 190. le
mari peut, après le partage de la communauté, être
poursuivi hipotecairement pour les dettes de la femme. Nous avons au contraire établi que ces art. ne doivent s'entendre que du cas où la femme est poursuivie
hipotecairement comme détemptrice des conquêts

pour les dettes du mari, ainfi qu'il refulte de l'article 175. de l'ancienne Coûtume , d'où ceux-ci font tirez. *Voyez* nos Notes fur l'article 190.

Article 191.

Il eft dit qu'il eft d'ufage de placer en Juftice à interêts les deniers des mineurs , à la charge de rendre le principal à la majorité. Cet ufage ne fubfifte plus depuis un Arrêt de la Cour rendu le 7. Septembre 1726. qui a fait défenfes au Prévôt d'Orleans d'ajuger de cette maniere les deniers des mineurs.

Article 192.

L'Auteur dit que la femme n'a hipoteque pour fes remplois & indemnitez , que du jour de la vente de fes propres & des obligations par elle fubies. La Jurifprudence eft certaine aujourd'hui, qu'elle a cette hipoteque du jour du contrat de mariage , ou du jour de la celebration , s'il n'y a point eû de contrat.

Article 194. *Page* 218. *Colonne* 2.

Il eft dit que la femme qui contracte fans être autorifée , ne s'oblige pas, mais oblige celui qui contracte avec elle. Ce fentiment eft reprouvé par l'article 9. de l'Ordonnance des Donations de 1731. qui décide que la femme ne peut accepter une donation qui lui eft faite, fans être autorifée. La comparaifon de la femme en ce cas avec le pupile n'eft pas jufte ; l'autorité du tuteur eft requife pour le feul interêt du pupile , de peur qu'il ne fe faffe quelque chofe qui lui foit préjudiciable ; d'où il fuit que lorfqu'il fait fa condition bonne, le défaut ne peut lui être opofé: *nec enim quod in favorem alicujus introductum eft , debet contra ipfum retorqueri.* Mais l'autorifation du mari n'eft pas requife pour l'interêt particulier de la femme, mais par une raifon de bienféance publique, qui ne permet pas qu'étant fous la puiffance de fon mari, elle puiffe rien faire fans lui.

Ibidem.

L'Auteur admet deux efpéces d'autorifation ; l'expreffe & la tacite, dont il donne un exemple ; fçavoir,

quand le mari & la femme contractent ensemble, &
il prétend que cette autorisation tacite suffit. Cela
n'est pas veritable. On distingue, entre les actes ju-
diciaires, & les actes extrajudiciaires. Dans les premiers, il suffit que le mari soit partie en l'instance
avec sa femme, pour qu'elle soit censée autorisée ;
mais dans les actes extrajudiciaires, il ne suffit pas que
le mari contracte avec sa femme, il faut, comme le
porte la Coûtume de Paris, *article* 223. que le consentement du mari soit exprès, il faut qu'il soit dit
expressement que le mari l'autorise.

Ibidem.

Il est dit que l'autorisation est requise pour l'interêt
pecuniaire du mari, de peur que la femme ne fasse
quelqu'acte qui lui soit préjudiciable. Cette raison n'est
pas la veritable, puisque, selon la derniere Ordonnance de 1731. elle ne peut accepter une donation,
sans être autorisée. La raison ne doit donc être tirée
que de la dépendance en laquelle la femme est de
son mari, & de la puissance qu'il a sur elle.

Article 195. *Page* 220.

L'Auteur entend cet article, de toutes les actions
de la femme indistinctement ; ce qui n'est pas veritable. On ne doit l'entendre que des actions mobiliaires & possessoires. *Voyez* nos Notes sur cet article.

Article 196. *Page* 222. *Colonne* 2.

Il est dit que la femme n'a pas besoin d'autorisation
pour doter ses enfans. Cela ne doit s'entendre que
dans le cas où il seroit difficile à la femme d'avoir
l'autorisation de son mari, encore faudroit-il en ce
cas que la dot ne fut pas excessive.

Article 198. *Page* 224. *Colonne* 1.

L'Auteur dit que la plainte tendante à separation,
se présente au Juge du domicile. Il ne faut entendre
autre chose par ce mot de *plainte* dont l'Auteur se
sert, qu'une requête au Civil. On ne se sert pas de
la voye de la plainte criminelle, même pour les se-
parations d'habitations, à moins que ce ne fut dans

quelque cas grave qui meritât une inftruction extraor-
dinaire, comme fi une femme fe plaignoit que fon
mari eût attenté à fa vie.

Article 198. Page 224. Colonne 2.

L'Auteur dit, qu'en cas de feparation, on ajuge à
la femme une penfion au lieu de doüaire, en attendant qu'il ait lieu. Cette penfion qu'on apelloit *demi-
doüaire*, n'eft plus d'ufage.

Page 225. Colonne 2.

L'Auteur dit qu'un mari peut demander la feparation contre fa femme, de peur qu'elle ne le ruine
par fes folles dépenfes. On n'écouteroit pas une pareille demande, le mari étant ou devant être le
maître de les empêcher.

Article 200. Page 226.

Il eft dit que la femme n'eft pas contraignable par
corps pour les interêts civils aufquels elle a été con-
dannée à caufe des délits par elle commis, s'ils ne
meritent peine afflictive. Neanmoins par Arrêt du 5.
Juin 1671. raporté au Journal du Palais, il a été jugé
qu'une femme qui avoit crevé un œil à un enfant, d'un
coup de quenoüille, étoit contraignable par corps.

Page 231. Colonne 2. ligne 22.

L'Auteur dit que la difpofition de la Coûtume, qui
deffend à la femme qui fe remarie, de difpofer des
conquêts de fa premiere communauté, ne comprend
que les immeubles. Il a été jugé au contraire par un
celebre Arrêt du 4. Mars 1697. raporté au Journal du
Palais, fur les conclufions de M. Dagueffeau, que la
difpofition de la Coûtume de Paris, femblable en ce
point à la nôtre, comprenoit le mobilier de la premiere
communauté, auffi-bien que les immeubles; ce qui
a été confirmé depuis par l'Arrêt de Garanger en 1698.

Article 204. Page 238.

Il eft dit que les heritiers peuvent agir extraordi-
nairement contre la femme accufée de recelé. L'ufage
eft que les procedures criminelles faites contre la
femme à ce fujet, fe civilifent prefque toûjours.

Page 239.

Il eſt dit que le tems qu'a la femme pour faire
inventaire & renoncer, eſt arbitraire. Il faut dire que,
tant qu'elle ne s'eſt point immiſcée, elle eſt toujours
à tems, à moins qu'on ne l'ait pourſuivie, & fait déclarer commune par Jugement dont il ne puiſſe y
avoir d'apel.

Page 240.

L'Auteur dit que le ſens des derniers mots de l'article 204. eſt, que ſi la femme a compoſé avec les
heritiers & créanciers de ſon mari, elle n'a pas be-
ſoin d'un inventaire pour renoncer. Cette interpretation ne paroît pas naturelle ; d'ailleurs il eſt bon
d'obſerver qu'une telle compoſition faite ſans inventaire, ne ſeroit pas ſolide, & que les heritiers qui
auroient compoſé ainſi ſans être inſtruits des forces de
la ſucceſſion, ſeroient reſtituables, à moins qu'il ne
parût qu'ils euſſent eû d'ailleurs connoiſſance des forces de la communauté. *Voyez* nos Notes ſur ledit
article.

Article 207. Page 242. Colonne 2.

L'Auteur ſupoſe qu'en fait de communauté, on
compte les arrerages de terme en terme, comme la
fin de cet article ſemble le dire ; mais l'uſage eſt
conſtant qu'on les compte de jour à jour.

Il raporte auſſi une maxime, que les arrerages des
rentes dûës par le Roy, ne ſont cenſées ameublies que
du jour que le Bureau pour le payement eſt ouvert.
Cela étoit bon autrefois que les rentes ſe payoient par
avance. Je ne ſai ſi aujourd'hui cette maxime eſt d'u-
ſage.

Article 211. Page 246. Colonne 2.

Il eſt dit qu'un propre ancien donné à un heritier
préſomptif collateral, lui eſt propre. La Juriſprudence
eſt aujourd'hui certaine qu'il eſt acquêt. Renuſſon,
Traité des Propres, en raporte pluſieurs Arrêts poſte-
rieurs à ceux raportez par l'Auteur.

Préface

Préface des Societez. Page 248.

Il eſt dit que c'eſt la même communauté de biens qui ſe continuë entre le ſurvivant & les heritiers du prédecedé. Il faut dire au contraire que c'eſt une nouvelle ſocieté que la Loi forme conformément à l'ancien Droit François, qui préſumoit une ſocieté entre deux affins qui laiſſoient leurs biens mêlez enſemble. *Voyez* le grand Coûtumier, *l.* 2. *ch.* 4.

Il eſt ſi vrai que cette ſocieté n'eſt pas la même qui avoit lieu entre l'homme & la femme, qu'elle n'eſt pas compoſée des mêmes choſes, puiſque les conquêts immeubles faits durant le mariage qui compoſoient la premiere communauté, ne ſont point partie de cette ſocieté : tout ce qui échet durant cette ſocieté à l'un des aſſociez, par donation ou ſucceſſion, tant en meubles qu'immeubles, n'y entre point, ſi ce n'eſt en un ſeul cas, excepté en l'art. 217. Enfin cette ſocieté ſe gouverne par d'autres principes ; le mari ſurvivant n'en eſt que l'adminiſtrateur, au lieu qu'il étoit ſeigneur de la premiere ; *nec obſtat* qu'elle eſt apellée *continuation de communauté* ; car elle eſt apellée ainſi, non parce qu'elle eſt la même, mais parce qu'elle ſuccede à la premiere, *nullo interpoſito intervallo.*

Article 216.

Il eſt dit indiſtinctement que la continuation de communauté n'a pas lieu entre nobles. Cela n'eſt vrai que lorſque le ſurvivant a la garde-noble de ſes enfans heritiers du prédecedé, ainſi qu'il reſulte des articles de l'ancienne Coûtume d'où celui-ci eſt tiré. *Voyez* les Notes ſur cet article.

Ibid. Page 250.

Il eſt dit que la continuation de communauté eſt penale. Il eſt vrai que la continuation de communauté eſt regardée comme penale à Paris, où elle n'a lieu qu'entre le pere ou mere ſurvivant & leurs enfans mineurs. Mais l'eſprit de nôtre Coûtume eſt

II. Partie. * E

different ; c'eſt la ſeule raiſon de la confuſion des biens
qui l'opere.

Ibidem.

Il eſt dit que la continuation de communauté ne
doit point avoir lieu dans les Coûtumes qui ne s'en
expliquent pas. *Voyez* les Arrêts citez par Brodeau ſur
Loüet , *L. C. Som.* 30. qui ont jugé le contraire. Il eſt
dit auſſi que la Coûtume de Paris n'accorde la continuation de communauté qu'aux mineurs. Cela ne
doit pas s'entendre en ce ſens , qu'elle ne l'accorde
jamais aux majeurs ; elle la leur accorde quand ils
concourent avec des mineurs.

Page 251. *Colonne* 2.

Il eſt dit indiſtinctement que les acquiſitions faites
par les uns & les autres des deniers de la ſocieté , en-
trent dans la continuation de communauté. Il faut
dire que ce qui eſt acquis par les heritiers du prédecedé , n'entre dans la continuation de la communauté qu'au cas qu'ils l'euſſent acquis au nom & pour
le compte de la ſocieté. *Voyez* nos Notes ſur cet art.

Ibidem.

Il eſt dit , que le prix des propres du ſurvivant ,
alienez durant la continuation de communauté , y
tombe ; ce qui n'eſt pas vrai. *Voyez* nos Notes ſur
ledit article.

Article 218. *Page* 258. *Colonne* 2.

Ce qui eſt dit touchant le doüaire d'une femme dans
les heritages que ſon mari a laiſſé déja chargez d'un
doüaire au profit de ſa mere , merite explication. Il
faut dire que tant que la doüairiere du pere vit , la
doüairiere du fils ne joüît que de la moitié de la portion franche apartenante à ſon mari dans les biens du
pere ; & à l'égard de l'autre portion ſujette au doüaire
de l'ancienne doüairiere , elle ne doit commencer à
joüir de la moitié de cette portion , que du jour que
l'ancien doüaire ſera éteint. *Voyez* Peronne, 158. Anjou , 308. Maine , 321. Bourbonnois , 261. Poitou , 263.

Article 223. Page 262. Colonne 1.

L'Auteur dit que celui qui a marié un garçon franc
& quitte de toutes dettes, peut être pourſuivi par
les parens de la femme, à les payer en acquit du mari.
La plûpart des Auteurs entendent cette clauſe autrement, & ne lui donnent d'autre effet, ſinon que
ſi les dettes du mari anterieures au mariage, em-
pêchoient la femme de pouvoir être utilement col-
loquée ſur les biens de ſon mari pour ſes repriſes
& conventions matrimoniales, elle auroit action en
ce cas contre celui qui lui a garanti ſon mari franc
& quitte, pour qu'il eût à faire taire les créanciers
utilement colloquez avant elle, ou à la payer de ſes
conventions matrimoniales. On peut néanmoins dire
contre cette opinion commune, que l'interêt qu'a la
femme que ſon mari ait été franc & quitte de dettes,
ne ſe borne pas à la conſervation de ſa dot & de ſes
conventions matrimoniales; elle y a encore interèt par
raport à la communauté qu'elle a ſtipulée; ainſi il
ſemble qu'elle a droit de demander, en vertu de cette
clauſe, la moitié de ce qui ſe ſeroit trouvé dans la
communauté, ſi elle n'eût pas été conſommée par
leſdites dettes.

Des Servitudes. Article 228. Page 268. Colonne 2.

Il eſt dit que lorſque le titre a été perdu, on peut
être admis à prouver par témoins qu'il y en a un.
Cela merite explication. Pour être reçû à cette preuve teſtimoniale, il ne ſuffiroit pas de demander à
prouver par témoins qu'il y a eû une telle piéce; mais
il faut articuler en même tems quelque cas fortuit
qui auroit donné lieu à la perte de cette piéce,
comme un incendie. *Voyez* nos Notes ſur cet article.

Preſcriptions. Article 260. Page 292. Colonne 2.

Il eſt dit que la preſcription de trois ans du Droit
Romain a lieu pour les meubles. Cela n'eſt pas bien
certain.

Article 261. Page 293.

Il eſt dit que le ſimple adjournement n'interrompt

point la preſcription. Il l'interrompt, pourvû qu'on
ne le laiſſe point perimer.

Page 294.

Il eſt dit que le mineur qui a laiſſé paſſer le tems
du remeré, n'eſt point reſtituable. Cela eſt vrai; mais
cela merite explication. Il eſt vrai que le tems accordé
par le contrat, court, tant contre le mineur, que
contre le majeur; mais le tems de trente ans que
dure l'action, tant qu'on n'a point obtenu de Jugement de déchéance, ne court point contre les
mineurs.

Ibidem, Colonne 2.

Il eſt dit que la femme peut faire caſſer le decret
des heritages vendus ſur ſon mari, pour les dettes de
ſon mari, parce que la puiſſance où elle étoit ſou-
miſe l'a empêchée de s'opoſer. Cette raiſon n'eſt point
la veritable; le decret eſt nul, parce qu'il eſt fait *ſu-*
per non domino: la femme, quoique mariée, conſerve
la proprieté de ſes propres; le mari ne les poſſede
point *pro ſuo.*

Article 265. Page 302. Colonne 2.

Il eſt dit que l'adjournement ne ſuffit pas pour interrompre la preſcription. Il ſuffit, pourvû qu'on ne
le laiſſe pas perimer.

Article 269. Page 307. Colonne 2.

Il eſt dit que lorſqu'un majeur a vendu ſon heritage avec faculté de remeré, la preſcription de trente
ans court contre ſon heririer mineur. Cela n'eſt pas
veritable. Il eſt vrai que lorſque la faculté de racheter
a été accordée pendant un tems fixé par le contrat,
ce tems court contre le mineur; mais lorſque la faculté de racheter a été accordée ſans fixer aucun terme, ou que y en ayant un de fixé, on n'obtient point
de Jugement de déchéance, le tems de trente ans
que dure l'action ne court point contre le mineur.
Cette preſcription de trente ans ne deſcend point de la
convention, c'eſt la preſcription legale & ordinaire
de trente ans qui ne court point contre les mineurs.

Ibidem.

Il eſt dit que les fruits pendans par les racines lors du remeré, ſe partagent entre l'acquereur & le retrayant, au prorata du tems que l'acquereur a poſſedé durant l'année dans laquelle s'exerce le remeré. Je croirois qu'on devroit plûtôt ſuivre dans le cas de ce retrait conventionnel ce que la Coûtume preſcrit à cet égard pour le lignager dans les art. 374. & 375. La Loi que cite l'Auteur pour fonder ſon opinion n'a pas été ſuivie ici, même dans ſon cas, ainſi qu'il reſulte de nôtre article 207.

Préface des Donations. Page 310.

L'Auteur diſtingue les Donations entre vifs, & les Donations pour cauſe de mort. Cela merite explication ; ſçavoir, que nous ne reconnoiſſons point d'autres Donations pour cauſe de mort que les Donations teſtamentaires, à l'exception de celles qui ſe font par contrat de mariage. Ordonnance de 1731. art. 3.

Article 273. Page 312.

Il eſt dit que l'ancien propre donné à l'heritier préſomptif en collaterale, conſerve ſa qualité de propre. Cela n'eſt pas vrai. *Voyez* nôtre Obſervation ſur l'article 211.

Article 274. Page 314.

Il eſt dit que la fille Religieuſe, à qui on a donné une dot conſiderable, doit être comptée dans le nombre des enfans, pour regler la legitime. Cela ne me paroît pas veritable. On compte à la verité l'enfant qui ſe tient à ſon don ou à ſon legs, auſſi-bien que la fille apanée que la Loi du pays exclut de ſucceder ; la raiſon en eſt, que ſans le don qui leur a été fait, ils auroient été heritiers, & auroient concouru avec le legitimaire au partage de la ſucceſſion : ils doivent donc être comptez pour fixer la legitime, puiſqu'elle n'eſt autre choſe que la moitié de la part que le legitimaire auroit eû dans la ſupoſition que le défunt n'auroit fait aucun don ni legs. Il en eſt autrement de la Religieuſe ; indépendamment de la dot qu'elle a reçûë, elle est devenuë incapable de succeder. Ajoûtez que cette dot de Religion n'est point tant une donation, que le prix du forfait des alimens de la fille payé au Couvent.

Page 315. Colonne 1.

Il est dit que l'heritier, pour n'être pas tenu des dettes au-delà de ce que le défunt a laissé en sa succession, doit se porter heritier, non indéfiniment, mais quant à la legitime seulement. L'Auteur dit cela d'après Coquille; mais il n'est pas aisé de definir ce que Coquille entend par *heritier en la legitime seulement*. Il me paroît plus simple de dire que le legitimaire se portera heritier beneficiaire, & que pour être déchargé des dettes, il abandonnera aux créanciers tous les biens de la succession, sauf ceux qui proviennent du retranchement qu'ont souffert les donataires entre vifs du défunt, pour fournir la legitime; attendu qu'à l'égard des créanciers, lesdits biens ne doivent point être regardez comme étant de la succession, en ayant été mis hors par un titre, qui, à leur égard, est valide, n'étant invalide qu'en faveur des enfans.

Article 275. Page 318.

L'Auteur raporte l'Arrêt de Dumoulin qui revoqua, pour cause de survenance d'enfans, la donation qu'il avoit faite à son frere, à la charge néanmoins de l'hipoteque subsidiaire pour le doüaire de la femme du donataire. Il faut dire aujourd'hui que cette revocation se fait sans charge d'aucune hipoteque du donataire. Ordonnance de 1731. *art.* 42. ce qui est très-conforme aux Principes, puisque cette revocation se fait *ex antiquâ & necessariâ causâ, & inhærenti contractui.*

Article 276. Page 318.

Il est dit qu'une donation doit être acceptée par un procureur specialement fondé. L'Ordonnance de 1731. *art.* 5. porte, *par son procureur general ou special.*

Page 319.

Il est dit que le défaut d'acceptation expresse n'est

pas une nullité dans les Donations mutuelles. Il faut dire que les Donations mutuelles entre autres perfonnes que mari & femme, font fujettes à la formalité de l'acceptation. L'Ordonnance de 1731. *art.* 46. en exceptant de fa difpofition les donsmutuels entre mari & femme, y renferme tacitement lesDonations mutuelles entre autres perfonnes

Ibidem.

L'Auteur raporte un Arrêt par lequel il dit avoir été jugé qu'une donation pouvoit être acceptée par l'heritier du donataire. J'aurois de la peine à me rendre à cet Arrêt. Je ne crois pas que l'heritier du donataire mort avant d'avoir accepté la donation, la puiffe accepter ; il ne fert de rien de dire que l'heritier fuccede à tous les droits du défunt; car le donataire n'en ayant aucun avant l'acceptation, ne lui en a pû tranfmettre aucun à cet égard.

Ibid. Colonne 2.

Il eft dit que les Donations doivent être infinuées au Greffe des Prévôtez & Juftices Royales. Par l'Edit des Infinuations, elles doivent aujourd'hui fe faire aux Greffes des Infinuations, établis près les Siéges des Bailliages Royaux.

Page 320.

L'Auteur paroît fupofer que les donations des biens prefens & à venir font bonnes. Elles ne font bonnes qu'en contrat de mariage. Ord. de 1731. *art.* 15. & 17.

Ibidem.

Il eft dit indiftinctement que les donations des meubles ne font point fujettes à Infinuation. Cela n'eft vrai que lorfqu'il y a tradition réelle, ou lorfqu'elles n'excedent pas la fomme de 1000. liv. Ordonnance de 1731. *art.* 22.

Ibid. Colonne 2.

Il eft dit que la donation d'une fomme à prendre fur les biens du donateur, ne peut être prétenduë fur les biens fituez au-dedans des lieux où elle n'a pas été infinuée. Il faut dire au contraire qu'il fuffit d'in-

* E 4

finuer cette donation au domicile du donateur ; car
ce ne font point les biens, fur lefquels la fomme donnée eft à prendre, qui font donnez ; la chofe donnée
n'eft autre chofe dans cette efpece qu'une créance que
le donateur donne contre lui au donataire, laquelle
n'a aucune fituation, *cùm in jure coufiftat*. L'Auteur
un peu plus bas revient à ces principes, en décidant
qu'il n'eft pas befoin d'infinuer la donation d'une rente
conftituée au lieu de la fituation des heritages qui y
font fpecialement affectez.

Article 276. *Page* 321. *Colonne* 1.

Il eft dit que la femme peut infinuer dans les quatre
mois de la diffolution du mariage, les donations que
lui a faites fon mari. Il n'eft point néceffaire qu'elle
le faffe en tout, la fucceffion de fon mari lui étant
garante de ce défaut. *Voyez* Ordonnance de 1731.
art. 30. *&* 28.

Page 321. *Colonne* 2.

Il eft dit qu'on contraint le donateur à donner procuration pour infinuer. Dites plûtôt que le donataire
n'a pas befoin pour cela de la procuration du donateur.

Page 322. *Colonne* 1.

Il eft dit que la donation faite par le tuteur à fon
mineur, eft bonne fans acceptation, parce que le tuteur eft refponfable de n'avoir pas fait créer à fon mineur un curateur pour l'accepter. J'aurois de la peine
à me rendre à ce fentiment. Le tuteur eft bien refponfable envers fon mineur du défaut d'infinuation,
parce que l'infinuation eft quelque chofe d'extrinfeque
à la donation. Il eft vrai de dire qu'il y a eû une
donation, & dès lors qu'il y en a eû une, il a été
du devoir du tuteur de la faire infinuer. On ne peut
dire la même chofe à l'égard de l'acceptation. La
donation que fait le tuteur à fon mineur avant que
fon mineur l'accepte, n'eft point encore une donation ; c'eft de la part du tuteur *nudum donandi pro-
pofitum*, qui n'attribuë aucun droit au mineur. On
peut dire qu'en ce cas *deeft fubjectum circa quod ver-*

fari potuerit tutoris officium : on ne peut donc pas dir
qu'il foit refponfable de n'avoir pas fait accepter fo
mineur ; car en ne le faifant pas , il n'a fait perdre
aucun droit au mineur, puifque le mineur n'en avoit
encore aucun ; & s'il ne lui en a pas fait acquerir
un, c'eft une confequence de la liberté naturelle que
chacun a de changer de volonté, tant que cette volonté *ftetit intra fines nudi propofiti* , & qu'elle n'a pas
formé une convention par le concours de la volonté
d'un autre.

Il eft encore bon d'obferver qu'il fembleroit que
l'Auteur fuposât qu'un mineur auroit befoin d'un
curateur pour accepter une donation que fon tuteur
lui feroit. Il faut dire qu'il peut l'accepter fans curateur, pourvû qu'il ait fept ans, qui eft l'âge où on
eft reputé entendre ce qu'on fait.

Article 278. Page 329. Colonne 2.

Il eft dit que lorfque je vends à un fecond acheteur,
après avoir vendu à un premier, & avant que ce premier eût pris poffeffion réelle de l'heritage, je transfere
la proprieté au fecond acheteur, fuivant la Loi *Quoties.*

Il faut dire au contraire , que dans nôtre Coûtume
où la claufe de defaifine-faifine , inferée dans le premier contrat, équipole à tradition de fait , la proprieté
a été transferée au premier acheteur dès l'inftant du
contrat, en vertu de la tradition fictive refultante de
cette claufe, & qu'ainfi le vendeur n'a pû la tranf-
ferer au fecond acheteur , puifqu'il ne l'avoit plus ,
& qu'il ne poffedoit plus même l'heritage qu'au nom
du premier acquereur au profit duquel il s'en étoit defaifi. Que fi une donation n'eft point valable, fuivant l'article 283. lorfque le donateur qui ne s'étoit
point retenu l'ufufruit de l'heritage donné , en demeure detempteur jufqu'à fa mort ; c'eft qu'on préfume que la claufe de defaifine-faifine , inferée au contrat de donation, n'étoit pas ferieufe, puifque fi elle
l'eût été, il n'auroit pas attendu à fe defaifir réellement jufqu'à fa mort.

* E 5

Article 280. Page 328. Colonne 2.

L'Auteur raporte un Arrêt par lequel il dit avoir été jugé que lorsque le mari a fait des impenses sur ses propres des deniers de la communauté, le mari fait tellement confusion sur lui de la moitié de cette somme dont il est débiteur à cet égard à la communauté, que la femme sa donatrice mutuelle n'en peut pas prétendre la jouissance. Cet Arrêt me paroît souffrir difficulté. Il est contraire à l'égalité qui est de l'essence du don mutuel entre mari & femme. Si la femme fût morte la premiere, le mari auroit joüi en don mutuel du mi-denier dû à sa femme pour raison desdites impenses. Il est donc nécessaire, pour maintenir l'égalité, que le mari venant à mourir le premier, la femme joüisse de l'autre moitié apartenante au mari dans le fonds tiré de la communauté pour lesdites impenses.

Page 329. Colonne 2.

L'Auteur raporte un Arrêt par lequel il dit avoir été jugé, que la condition apposée au don mutuel de payer les legs faits par le prédecedé, devoit être regardée comme non écrite. Pour moi il me paroît que telle condition apposée au don mutuel, ne doit pas être seulement reputée pour non écrite, mais qu'elle rend le don mutuel nul, car elle lui ôte le caractere d'irrévocabilité nécessaire pour la validité de toutes donations entre vifs, simples ou mutuelles. Ajoûtez qu'en point de Droit, il y a cette différence entre les Ordonnances de derniere volonté, & les actes entre-vifs, que dans les dernieres volontés les conditions qui font contre les Loix, comme celles qui font impossibles, font reputées pour non écrites : *passim, tit. de cond. & dem.* au lieu qu'elles vicient absolument les actes entre vifs. *L. 31. ff. obl. & act.*

Ibidem.

Il est dit, que lorsque le donateur laisse plus de dettes que de biens, le donataire mutuel doit obtenir des Lettres en Chancellerie, pour être restitué contre l'acceptation du don mutuel. Il ne me paroît pas qu'il ait befoin de Lettres : un donataire n'étant point *juris fucceffor*, & n'étant tenu des dettes qu'autant qu'elles font une charge des biens qui lui font donnez, il s'enfuit qu'indépendamment d'aucunes Lettres de Chancellerie, il n'en eft tenu que jufqu'à concurrence defd. biens, & qu'il peut s'en décharger en abandonnant lefdits biens aux créanciers, & leur comptant de tout ce qu'il a reçû. Qu'on ne dife pas qu'en acceptant le don mutuel, il s'eft foûmis au payement des dettes, car il n'a entendu s'y foûmettre que jufqu'à concurrence des biens.

Page 330. Colonne 2.

Il eft dit que la doüairiere qui joüit en don mutuel, ne doit pas avoir pendant le cours du don mutuel les interêts de fon doüaire, lorfqu'il n'y a point de propres dans la fucceffion de fon mari. Je ne vois pas pourquoi on lui refuferoit ces interêts fur la nuë proprieté des biens de fon mari dont elle joüit en don mutuel.

Article 283.

Il eft dit que les donations des biens prefens & à venir, & celles faites à la charge de payer les dettes que le donateur contractera, font bonnes. L'Ordonnance de 1731. profcrit ces donations, à moins qu'elles ne foient faites en contrat de mariage, *art.* 15, 16, 17 & 18.

Teftamens. Preface

L'Auteur y fupofe d'autres donations pour caufe de mort, que les teftamentaires. Il n'y en a point d'autres, fi ce n'eft celles qui peuvent fe faire par contrat de mariage. (Ord. 1731. *art.* 3.)

Article 287. Page 339.

Il eft dit que l'arriere-neveu rapellé, prend part avec les heritiers dans les meubles & acquêts, & dans le quint des propres. Il faut dire au contraire, qu'il doit prendre part dans tous les biens, fi mieux n'aiment les heritiers abandonner en entier les meubles, acquêts, & le quint des propres, & s'en tenir aux quatre quints.

* E 6

Article 288. *Pages* 340. *&* 341.

Sur la queſtion, ſi l'heritier à une eſpece de biens, peut être legataire d'une autre eſpece de biens dont il n'eſt pas heritier; par exemple, ſi la mere heriticre aux meubles & acquêts, peut être legataire du quint des propres paternels; l'Auteur, après avoir raporté des raiſons & des Arrêts de part & d'autre, ſe détermine à la negative. Je ne ſerois pas de cet avis. Nôtre Coûtume en cet article ne me paroît vouloir autre choſe, ſinon obliger un coheritier envers ſes coheritiers, au raport des choſes qui lui ſont leguées, afin de maintenir l'égalité entre eux; mais la mere heritière aux meubles & acquêts de ſon fils, n'a point pour heritiers, quant à l'actif, les heritiers aux propres paternels de ſon fils; elle ne peut donc être obligée envers eux à aucun raport du propre paternel qui lui eſt legué.

Page 341. *Colonne* 2.

L'Auteur raporte un Arrêt qui a jugé les qualités de legataire univerſel & de legataire particulier incompatibles. Je ne ſerois pas de cet avis, car le legataire univerſel n'eſt point heritier.

Article 289. *Page* 345.

Les Vicaires ne peuvent plus recevoir de teſtamens, depuis la nouvelle Ordonnance de 1735.

Page 347.

L'Auteur dit que la datte n'eſt pas neceſſaire dans les teſtamens olographes. La nouvelle Ordonnance du mois d'Août 1735. l'exige en l'article 38. Ricard même raporte un Arreſt de 1660. qui l'avoit dèja jugée neceſſaire.

Article 290. *Page* 350.

Il eſt dit qu'un Religieux peut être executeur teſtamentaire. Ricard, *des Donations*, *P.* 2. *Ch* 2. *Gl* 1. *n.* 68. tient le contraire & avec raiſon. Un executeur étant comptable, il faut qu'il ſoit capable de s'obliger; le Religieux ne l'eſt pas.

Article 292. Page 355.

Il est dit que chaque ligne ne peut pas retenir contre le legataire les quatre quints des propres de sa ligne, & qu'il suffit qu'on ait laissé les quatre quints des propres en general ; & on en raporte un Arrêt. Il ne paroît pas que la décision de cet Arrêt ait été suivie. Duplessis, *p.* 701. *& suiv. Edit.* 1699. Le Brun *des Succ. L.* 2. *ch.* 4. *n.* 21. *& suiv.* Renusson, *Traité des Prop. ch.* 3. *S.* 3. *n.* 26. *& suiv.* tiennent au contraire que chaque ligne a droit de conserver les 4. quints de ses propres; c'est l'esprit de la Coûtume qui a eû en vûë l'interêt de chaque famille. L'action de recompense que l'Auteur donne à la ligne dont les propres sont épuisez contre les autres lignes, n'est fondée sur rien ; elle ne peut naître de la qualité de copartageans que ces heritiers de differentes lignes n'ont point entr'eux. *L. haredes §.* 1. *ff. famil. ercis.* D'ailleurs, quand cette action de recompense pourroit avoir lieu, elle ne rempliroit pas la vûë de la Coûtume, qui a eû égard à la raison d'affection qu'on a pour d'anciens biens de famille. Ces vûës ne seroient pas remplies, si au moyen d'une recompense, une famille pouvoit en être privée malgré elle.

Page 356. Colonne 2.

Il est dit que le legs de l'usufruit de tous les propres doit être reduit à l'usufruit du quint des propres. Il faut dire qu'il doit valoir, si mieux n'aiment les heritiers abandonner le quint des propres en pleine proprieté, & tous les autres effets disponibles.

Page 357. Colonne 1.

Il est dit que les heritages donnez aux enfans par les pere & mere, sont sujets à la legitime coûtumiere envers les donateurs. Ajoûtez, & à défaut desdits donateurs, envers tous les parens de leur ligne.

Ibidem. Colonne 2.

On raporte un Arrêt qui a jugé que les Offices n'étoient pas sujets à la legitime coûtumiere. La Jurisprudence a changé depuis ; & il a été jugé par Arrêt du mois de Février 1709. au raport de M. Pucelle, qu'ils y étoient fujets comme les heritages.

Article 296. Page 361.

Sur la queſtion, ſi on peut donner à un Confeſſeur, on dit qu'elle doit ſe décider, eû égard à la quantité du don & au pouvoir qu'il a ſur l'eſprit du donateur. Il me paroit qu'on doit communément les annuler. Le pouvoir d'un Pedagogue ſur ſon écolier, d'un Medecin ſur l'eſprit de ſon malade, n'ont rien de comparable au pouvoir qu'ont ordinairement ces perſonnes ſur l'eſprit de leurs pénitens, & ſur-tout de leurs pénitentes.

Article 299. Page 364. Colonne 1. ligne 39.

Il eſt dit qu'on doit alloüer aux tuteurs & adminiſtrateurs leurs miſes ſans quittances juſqu'à un écu. Il me ſemble qu'il faudroit plûtôt dire que cela eſt laiſſé à l'arbitrage du Juge, qui a égard aux circonſtances qui rendent la miſe vrai-ſemblable.

Succeſſions. Article 305. Page 370.

Sur la queſtion, ſi dans la ſucceſſion d'un ayeul qui ſe partage par ſouches, l'aîné de chaque branche doit avoir un droit d'aîneſſe dans la ſubdiviſion du lot échû à ſa branche ; l'Auteur ſe détermine à la negative ; mais on a toûjours jugé ici pour l'affirmative ; ainſi l'a-t-on jugé au Bailliage en 1689. pour la ſucceſſion du ſieur Chartrain, & depuis encore pour la ſucceſſion de Madame Dijon. On a penſé que les mêmes Regles qui s'obſervent dans le partage principal d'une ſucceſſion, doivent s'obſerver dans les ſubdiviſions ; & par conſequent que de même que dans le partage principal, la branche qui repreſente le fils aîné, prend un droit d'aîneſſe & préciput ; de même auſſi dans la ſubdiviſion des lots échûs à chaque branche, l'aîné des copartageans en ladite ſubdiviſion y dévoit auſſi avoir préciput & droit d'aîneſſe. La Coûtume s'en explique formellement en cet article à l'égard de la ſubdiviſion du lot échû à la branche aînée ; & la même raiſon milite pour le décider pareillement à l'égard de la ſubdiviſion des lots échûs aux branches cadettes.

Il eſt bon à preſent de répondre aux argumens que l'Auteur oppoſe contre ce ſentiment. Le premier eſt de dire que tous les enfans d'une ſouche repreſentent également leur pere & mere par repreſentation de qui ils ſuccedent ; d'où il conclut qu'ils doivent entre eux partager également ſans droit d'aîneſſe.

La réponſe eſt dans le texte de l'article de la Coûtume : Ils repreſentent tous enſemble leur pere ou mere, le droit de prérogative néanmoins gardé à l'aîné.

Le ſecond argument eſt de dire qu'il ne doit y avoir qu'un droit d'aîneſſe dans une même ſucceſſion.

La réponſe eſt que cela doit s'entendre de cette manière, qu'il ne doit y avoir qu'un droit d'aîneſſe dans le partage principal, parce qu'il ne peut y avoir effectivement qu'une branche aînée entre celles qui ſont copartageantes dans ce partage principal ; mais rien n'empêche qu'il ne puiſſe y avoir dans la ſubdiviſion du lot échû à chaque branche, un droit d'aîneſſe pour l'aîné de chaque branche.

Le troiſiéme argument eſt que l'on ne doit point admettre la ſupoſition que dans la ſubdiviſion, ce ſont les biens du repreſenté qui ſont partagez par le repreſentant.

Cet argument auſſi-bien que les précedens militeroit également pour exclure le droit d'aineſſe dans la ſubdiviſion du lot échû à la branche aînée, comme pour l'exclure dans la ſubdiviſion des lots échûs aux branches cadettes. Au reſte, la réponſe eſt qu'on n'introduit point cette ſupoſition, & que c'eſt par une autre raiſon, qui eſt raportée cy-deſſus, que ce droit d'aîneſſe eſt admis dans la ſubdiviſion des lots échûs à chaque branche.   *Page* 371.

Il eſt dit que lorſque l'ayeul n'a laiſſé que des enfans de deux filles, il n'y a point de droit d'aîneſſe. Il eſt vrai qu'il n'y en a point dans le partage principal ; mais ſuivant la Juriſprudence de cette Province, il y en aura dans la ſubdiviſion de chaque lot, ainſi qu'on l'a jugé pour la ſucceſſion de Madame Dijon.

Article 306. Page 372. Colonne 2.

Il est dit que lorsque le survivant de deux conjoints dote un de ses enfans d'une somme de déniers, tant sur la succession du prédecedé, que sur la sienne future, la dot ne doit être imputée que pour moitié sur la succession du prédecedé. Il est vrai qu'on le tenoit ainsi autrefois ; mais aujourd'hui on tient constamment qu'elle doit s'imputer en entier sur la succession du prédecedé, si la portion qui en revient à l'enfant doté est suffisante ; on n'impute sur la succession future du survivant que ce qui s'en defaudroit. La raison est qu'on est présumé vouloir s'acquitter avant que de donner.

Page 373. Colonne 2.

Il est dit que l'heritage sujet à raport, doit se raporter suivant le prix designé par la donation qui en avoit été faite. Il me paroît qu'on ne doit point avoir égard à ce prix, & que les heritages sujets à raport doivent s'estimer, eû égard au tems du partage.

Page 375. Colonne 2.

Il est dit que l'enfant heritier beneficiaire est sujet à ce raport, même envers les créanciers. Je ne crois pas cela veritable ; le raport n'est introduit qu'en faveur des coheritiers, & non des créanciers. *Voyez* nos Notes sur cet article.

Article 313. Page 382. Colonne 2.

Il est dit que lorsqu'un défunt laisse pour ses heritiers plusieurs de ses ascendans de l'un & de l'autre sexe, la succession doit se partager, suivant la Novelle 118. *chap.* 2. Il a été jugé au contraire par Arrêt du 14. Février 1702. que la Novelle n'étoit point suivie, & que la succession devoit se partager *in capita.*

Article 315. Page 384. Colonne 1. ligne 4.

Il est dit que la reversion est une condition tacite inherente à la donation, que la Loi suplée. On ne peut pas dire cela ; car si cela étoit, l'heritage donné retourneroit au donateur, sans charge des dettes,

& il ne feroit pas néceſſaire qu'il ſe portât heritier, ce qui n'eſt pas , car la Coûtume ſe ſert du terme, *ſuccedent.*

Ibid. Colonne 2. ligne 3.

Il eſt dit que lorſque le fils eſt condamné à une peine capitale, le pere eſt préferé au fiſc pour les biens qu'il lui a donné. Cette opinion de l'Auteur me paroît ſouffrir difficulté. La Coûtume ne defere ces biens au pere qu'à titre d'heritier, puiſqu'elle ſe ſert du terme, *ſuccedent :* or un condamné n'a point d'heritiers ; la Loi 3. *ff. de bon. proſc.* ne reçoit point d'aplication ; ſi le pere retient le pecule de ſon fils condamné, c'eſt qu'il ne lui eſt pas devolu *jure hæreditatis ;* mais il le retient *jure peculii.* L'autre Loi citée n'en reçoit pas davantage.

Page 385. Colonne 2.

Il eſt dit que lorſqu'un mari a donné un heritage à ſa femme qui l'a tranſmis à leur enfant commun par ſa ſucceſſion, le pere doit ſucceder à cet heritage dans la ſucceſſion de ſon enfant, comme en étant donateur, au moyen de la donation qu'il en a faite à la mere de cet enfant. Je ne crois pas cela, & je ne vois pas par quelle raiſon on peut ſe diſpenſer de regarder cet heritage comme un propre maternel, auquel les parens maternels doivent ſucceder. Les Loix citées n'ont point d'aplication. Dans l'eſpéce de la Loi *ſi liqueat*, le fils tient veritablement de ſon pere la choſe que ſa mere lui a donnée du conſentement de ſondit pere, parce qu'elle n'apartient point à ſa mere, la donation qui lui en avoit été faite étant nulle, comme faite *inter virum & uxorem.* La Loi *cum aliis* défere aux enfans du ſecond mariage ce que leur mere a eû de la liberalité de ſon ſecond mari, pour les recompenſer de ce que l'Edit des ſecondes nôces dépoüille leur mere en faveur des enfans du premier lit des avantages qu'elle avoit reçûs de ſon premier mari. Quelle conſequence y a-t-il à tirer de tout cela pour l'avis de l'Auteur ?

Article 316. Page 386. Colonne 2.

Il est dit que lorsque l'un des conjoints a ameubli
un heritage, & que par la mort de l'autre conjoint
l'enfant a succedé à la moitié de cet heritage ameubli par le survivant, & que ledit enfant vient ensuite à mourir, le survivant doit y succeder en pleine
proprieté. Cela ne paroît pas veritable. La moitié
de l'heritage ameubli s'est trouvée veritablement dans
la succession du prédecedé que l'enfant a recüeillie;
cette moitié est donc un propre naissant de la ligne
du prédecedé, ainsi le survivant n'y peut succeder
qu'en usufruit, aux termes de cet article.

Article 319. Page 389. Colonne 2. ligne 26.

Il est dit que lorsqu'un défunt a laissé pour habiles
à lui succeder un frere & des neveux de differentes
souches, & que le frere renonce, la succession doit
se partager par personnes & non par souches. Je penserois le contraire. Dès là qu'il s'est trouvé un frere
habile à succeder lors du décès du défunt, la succession lui a été deferée, & en même tems par droit
de representation aux differentes souches que com-
posent les neveux & niéces enfans des differens freres ou sœurs prédecedez. Lorsque le frere vient ensuite à renoncer, sa part, aux termes de nôtre article 369. doit accroître aux differentes souches qui
étoient ses coheritieres; & par consequent la succession
doit toûjours se partager par souches.

Article 324. Page 395. Colonne 2.

Il est dit que lorsqu'un pere a ameubli un de ses
propres anciens, on a jugé que dans la succession
de l'enfant, cet heritage, pour la moitié à laquelle
il a succedé à son pere, doit passer pour un propre
naissant paternel. La Jurisprudence a changé depuis,
& l'on tient à present avec raison que cet heritage
conserve sa qualité de propre ancien, pour la portion en laquelle l'enfant à succedé à celui qui l'avoit
ameubli.

Page 396.

Il eſt dit que l'ancien propre donné à l'heritier en collaterale, demeure propre. Cela n'eſt pas veritable. *Voyez* l'Obſervation ſur l'article 211.

Page 397.

Il eſt dit que lorſque le défunt a remeré un heritage propre qu'il avoit vendu ſous cette condition, ou qu'il a remeré une rente par lui venduë, pour ſe décharger de la garantie ; en ces cas ſon heritier aux acquêts doit être rembourſé du prix du remeré par l'heritier aux propres qui ſuccede à cet heritage ou à cette rente. Je ne crois pas que l'heritier aux acquêts ait aucune action pour cela contre l'heritier aux propres. D'où l'auroit-il ? ce n'eſt pas du chef du défunt, qui, par le remeré qu'il a exercé, n'a pû acquerir d'action contre lui - même : ce n'eſt pas de ſon chef ; car où eſt la Loi qui la lui donne ? On ne peut tirer d'argument de l'article 383. Si l'heritier aux propres eſt obligé de rembourſer l'heritier aux acquêts du prix de l'heritage de ſa ligne retiré par le défunt par retrait lignager ; c'eſt que cet heritage eſt un vrai acquêt, auquel par conſequent l'heritier aux acquêts ſuccede. Cet article ne donne qu'un retrait à l'heritier de la ligne ſur l'heritier aux acquêts qui en eſt le veritable heritier.

Article 327. Page 400.

Il eſt encore dit que des aſcendans de differentes lignes ſuccedent, ſelon la Novelle 118. ce qui n'eſt pas vrai. *Voyez* l'Obſervation ſur l'article 313.

Article 333.

Il eſt dit qu'une donation faite par une perſonne prête à faire Profeſſion, doit être reſtrainte au quint des propres. Il faut dire que ſi elle n'eſt pas faite en forme de teſtament, elle eſt abſolument nulle ; car ces donations ſont reputées teſtamentaires, par argument de l'article 297. Or une donation teſtamentaire eſt nulle, ſi elle n'eſt revétuë des formes des teſtamens.

Article 334. Page 413. Colonne 2.

Il eſt dit que les Jeſuites congediez après leurs premiers vœux, ſont inhabiles à ſucceder. La Déclaration du 16. Juillet 1715. a ordonné le contraire. *Voyez* la Note ſur l'article 334. qui s'eſt trouvée par erreur placée ſous l'article 331.

Article 336. Page 416. Colonne 2. ligne 22.

Il eſt dit qu'en prenant la qualité d'heritier dans une inſtance, on ne fait acte d'heritier qu'au reſpect de la partie avec laquelle on eſt en inſtance. Cette opinion me paroît contraire aux principes de Droit, ſuivant leſquels celui à qui une ſucceſſion eſt deferée, devient heritier dès qu'il fait connoître la volonté qu'il a de l'être : *Inſt. de hared. qual. & diff. §. 7.* Or on le fait connoître d'une maniere qui n'eſt point équivoque, lorſqu'on en prend la qualité dans quelque acte que ce ſoit. La Loi citée n'a point d'application. Dans l'eſpece de cette Loi, la ſucceſſion n'étoit point deferée à l'enfant qui avoit répondu qu'il étoit heritier ; il étoit précedé par un heritier teſtamentaire ; ſa réponſe ne pouvoit donc pas le rendre heritier, puiſqu'il ne dépendoit pas de lui de l'être ; elle ne pouvoit que l'aſſujettir à être pourſuivi à cauſe de ſon dol, comme s'il étoit effectivement heritier ; ce qui ne peut avoir lieu qu'à l'égard de ceux envers qui il a commis ce dol ; ſçavoir, envers ceux *qui eum in jure interrogaverunt*, & non à l'égard de tout autre.

Article 337. Page 417.

Il eſt dit que lorſqu'un créancier a fait condamner quelqu'un comme heritier, faute d'avoir pris qualité ; cette Sentence, quand elle eſt contradictoire, profite à tous les autres créanciers ou legataires qui ont interêt qu'il ſoit heritier. Cette déciſion me paroît ſouffrir difficulté ; la Sentence ne le rend pas heritier, on ne peut l'être malgré ſoi ; mais elle le condamne comme s'il l'étoit: or cette condamnation ne peut ſervir qu'à celui qui l'a obtenuë : *Res inter alios judicata, alteri nec prodeſt, nec nocet.* La Loi 12. *ff. de reb. auth.*

Jud. poss. citée par l'Auteur, n'a aucune aplication.
Ibidem.

Il eſt dit que celui qui a été condamné par défaut, comme heritier, peut purger ſa Contumace par Requête ou par Lettres Royaux. Il faut dire qu'il a la voye de l'opoſition ou de l'apel ; que s'il a été condamné par un Arrêt ou Jugement qui ait paſſé en force de choſe jugée , il n'a que la voye de la Requête civile, au cas qu'il y ait ouverture , & qu'il ſoit dans le tems.

Article 338. Page 418. Colonne 2.

Il eſt dit que l'heritier beneficiaire eſt ſujet au raport, même envers les créanciers. Je ne crois pas cela veritable, le raport n'ayant été introduit qu'en faveur des coheritiers.

Article 338. Page 419. Colonne 1.

Il eſt dit que l'heritier beneficiaire qui veut renoncer en rendant compte , doit , pour le plus ſûr , prendre des Lettres Royaux en Chancellerie. Je ne crois pas cela néceſſaire en tout. Par cette renonciation il ne ſe depoüille pas de la qualité d'heritier qui ne peut jamais lui être ôtée, il abandonne ſimplement les biens ; & comme par le benefice d'inventaire il n'eſt tenu envers les créanciers que ſur les biens, il s'enſuit qu'il ceſſe d'être tenu envers eux , lorſqu'il les a abandonné ; or qu'eſt-il néceſſaire de Lettres pour faire cet abandon ?

Article 350. Page 429. Colonne 1.

Il eſt dit que lorſqu'un pere ou une mere ont donné une ſomme de deniers à leur enfant en mariage , avec ſtipulation d'employ en achat d'heritages , & que l'enfant donataire eſt mort ſans que l'emploi ait été fait, laiſſant un enfant lequel eſt mort enſuite ; ces deniers , dans la ſucceſſion de cet enfant du donataire , doivent être deferez aux parens de la ligne du donateur. Il faut dire qu'ils apartiennent aux parens de la ligne du donataire qui les a tranſmis à ſon enfant , & qu'on ne doit point remonter plus haut ; car quand

même l'emploi eût été fait , on n'eût pas remont$r$
plus haut ; l'heritage qui auroit été acquis defdits de$r$
niers auroit été un acquêt à l'enfant donataire , & pa$r$
confequent il auroit été dans la perfonne de l'enfan$t$
de ce donataire un propre naiffant du côté du do-o
nataire , qui auroit été deferé à tout ce côté fans re$m$
monter plus haut.

Il eft encore bon d'obferver que par la nouvelle$l$
Jurifprudence atteftée par Dupleffis & fes Annotateurs$n$
page 182. de l'Edition de 1699. la fimple ftipulatiorp
d'emploi de deniers en achat d'heritages , n'équipole$l$
qu'à une fimple ftipulation de propres , & n'empêche$d$
pas même le furvivant d'y fucceder à fes enfans.

Ibidem.

Il eft dit que lorfque par le contrat de mariage , des$s$
deniers font refervez propres au futur ou à la future *&s*
aux fiens , cette addition *& aux fiens* n'opere rien.n
Il faut dire au contraire , que cette addition a cet$e$
effet , que , fi la femme , par exemple , qui a fait cette$s$
ftipulation prédecede , & que l'un de fes enfans meure$n$
enfuite , les autres enfans qui font fes freres lui fucce-c
deront , à l'exclufion du mari , à la part qu'il avoit dans$x$
l'action de reprife de ces deniers ; de telle maniere$r$
que le mari ne pourra fucceder à cette reprife qu'au$x$
dernier mourant de fes enfans.

Page 430.

Il eft dit que lorfque le pere ou la mere , en do-x
tant leur enfant , ftipule que les deniers lui feront$n$
propres & aux fiens de fon côté , fouche & ligne ,
l'action de reprife de ces deniers eft affectée à la ligne$x$
du donateur. Je penfe au contraire qu'on ne doit pas$x$
remonter plus haut qu'à la perfonne du donataire ,
à moins que la referve ne fût faite expreffement à ceux
du côté & ligne du donateur. Comme ces referves
de propres intervertiffent le droit commun , elles ne
doivent pas s'étendre au-delà de ce que fignifient les
termes qui les contiennent ; d'ailleurs la vûë qu'on a
eû en les faifant , a été feulement d'exclure la famille

de l'autre conjoint. J'aprens que cela a été ainſi jugé par Arrêt depuis peu d'années.

Page 430. *Colonne* 2.

Il eſt dit qu'il a été arrêté dans une aſſemblée de Conſultans, que la convention de propre à ceux du côté & ligne, eſt éteinte quand les enfans ont été heritiers, pourvû qu'ils décedent majeurs. Cela doit s'entendre du cas où ils ont été heritiers des deux conjoints. Par exemple, lorſque l'enfant heritier de ſa mere qui avoit fait la ſtipulation, devient enſuite heritier de ſon pere qui étoit débiteur de la repriſe, alors l'action eſt éteinte par la confuſion; mais ſi l'enfant qui n'a été heritier que de ſa mere ſurvit ſon pere, quoiqu'il décede majeur, les parens collateraux maternels, en vertu de la convention, lui ſuccederont à cette action qu'il avoit contre ſon pere, comme à un propre fictif maternel, au cas que cette action exiſte encore, & qu'elle n'ait point été éteinte par le payement.

Page 433.

Il eſt dit que la majorité ſurvenante n'empêche point le prix d'une rente propre rembourſée, de paſſer pour propre fictif au reſpect du tuteur heritier au mobilier, tant qu'il n'a point rendu compte. Brodeau ſur l'article 94. de Paris eſt auſſi de cet avis; mais je ne vois pas ſur quoi il eſt fondé.

Ibidem.

Il eſt dit que la fiction de cet article 351. n'a point lieu dans la ſucceſſion de celui qui a ſuccedé à ce propre fictif au mineur, quoiqu'il décede auſſi mineur. On tient au contraire communément qu'elle ſe perpetuë en ce cas; & la raïſon eſt, qu'autrement l'intention de la Loi ſeroit ſouvent éludée, quand, par exemple, il y a pluſieurs freres mineurs qui heritent les uns des autres.

Article 352. *Page* 434. *Colonne* 2. *ligne* 7.

Il eſt dit que les moulins ſur bateaux doivent être ſaiſis avec les ſolemnitez des decrets. On pratique le contraire, on ſaiſit les moulins ſur bateaux comme de

fimples meubles ; mais comme ce font des meubles
de prix , on ne les vend qu'après trois expofitions.

Article 355. Page 436. Colonne 2.

Il eft dit que les mouches à miel font immeubles.
Il eft vrai que c'eft le fentiment commun ; néanmoins
j'aurois de la peine à m'y rendre. Si les lapins en garenne , les poiffons en étang , les pigeons en colombier , font immeubles, c'eft que tant que ces ani-
maux *feræ naturæ funt in naturali laxitate*, ils ne font
point proprement poffedez *per fe*. Le défunt ne poffedoit pas proprement des lapins , ni des poiffons , ni
des pigeons; mais une garenne peuplée de lapins , un
étang empoiffonné , un colombier peuplé de pigeons.
Ainfi, lorfque le colombier , par exemple, eft propre,
le défunt transfere à fon heritier aux propres le colombier avec les pigeons dont il eft peuplé, lefquels ne
font qu'un feul tout avec le colombier qui les contient.
Il n'en eft pas de même des paniers qui contiennent les
mouches à miel , ils font eux-mêmes quelque chofe de
meuble & de tranfportable d'un lieu à un autre ; pourquoi donc ces paniers cefferoient-ils d'être meubles
quand ils font peuplez de mouches ? car ils ne ceffent
pas même alors d'être tranfportables : ce n'eft pas une
raifon que de dire qu'ils produifent un revenu dans la
terre , car les beftiaux en produifent auffi , & cependant font meubles.

Article 360. Page 446.

Il eft dit que c'eft un avantage indirect fait à l'aîné,
lorfqu'un pere achette un fief durant la maladie dont
il décede. J'aurois de la peine à croire que les puif-
nez euffent en ce cas le droit de fe plaindre; le pere
en achetant , n'a fait qu'ufer d'un droit qu'a toute
perfonne à qui le commerce n'eft point interdit : *Non
videtur dolo facere qui jure communi utitur.*

Retraits. Article 363. Page 452. Colonne 1.

Il eft dit que la vente des droits fucceffifs , parmi
lefquels fe trouvent compris des heritages propres,
ne donne point ouverture au retrait. Dumoulin, Gri-
                    maudet,

maudet, Tiraqueau, font d'avis contraire. *Voyez* nos Notes fur cet article.

Article 367. Page 462.

Il eft dit qu'il eft de néceffité dans l'ajournement en re-trait d'exprimer le tems d'*avant* ou d'*après-midi*. Cela ne me paroît point néceffaire, n'y ayant aucune Loi qui l'exige. *Art. 370. P. 463. Col. 1.*

Il eft dit que fi le tems de 24. heures pour l'execu-tion du retrait, tombe dans un jour de Dimanche ou Fête, on ne doit pas comprendre dans ledit tems, ledit jour de Dimanche ou de Fête. Le contraire a été jugé au Bailliage en cette année 1740.

Page 464. Colonne 1.

Il eft dit que dans les Sentences adjudicatives de re-trait renduës en procès par écrit, les 24. heures cou-rent du moment de la prononciation faite au Greffe aux Procureurs. L'Ordonnance de 1667. a abrogé ces prononciations ; ainfi le delai court à prefent depuis la fignification de la Sentence.

Page 464. Colonne 1.

Il eft dit qu'il n'eft pas néceffaire que la reconnoif-fance du retrait foit decretée en Juftice, pour que le tems de 24. heures coure. Ce fentiment paroît effe-ctivement conforme au texte de cet article qui dit, *ajugé ou reconnu* ; néanmoins on a jugé que cela étoit nécef-faire, par Sentence du 22. Décembre 1603. *Voyez* nos Notes fur l'article 370.

Page 465. Colonne 1.

Sur la queftion de favoir fi c'eft, de la part du ligna-ger, fatisfaire à la Coûtume, que d'offrir à l'acque-reur, en payement du prix du retrait, la quittance de quelque dette liquide qui lui feroit dûë par l'acquereur; l'Auteur dit que l'opinion pour l'affirmative auroit de la peine à être reçûë au Barreau ; néanmoins je la trou-ve plus reguliere. La compenfation eft un payement ve-ritable, *qui compenfat, folvit.* Les Loix citées ne prou-vent rien ; car fi en fait de dépôt la compenfation n'a pas lieu, c'eft qu'en ce cas *fpecies debetur, non quantitas*; ce qui ne fe trouve pas ici.

I I. Partie. * F

Article 377.

Il est dit que la demande en retrait, quand elle n'a point été contestée, se perime par un an. Jugé au contraire par un Arrêt du 7 Juillet 1697 qu'elle ne se perimoit que par trois ans, comme toutes les autres demandes. *Art.* 381. *P.* 473. *C.* 1. *l.* 40.

L'Auteur met en question, si les enfans peuvent exercer le retrait de mi-denier contre leur pere ou mere. Il me semble que cela ne doit point faire de question dans nôtre Coûtume ; le present article en accordant le retrait aux heritiers du conjoint lignager prédecedé, comprend sous ce terme *d'heritiers*, les enfans aussi-bien que les collateraux ; ce qui est encore confirmé par l'art. suivant. L'art. 403. qui porte qu'il n'y a pas lieu au retrait quand l'acquereur a des enfans de la ligne, n'est point contraire à cela par les raisons que nôtre Auteur lui-même raporte. *Ibid. Colonne* 2.

Il est dit qu'il n'est pas nécessaire que les heritiers du conjoint lignager prédecedé, soient eux-mêmes lignagers, pour exercer le retrait de mi-denier. Je le crois très-nécessaire ; ce retrait est un vrai retrait lignager, qui a été différé au tems de la dissolution du mariage, parce que tant que le mariage a duré, l'heritage étant possedé en commun par les deux conjoints, dont un étoit de la famille, il paroissoit n'en être point encore sorti ; mais au moment que cette communauté qui suspendoit le retrait, est dissoute, le retrait est ouvert au profit de la famille, d'abord aux heritiers du prédecedé, & à leur refus aux autres lignagers. Ce retrait n'étant donc autre chose que le retrait lignager, les heritiers du prédecedé doivent être lignagers pour pouvoir l'exercer. *Article* 383.

Il est dit que l'heritage retiré est propre en la succession du retrayant. Il faut dire au contraire, qu'il est acquêt, puisque le retrait est un vrai achat ; mais l'heritier des propres a droit de le retirer sur l'heritier des acquêts.

Article 389. *Page* 483. *Colonne* 2. *ligne derniere.*

Il est dit que le bail à rente donne lieu au retrait,

quelque petite que foit la fomme d'argent donnée par forme de deniers d'entrée. *Voy.* nos Notes fur cet article, où nous prouvons par le texte de l'ancienne Coûtume & par l'autorité de Fornier, qu'il faut que cette fomme excede la moitié de la valeur de cet heritage.

Article 394. *Page* 489. *Colonne* 2.

Il eft dit que ces mots, *le cenfuel attrait à foi le féodal*, peuvent avoir ce fens, que le retrait lignager eft préferé au féodal, même à l'égard des heritages féodaux qui ne font pas de la même fouche, & qui ont été vendus conjointement avec des heritages cenfuels qui en étoient. Cette interpretation me paroît très-fauffe. Il n'eft nullement queftion ici du retrait féodal. *Voyez* l'interpretation de ce texte en nos Notes fur cet article. D'ailleurs il eft faux que le lignager, qui a retiré des heritages de fa fouche conjointement avec d'autres heritages féodaux qui n'en font pas, ne foit pas fujet au retrait féodal pour ceux qui n'en font pas. Le retrait féodal n'a pas lieu à la verité fur le lignager pour les heritages de fa ligne, parce que le feigneur eft cenfé avoir accordé le fief à toute la famille ; mais il a lieu pour les heritages qui n'en font pas.

Article 400.

Il eft dit que cet article 400. doit s'étendre aux licitations. Jugé au contraire par Arrêt de 1712. confirmatif d'une Sentence du Bailliage. Cela ne fait plus de queftion en cette Province.

Article 402. *Page* 494. *Colonne* 1.

L'Auteur raporte plufieurs raifons pour que le vendeur ne puiffe retirer. Il me paroît qu'il obmet la veritable, qui eft que le retrait étant le droit qu'ont les lignagers d'acheter à la place de l'étranger, le vendeur ne peut avoir ce droit, puifqu'il eft impoffible d'acheter de foi-même.

Exécutions. Article 408. *Page* 499. *Colonne* 2.

Il eft dit que le feigneur d'hôtel ne peut exécuter les meubles du foûlocataire, lorfqu'il a confenti expreffément le foûbail. Cela n'eft pas fans difficulté.

L'intention du proprietaire, en confentant le foûbail,
a pû être fimplement de reconnoître que ce foûlocataire étoit *perfona idonea*, à qui il ne pouvoit empêcher le locataire de foûbailler ; il ne s'enfuit pas
qu'il ait voulu renoncer à fon privilege.

Article 409.

Il eft dit conformément au fentiment de Loifeau, que
le tiers acquereur , qui a acquis avec connoiffance de
la rente , ne peut déguerpir qu'en payant tous les arrerages qui font dûs, même auparavant fa détention.
Nôtre Coûtume a rejetté ce fentiment en l'article 134.
Elle l'affujettit feulement à payer *les redevances qui font*
dûës & échûës pendant & durant le tems que ledit déten-
teur aura tenu ledit heritage ; il n'eft donc pas obligé ,
pour renoncer, de payer les arrerages d'auparavant.
Qu'on ne dife pas que l'article 134. ne parle que des
rentes créées avant la réformation de la Coûtume ; il y
a même raifon pour celles créées depuis ; il n'y a de
difference entre les unes & les autres, qu'à l'égard des
preneurs & leurs heritiers, & non à l'égard des tiers
détenteurs.

Article 411. *Page* 502. *Colonne* 2.

Il eft dit que lorfque le défendeur fe laiffe déchoir
de fournir fes défenfes, cela vaut conteftation. L'Ordonnance de 1667. a abrogé ces déboutez de défenfes.

Article 413.

Il eft dit, conformément à l'avis de Loifeau , que
le détenteur qui déguerpit, après avoir paffé titre nouvel, eft tenu de toutes les dégradations faites avant
la détention. J'y trouve de la difficulté. *Voyez* nos
Notes fur ledit article.

Article 415. *Page* 511.

Il eft dit que le feigneur d'hôtel ne peut fuivre les
meubles enlevez de fon hôtel contre celui qui les auroit acquis de bonne foi. Nous pratiquons le contraire, pourvû que le feigneur d'hôtel vienne dans la
huitaine. La raifon en eft, qu'ayant acquis un droit
de gage fur ces heritages, on ne peut l'en dépoüiller ;

nec obstat que les meubles n'ont pas de suite par hipoteque, car le privilege des seigneurs d'hôtel fait une
exception à cette regle.

Ibid. Colonne 2.

L'Auteur semble donner un mois ou six semaines au
seigneur d'hôtel pour suivre les meubles enlevez de
son hôtel. Il n'a dans l'usage que huit jours.

Il est dit que lorsque le premier maître d'hôtel les
suit dans le tems prescrit, dans une autre maison où
son locataire les a transportez, que le nouveau maître
d'hôtel doit venir par concurrence avec lui. Il me
semble qu'on doit dire au contraire, que ces meubles
étant obligez au premier maître d'hôtel, ils n'ont
pû être obligez au second qu'autant que le premier
auroit perdu son droit ; il ne l'a point perdu, ayant
suivi son gage dans le tems marqué ; ils n'ont donc pû
être obligez au second à son préjudice, d'où il suit que
le premier doit être préferé.

Ibidem.

Il est dit que le seigneur d'hôtel ne peut suivre les
meubles de son locataire contre celui à qui il les a
donné en gage. Il le peut, pourvû qu'il vienne dans
la huitaine, de même que contre l'acquereur de bonne
foi, comme nous l'avons dit cy-dessus.

Article 417. Page 512. Colonne 2.

Il est dit qu'on ajuge un dédommagement d'une
demi-année au locataire, lorsque le maître d'hôtel re-
silie le bail pour habiter lui-même sa maison. Il faut
ajoûter qu'il y a de certains artisans ausquels on ajuge
un dédommagement plus fort & tel qu'il sera reglé par
experts, par raport aux gros frais qu'ils sont obligez
de faire pour s'établir dans une maison ; tel est un
teinturier.

Article 420. Page 514. Colonne 2.

Contre nôtre usage de la tacite reconduction pour
trois ans dans les terres de Beausse, l'Auteur raporte un Arrêt par lequel il prétend qu'on a jugé dans
la Coûtume d'Amiens, où les terres se font par trois

saiſons comme en Beauſſe, que la reconduction ne
devoit être que d'un an. On croit que cet Arrêt n'étoit
point dans l'eſpéce d'un bail de terres labourables, &
qu'ainſi il ne reçoit point d'aplication. *Voyez* Bardet,
page 186. Quoiqu'il en ſoit, nôtre uſage eſt conſtant.

Page 515. *Colonne* 1.

Il eſt dit que les biens du fermier ſont hipotequez
aux obligations de la reconduction, du jour que la
reconduction a commencé. Il me paroît qu'ils ne ſont
point hipotequez en tout ; car dans nos mœurs où l'hipoteque ne naît que du ſceau autentique ſous lequel
les conventions ſont paſſées, les conventions tacites,
telle qu'eſt celle de la reconduction, ne peuvent produire d'hipoteque.

Article 421. *Page* 516.

Il eſt dit que lorſqu'un bail n'eſt que ſous ſeing privé ou verbal, le ſeigneur d'hôtel n'a de préference
que pour trois termes échûs, & l'année courante.
L'uſage eſt contraire, & il a été confirmé par un Arrêt du mois de Juillet 1708. au profit des Jeſuites du College d'Orleans. *Voy*. nos Notes ſur l'art. 406. La Coûtume borne à la verité le droit d'execution à trois termes, mais elle ne borne point le droit de préference ;
& on ne doit point argumenter de l'un à l'autre.

Colonne 2.

Il eſt dit que celui qui a prêté la ſemence, eſt préferé au ſeigneur de métairie ſur le blé. Nous pratiquons conſtamment le contraire, & nous préferons
le ſeigneur de métairie, à moins qu'il n'ait donné un
billet de préference.

Article 424. *Page* 519. *Colonne* 1.

Il eſt dit de tous dépoſitaires indiſtinctement, qu'ils
ſont contraignables par corps. Cela n'eſt vrai que dans
le cas des dépôts néceſſaires, ou des biens de Juſtice.
Ordonnance de 1667. *tit*. 34. *art*. 4.

Article 428.

Il eſt dit que celui qui auroit acheté du poiſſon d'un ha-
ranger, ſoit en marché public, ſoit ailleurs, n'auroit pas

le benefice de ceſſion. On tient ici au contraire, que le benefice ne doit être refuſé qu'à celui qui l'auroit acheté en lieu public. *Voyez* la Note ſur ledit article.

Arrêts. Article 430. *Page* 524.

Il eſt dit que pour pouvoir ſaiſir & vendre les biens de ſon débiteur, il ſuffit que la dette ſoit liquide, comme eſt une quantité de dix muids de blé, quoique l'apretiation n'en ſoit pas faite. L'Ordonnance permet de ſaiſir en ce cas, mais non de vendre, juſqu'à ce que l'apretiation ait été faite. Ordonnance de 1667. *tit.* 33. *art.* 2.

Page 526. *Colonne* 2.

On dit qu'il a été jugé que les actes faits en païs étrangers emportoient hipoteque en France. Ce ſentiment me paroît contraire aux principes de nôtre Droit ſur l'hipoteque : c'eſt l'autorité du ſceau ſous lequel le contrat eſt paſſé qui produit l'hipoteque. Le ſceau d'une Juriſdiction étrangere n'a aucune autorité dans ce Royaume, & ne peut par conſequent produire d'hipoteque. En vain dit-on que l'hipoteque eſt du droit des gens ; cela eſt vrai, *quoad originem* ; mais quant à la forme, elle eſt de droit civil ; il y a même lieu de dire que dans le pur droit naturel, il n'y a d'autre hipoteque que celle qui reſulte de la tradition réelle.

Article 431. *Page* 527.

Il eſt dit que pour exécuter une Sentence d'un Official, on a recours au Juge ſeculier. L'Edit de 1695. a diſpenſé de cette obligation, *art.* 44.

Article 435. *Page* 530.

Il eſt dit que pour interrompre la preſcription de cinq ans à l'égard des rentes conſtituées, il faut une demande en Juſtice. Il me ſemble que lorſque le créancier a un titre executoire, un commandement ſuffit ; c'eſt une vraye interpellation judiciaire, puiſque ce commandement ſe fait par un Officier de Juſtice : d'ailleurs le créancier qui a déja un titre, n'a point de demande à former. *Page* 531.

L'Auteur dit qu'on peut demander vingt-neuf an-

nées d'arrerages de rentes conftituées pour prix d'heritage. Ce fentiment eft affez raifonnable, mais l'ufage
eft conftant ici de n'en ajuger que cinq.

Ibidem , Colonne 2. *ligne* 19.

Il eft dit qu'on a jugé au Bailliage qu'on ne pouvoit demander que cinq années d'interêts dûs en vertu
d'une Sentence de condamnation. J'aprens par des Mémoires qu'il y avoit du particulier dans l'efpéce de cette Sentence ; depuis le contraire a été jugé tout d'une
voix par une Sentence du 1. Août 1689. L'Edit de Loüis
XII. eft une Loi penale, qui ne parlant que des arrerages de rentes conftituées, ne doit point être étenduë
à un autre cas.   *Article* 437.

Il eft dit qu'on pratique de prefenter une Requête
au Juge pour pouvoir exécuter fa Sentence après
l'année. Cela ne fe pratique point à prefent.

Article 443. *Page* 538.

De la maniere dont s'explique l'Auteur, il femble
que Mrs. les Commiffaires n'auroient eû aucun égard
aux remontrances du Bailly d'Orleans & des Confuls,
au fujet de cet article. Au contraire on y a eû égard.
Voyez le Procès verbal.

Article 446.

L'Auteur comprend parmi les moyens de reftitution
contre une vente, le défaut d'autorifation du mari de
la femme qui a contraété. Il ne faut point en ce cas
avoir recours à la reftitution, la femme n'étant point
en ce cas engagée.

Article 447. *Page* 542. *Colonne* 1. *ligne* 34.

Il eft dit que les fermes s'ameubliffent chaque jour.
Cela n'eft pas veritable ; elles ne s'ameubliffent que
lorfque les fruits font cüeillis.

Ibidem.

Il eft dit que le premier arrêtant d'une rente échûë
ou à échoir, eft preferé. Il faut dire qu'il eft preferé
fur ce qui eft échû ; mais ce qui étoit à échoir fe diftri-
buë par concurrence entre tous ceux qui ont arrêté
avant l'échéance.

Article 451. Page 546. Colonne 2.

Il est dit que pour un dépôt fait d'autorité de Justice, qui n'est plus en nature, il y a privilege. Ce privilege a lieu sur la charge de Receveur des Consignations, mais non sur les autres biens qui sont seulement hipotequez du jour de l'acte de dépôt.

Article 456. Page 548.

Il est dit que la disposition de cet article n'a pas lieu lorsque le créancier allegue de la collusion. *Ajoûtez*, & qu'il la prouve; autrement le créancier ne manqueroit jamais de l'alleguer.

Article 458. Page 550. Colonne 2. à la fin.

Il est dit qu'en cette Coûtume le seigneur d'hôtel est préferé au vendeur. Cela n'est vrai qu'à l'égard de celui qui a vendu à credit. *Voy.* nos Notes sur l'art. 456.

Article 461. Page 552.

Il est dit que si une personne qui ne sçait pas signer avoit scellé de son cachet une promesse, il pourroit être assigné en reconnoissance de son cachet. Je ne crois point que cela ait lieu à present, n'étant plus d'usage d'employer les sceaux au lieu de signature.

Article 462.

Il est dit qu'il faut avoir la permission du Juge séculier pour exécuter la Sentence d'un Official. L'Ordonnance de 1695. *art.* 44. en a dispensé.

Page 554. Colonne 2.

Il est dit qu'une promesse où la cause de la dette n'est pas exprimée, n'est pas valable. Cela n'est vrai que lorsqu'il y a des circonstances qui font présumer une cause illicite. *Ibidem.*

Il est dit qu'une veuve & des heritiers sont obligez de reconnoître la signature d'un défunt, ou de la dénier. Ils ne sont point obligez de la denier, parce qu'ils peuvent ne la pas connoître : sur leur simple refus de la reconnoître, on ordonne de la verification. Ordonnance de 1539.

Article 463. Page 555. Colonne 1.

Il est dit que des Notaires subalternes peuvent passer

des actes pour des biens situez hors leur Justice. Les nouveaux Reglemens le leur ont défendu. *Voyez* nos Notes sur l'article 430.

Ibidem.

Il est dit que dans les Justices où il y a des Notaires subalternes, le Notaire Royal ne peut passer d'actes entre les Justiciables, mais seulement entre les externes. Cela ne s'observe plus, les nouveaux Reglemens leur ont donné la concurrence.

Criées. Article 465. Page 559. Colonne 1.

Il est dit que lorsqu'on saisit réellement en vertu d'un Arrêt, il n'est point nécessaire de prendre une commission. Ce sentiment est contraire au texte de cet article, & à ce qui se pratique.

Article 466. Page 559.

Il est dit qu'il n'est pas nécessaire de déclarer les tenans & aboutissans d'une maison, lorsqu'elle est suffisamment designée. *Voyez*, pour ce qu'on peut dire au contraire, nos Notes sur ledit article.

Article 466. Page 560.

Il est parlé des Commissaires. Il faut observer qu'ils sont à present en titre d'office, & qu'il est défendu d'en établir d'autres.

Article 466. Page 562. Colonne 2.

Il est dit qu'après l'adjudication le fermier judiciaire est tenu d'abandonner la joüissance, pourvû qu'on lui rembourse ses labours & semences. Le Reglement de 1664. *art.* 13. porte au contraire qu'il joüira l'année. *Voyez* nos Notes.

Ibidem.

Il est dit que le saisissant est responsable du Commissaire. Cela n'a plus lieu, le Commissaire étant en titre d'office.

Article 469. Page 562. Colonne 1.

L'Auteur se trompe en donnant pour exemple d'une Eglise succursale, à la porte de laquelle on puisse faire les criées, la Chapelle de Nôtre-Dame des Aydes. Les Eglises succursales, qui tiennent lieu de paroissiales, font feulement celles où l'on dit une Meffe de Paroiffe, & où l'on adminiftre les Sacremens à ceux qui font dans le détroit de la Succurfale, comme eft ici S. Sulpice.

Article 479.

La feconde interpretation que l'Auteur donne à cet article ne vaut rien. *Voyez* nos Notes fur ledit article.

Article 480. *Page* 570. *Colonne* 2.

Il eft dit que les opofitions à fin de conferver, peuvent être reçûës après le decret, pourvû que ce foit avant la diftribution du prix. Le Reglement du 23. Novembre 1598. *art.* 5. défend de les recevoir après le decret délivré. *Page* 571.

Il eft dit que le feigneur qui s'eft opofé à la faifie pour fes anciens profits, eft colloqué avant les frais du decret. *Voyez* pour ce qu'il y a à dire contre ce fentiment, nos Notes fur ledit article.

Page 572.

L'Auteur comprend la dîme parmi les droits feigneuriaux; ce qui n'eft point. Il ajoûte qu'elle fe paye en reconnoiffance de la feigneurie univerfelle de Dieu fur toute chofe. C'eft un difcours de Canonifte : elle fe paye comme une loüable coûtume, à laquelle les poffeffeurs des terres fe font volontairement foumis pour fubvenir à la fubfiftance des Prêtres. Au refte, il n'eft pas néceffaire de s'opofer au decret pour la dîme, parce qu'elle eft dûë de droit commun.

Page 573.

Il eft dit trop generalement que le champart n'eft pas droit feigneurial. Il eft vrai que dans nôtre Coûtume il y a bien des droits de champart qui ne font pas feigneuriaux ; & quoique nôtre Coûtume difpenfe en cet article de s'opofer au decret pour lefdits droits, parce que la perception en eft publique, elle ne veut pas qu'on en concluë qu'ils foient feigneuriaux; mais il y en a auffi qui le font en effet : lorfque la terre qui le doit, n'eft chargée d'aucun cens, & que le champart fe trouve être la premiere redevance, il eft alors feigneurial, quoiqu'il n'emporte point de lots & ventes, fuivant l'article 143. Les Champarts dûs aux Chapitres de Sainte Croix & de S. Agnan font de cette nature. Il n'y a pas long-tems que des particuliers poffeffeurs de terres dans l'enclave du Champart que les PP. Jefuites ont a Efpiez, furent condamnez à le payer, nonobftant la prefcription qu'ils alleguoient ; parce que ce champart fe trouvant être la premiere redevance des terres de cette enclave, fut déclaré feigneurial, & par confequent imprefcriptible.

Article 484. *Page 575.*

Il eft dit que les créanciers viennent par contribution au marc la livre fur le prix des Offices. L'Edit de Février 1683. *art.* 3 *&* 4 a ordonné au contraire qu'ils feroient colloquez par ordre d'hipoteque.

Colonne 2.

Il eft dit que les Charges de Judicature ne peuvent être faifies réellement. On le peut aujourd'hui. *Voyez* l'Edit de 1683.

Page 576.

Il eft dit que quand une charge eft faifie fur un Officier, il demeure en l'exercice de fon Office jufqu'à ce qu'il y en ait un autre de pourvû & inftallé. Cela n'eft pas toûjours vrai ; car, fuivant l'Edit de 1683. lorfque l'Officier aura été condamné à donner fa procuration *ad refignandum* par Arrêt ou Sentence dont il n'y a point d'apel, il fera interdit de plein droit trois mois après la fignification. *Page 577.*

Il eft dit qu'un créancier qui ne fe feroit point oppofé au fceau, pourroit, en arrêtant entre les mains du refignataire les deniers de la vente, empêcher la reception, & que cela a été jugé par Arrêt. Il pourroit y avoir du particulier dans l'Arrêt ; je n'en voudrois pas faire une regle generale.

Page 577. Colonne 1.

Il eft dit que fur le refus de l'Officier de donner fa procuration, il doit y être condamné par corps. On ne le condamne point par corps ; mais on ordonne que le Jugement vaudra procuration. Edit de 1683. *article* 9.

Ibidem.

Il eft dit que les deniers du prix de l'Office font diftribuez au marc la livre. Ils le font par ordre d'hipoteque, fuivant l'Edit de 1683. ### Colonne 2.

Il eft dit qu'on donne un privilege à celui qui a prêté fes deniers pour l'acquifition de l'Office & ftipulé l'emploi, & que la préfomption eft qu'ils y ont été employez. Nous n'admettons point cette préfomption ; il faut pour que celui qui a prêté fes deniers, puiffe être fubrogé au privilege du vendeur, que dans la quittance notariée du vendeur il foit fait mention que ce font les deniers de cette perfonne. *Voyez* l'Arrêté des Subrogations de 1692.

Ibidem.

Il eft dit que celui qui a prêté fes deniers pour payer le prêt d'un Office, a un privilege. Cela n'eft vrai qu'à l'égard du prêt du dernier bail ; car il n'y a que celui-là dont le payement ait confervé l'Office.

COUTUMES

COUTUMES

DES DUCHE',

BAILLIAGE, ET PREVOSTE'

D'ORLEANS,

ET RESSORTS D'ICEUX.

PROCÉS VERBAL.

'An mil cinq cens quatre-vingt-trois, le Lundi onziéme jour d'Avril, Nous * Achilles de Harlay, Chevalier, Conseiller du Roy en son Privé Conseil, & Premier President en sa Cour de Parlement à Paris, Jacques Violle & Nicolas Perrot, Conseillers dudit Sieur en ladite Cour, ayans reçû Lettres Patentes du Roy, pour proceder à la nouvelle redaction & réformation des Coûtumes des Bailliage & Prévôté d'Orleans, sommes partis de la Ville de Paris pour

* Cette réformation de Coûtume est l'une des premieres actions publiques que Monsieur le Premier Président a faite en cette qualité.

I I. Partie.   A

l'exécution defdites Lettres , & le Mercredi treiziéme
jour dudit mois arrivez en ladite Ville d'Orleans :
Defquelles Lettres , enfemble de nos Lettres de Commiffion , la teneur s'enfuit.

HENRY, par la grace de Dieu Roy de France &
de Pologne : A nos amez & feaux Meffire Achilles
de Harlay , Chevalier , Confeiller en nôtre Confeil
Privé, & Premier Préfident en nôtre Cour de Parlement ; Maîtres Jaques Violle d'Aigremont, & Nicolas Perrot, Confeillers en ladite Cour, falut & di-
lection. Comme aucuns de vous ayent par ci-devant
été commis par nosPrédeceffeurs Rois à rediger & commettre par écrit les Coûtumes de nos Pays & Provinces reffortiffans en nôtredite Cour, qui n'auroient encore été accordées & redigées ; ou fi redigées & accordées avoient été, les Procès verbaux d'icelles étoient
perdus & adhirez , ou bien chargez de plufieurs renvois
faits en nôtredite Cour, dont feroient meuz plufieurs
procès & differends fur l'interpellation defdites Coûtumes , & les parties apointées à informer par turbes,
aux grands frais & foule de nos fujets : fuivant lefquelles Commiffions auroient été redigées & mifes par
écrit & reformées plufieurs Coûtumes defdits Païs &
Provinces, au grand contentement & foulagement de
nofdits fujets; Mais les autres n'ont encore pû par la
malice du tems être reformées , mêmement celle de
nôtre bonne Ville d'Orleans, l'une des Capitales de
nôtre Royaume. Et nous étans bien advertis que plufieurs articles d'icelle font obfcurs & non intelligibles ,
lefquels par ufage, Jugemens & Arrêts, ont reçû interpretation , laquelle n'a été redigée par écrit : Et outre, pour la varieté de l'ufage ont befoin être interpre-
tées , ou reformées : & auffi qu'il y a plufieurs cas de
l'ufage commun , efquels n'a été pourvû par la redaction qui par ci-devant en auroit été faite ; Sçavoir fai-
fons,que Nous, defirant le bien & foulagement de
nofdits fujets, avons ordonné , & nous plaît, que vous

ayez à vaquer en toute diligence à la nouvelle redaction, & réformation defdites Coûtumes de nôtre
Bailliage & Prévôté d'Orleans : Et à cette fin faire con-
voquer, & affembler les Gens des trois Etats d'icelle
Province, lefquels à ce faire feront contraints ; à fçavoir,
les gens d'Eglife, par prinfe & faifie de leur temporel,
les gens Laiz par prinfes & faifies de leurs meubles &
immeubles : & ce nonobftant oppofitions ou appel-
lations quelconques, & fans préjudice d'icelles. En pre-
fence, & du confentement defquels Etats, vous enjoignons, ou à deux de vous (pourvû qne vous Premier Prefident foyez l'un d'iceux) de nouvel rediger &
accorder, & fi befoin eft, muer, corriger, augmenter,
& diminuer lefdites Coûtumes, ou partie d'icelles, &
faire vos procès verbaux des debats & oppofitions
qui feront faits en procedant par vous au nombre que
deffus, à la redaction & accord d'icelles, en la maniere
dûë & accoûtumée : Pour, lefdites Coûtumes ainfi redigées, accordées, moderées augmentées, ou corrigées, comme dit eft, être publiées & enregiftrées
ès Greffes de nôtredite Cour de Parlement, & du Châtelet dudit Orleans, & dorefnavant gardées & obfervées comme Loy & Edit perpetuel & irrevocable.
Voulons auffi, & nous plaît, que lefdites Coûtumes
ainfi par vous redigées, ayez à faire taxe des frais qu'il
aura convenu faire pour la redaction d'icelles, enfemble des vacations & falaires d'aucuns de nos Officiers,
& autres notables perfonnages, qui pour vaquer à la
vifitation & réformation defdites Coûtumes, & affifter
à ladite redaction, auroient été diftraits de l'exercice
de leurs Offices & états, & de tous autres frais qu'il
aura convenu faire pour raifon & en confequence d'i-
celle redaction : Lefquels frais voulons être prins & le-
vez fur les gens des trois Etats de ladite Province, qui
auront été apellez & convoquez à la redaction defdites Coûtumes : Et ce par la contrainte, forme & maniere qui ont été ci-devant obfervées à la levée des
deniers par vous taxez en femblables affaires & Com-

miſſions. De ce faire vous donnons pouvoir, authorité, commiſſion, & mandement ſpecial, par ces Preſentes, en revoquant par Nous toutes autres commiſſions au contraire, ſi aucunes y a. Mandons & commandons à tous nos Juſticiers, Officiers, & ſujets, à vous, en ce faiſant, obéïr : car tel eſt nôtre plaiſir. Donné à Paris, le quinziéme jour de Mars, l'an de grace mil cinq cens quatre-vingt-trois ; Et de nôtre regne le neuviéme. Ainſi ſigné, par le Roy, PINARD ; Et ſcellée à ſimple queuë du grand ſeel dudit Seigneur, de cire jaune.

ACHILLES DE HARLAY, Chevalier, Conſeiller du Roy en ſon Conſeil Privé, & Premier Preſident en ſa Cour de Parlement, Jaques Violle, & Nicolas Perrot, Conſeillers en icelle Cour : Au Bailly d'Orleans, ou ſon Lieutenant, Salut. Comme il ait plû audit Seigneur, par ſes Lettres Patentes du quinziéme jour de Mars preſent, nous commettre & deputer à la redaction & réformation des Coûtumes dudit Bailliage, pour les cauſes, & ainſi qu'il eſt amplement contenu eſdites Lettres ; A cette cauſe vous mandons, & en vertu du pouvoir à nous donné, enjoignons par ces Preſentes, que incontinent icelles reçûës, ayez à vous aſſembler, pour adviſer ſur le fait de la réformation deſdites Coûtumes, en ce que réformation écherra ; nous advertir de ce qu'en aurez fait, afin de nous pouvoir trouver audit Orleans à jour certain, qui ſera par vous donné & aſſigné aux trois Etats dudit Bailliage, pour eux y trouver : Et ce ſous les peines & contraintes contenuës eſdites Lettres Patentes. De ce faire vous donnons pouvoir, en vertu d'iceluy à nous donné. Mandons & commandons à tous les Officiers & ſujets dudit Seigneur, & autres qu'il appartiendra, qu'à vous en ce faiſant ſoit obéï. Donné à Paris ſous nos ſeings & ſeels, le vingt-deuxiéme jour dudit mois de Mars mil cinq cens quatre-vingt-trois. Ainſi ſigné, De Harlay, Violle, Perrot, & ſcellé de leurs armes.

Et le Jeudi quatorziéme jour dudit mois, nous sommes tranſportez en la ſalle de la Cour-le-Roy au Châtelet d'Orleans, lieu preparé pour être procedé à la redaction deſdites Coûtumes : Auquel lieu, après que de
nôtre Ordonnance a été fait lecture par Maître Ravand
Aſſe, Clerc au Greffe de ladite Cour, Greffier à ce par
nous commis, deſdites Lettres & de nôtre Commiſſion
& mandement, aux Officiers dudit Bailliage d'Orleans :
A été dit par Maître François Chenu, Avocat du Roy
audit Bailliage, aſſiſté de Maître Jules Thiballier, auſſi
Avocat du Roy, & Claude Robineau, Subſtitut du Procureur General du Roy audit Bailliage, Que en vertu
deſdites Lettres & commiſſions, adjournement avoit
été fait, & aſſignation donnée audit jour aux gens des
trois Etats dudit Bailliage d'Orleans, & anciens Reſſorts d'icelui ; Et qu'il avoit fait faire leſdits adjour-
nemens & aſſignations, tant particulierement aux gens
deſdits trois Etats, que à ſon de trompe, requerant que
les adjournez fuſſent apellez. Ce qu'avons ordonné
être fait par Maître Florent Sarrebource, Commis au
Greffe dudit Bailliage. Et ont comparu, & ſe ſont pre-
ſentées les perſonnes qui enſuivent.

ET PREMIEREMENT POUR L'ESTAT de l'Egliſe.

MESSIRE Mathurin de la Sauſſaye, Evêque
d'Orleans, Seigneur temporel des Châtellenies
de la Fauconnerie d'Orleans, de Pithiviers, Jargeau,
& Meung ſur Loire, en perſonne, aſſiſté de Maître Mathurin Piedru, Docteur ès Droits, Official dudit Evêque, Scholaſtique & Chancelier de l'Egliſe & Univerſité
d'Orleans, Maître Pierre Meſland, Chanoine & Ar-
chiprêtre de ladite Egliſe, Seelleur, & de Maître Antoine Brachet, Bailly de l'Evêché d'Orleans, & Etienne
Peigné, Procureur.
Maître Germain Vaillant de Guelis, Conſeiller du
Roy en ſa Cour de Parlement, Doyen de ladite Egliſe

d'Orleans, & Seigneur, à cause du Doyenné d'icelle, de la Terre & Justice de Josnes, & Prieur Commandataire de Nôtre-Dame du Bourg lez Château-vieux, par Maître Jean Regnard son Bailly, & par ledit Maître Etienne Peigné son Procureur.

Maîtres Denis Boucher, Sous-Doyen, Laurent Moreau, François Jamet, Chanoines de ladite Eglise : Ledit Maître Antoine Brachet, Bailly de ladite Eglise, & Maître Michel le Pelerin, Procureur, représentant les Chanoines & Chapitre de ladite Eglise.

Maîtres Jean Robert, & Guillaume Fornier, Docteurs-Regens en l'Université d'Orleans, Maître Agnan Hanet, Procureur de ladite Université, pour les Recteur, Docteurs, & College de l'Université d'Orleans.

Maître Jaques Auguste de Thou, Conseiller du Roi en ladite Cour, Doyen de l'Eglise de Saint Agnan d'Orleans, & Seigneur, à cause dudit Doyenné, de la Seigneurie de Prouerville, en la Paroisse de saint Michel près Boiscommun, par ledit Maître Antoine Brachet.

Maître Pierre de Milebert, Sous-Doyen, ledit Maître François Jamet Sous-Chantre, & Maître Etienne Chevé, Chanoines de ladite Eglise de Saint Agnan d'Orleans : ledit Maître Agnan Hanet, Bailly de ladite Eglise, & Maître François Peigné, Procureur, pour les Doyen, Chanoines & Chapitre de ladite Eglise de Saint Agnan, Sieurs d'Arthenay.

Les Doyen, Chanoines & Chapitre de l'Eglise & Chapelle Royale de Nôtre-Dame de Clery, par Maître Hervé de l'Espine leur Bailly, & Jean Fabian leur Procureur.

Maître Jaques Damian, Docteur ès Droits, Doyen, Claude Hanon, Chanoines de l'Eglise saint Pierre en Pont d'Orleans : ledit Maître Agnan Hanet, Bailly, & Maître Etienne Saureau, Procureur, pour les Doyen, Chanoines & Chapitre de ladite Eglise saint Pierre en Pont.

Ledit Maître Jaques Damian, Doyen de ladite Eglise saint Pierre en Pont, & Conseiller au Siége Présidial d'Orleans, en perſonne , garni deſdits Maître Antoine Brachet , Bailly , & Etienne Peigné , Procureur de la Juſtice du Doyenné de ladite Egliſe.

Maître Pierre Meſland , Doyen & Chanoine de l'E-gliſe ſaint Pierre le Puellier d'Orleans : Leſdits Maîtres Agnan Hanet , Avocat , & Etienne Peigné , Procu-reur , pour les Doyen , Chanoines & Chapitre de la-dite Egliſe ſaint Pierre le Puellier.

Maître Pierre Maubailly , Chevecier & Chanoine de l'Egliſe ſaint Avit d'Orleans , & leſdits Maîtres Agnan Hanet , & Etienne Peigné Avocat & Procureur pour les Doyen, Chanoines & Chapitre de l'Egliſe ſaint Avit.

Ledit Maître Eſtienne Chevé , Doyen & Chanoine de l'Egliſe de Jargeau , & leſdits Maître Agnan Hanet , & Etienne Saureau , pour les Doyen , Chanoines , & Chapitre de ladite Egliſe , & encore ledit Chevé pour leſdits de Chapitre , Sieurs Châtellains de Pierrefite , garni de Maître François Margat , leur Bailly audit Pierrefite.

Maître Loüis Meſtais , Sous-Chantre & Chanoine de l'Egliſe ſaint Liphard de Meung ſur Loire , garni de Maître Guillaume Pellet, Procureur pour les Doyen & Chapitre dudit Meung.

Maître Jean Gouyn , Chantre & Chanoine de l'E-gliſe ſaint George de Pithiviers , garni dudit Maître Hervé de l'Eſpine , Avocat , pour les Chantre & Cha-noines de ladite Egliſe.

Les Chantre & Chanoines de l'Egliſe ſaint Ythier de Sully , par Maître Etienne Chaſſinat leur Avocat , & Ythier Gravet leur Procureur.

Les Treſorier, Chantre & Chanoines de la ſainte Cha-pelle du Palais Royal à Paris, Sieurs de l'Engenerie , par leſdits Maître Agnan Hanet leur Bailli , & Eſtienne Saureau leur Procureur en la Juſtice dudit lieu.

Frere Michel Viole , Abbé de l'Abbaye de ſaint Euverte d'Orleans, en perſonne , aſſiſté dudit Maître Hervé de l'Eſpine ſon Bailly , & dudit Maître Etienne Saureau Procureur de la Juſtice de ladite Abbaye.

Ledit Meſſire Mathurin de la Sauſſaye, Prieur Commandataire de ſaint Samſon d'Orleans, preſent, aſſiſté deſdits Brachet, & Peigné, pour ledit Prieur, Religieux & Convent dudit ſaint Samſon.

Les Religieux, Abbé & Convent de ſaint Meſmin de Mixi lez Orleans, par Maître Hervé de l'Eſpine, Bailly, & François Bernard, Procureur de la Juſtice de ladite Abbaye.

Les Abbé, Religieux & Convent de ſaint Benoît lez Fleury ſur Loire, Sieurs d'Yevre-la-Ville, de Châtillon ſur Loire, du Moulinet, de la Cour de Marigny, du Pleſſis-ſaint-Benoît, d'Authon, de Merouville, de Boiſſeau, de Sainville & de Souchamp, par Frere Jean Foubert, Prevôt, & l'un des Religieux de ladite Abbaye, aſſiſté de Maître Pierre Daniel, Bailly de la Juſtice de ladite Abbaye.

Les Abbé, Religieux & Convent de la Cour-Dieu en la Forêt d'Orleans, par Frere Jean Huet, Religieux de ladite Abbaye, aſſiſté de Maître Claude Chotard le jeune, Avocat, & dudit Maître Etienne Peigné, Procureur deſdits Abbé, Religieux & Convent de la Cour-Dieu.

Les Religieux, Abbé & Convent de Baugency, par Maître Nicole le Vaſſor leur Avocat, & ledit Etienne Saureau leur Procureur.

Le Cardinal de Guyſe, Abbé de ſaint Denis en France, à cauſe de la Seigneurie de Thoury en Beauſſe, de Montarant, de Beaulne en Gaſtinois, d'Angerville, & de Guillerval, dépendans de ladite Abbaye, par leſdits Maître Agnan Hanet Bailli, & Etienne Peigné ſon Procureur.

L'Abbé de Bonneval, par Maître Michel du Mas.

Maître Mathieu de Machecot, Prevôt d'Ingré en l'Egliſe de Chartres, par leſdits Maître Antoine Brachet, Bailly, & Etienne Peigné, Procureur de la Juſtice dudit Ingré.

Le Prévôt de Lizay en l'Egliſe ſaint Martin de Tours, Seigneur de Rebrechien, par Maître Jean Baudoüin ſon Procureur.

Maître Denis Boucher, Sous-Doyen & Chanoine de l'Eglife d'Orleans, Maître Euverte Chartier Avocat, & Louis le Mafne, Bourgeois d'Orleans, Maîtres Adminiftrateurs du GrandHôpital &Maifon-Dieu d'Orleans.

Les Maîtres Adminiftrateurs de Saint Lazare lez Orleans, par Maître Pierre Lafne leur Procureur.

Les Religieux & Convent de faint Victor lez Paris, à caufe de leur Prieuré, Terre, Juftice & Seigneurie de Bucy-le-Roy en Beauffe, par Maître Etienne Cardinal leur Bailli, & ledit Saureau leur Procureur.

Le Prieur de Semoy lez Orleans, par ledit Maître Antoine Brachet, Bailly, & Etienne Saureau, Procureur de la Juftice dudit Semoy.

Maître Loüis du Tillet, Confeiller en la Cour de Parlement, Prieur d'Abonville, par Maître Charles Hanet, Bailli dud. lieu, & Maître ClaudeRigault fon Procureur.

Le Prieur de faint Laurent des Orgerils lez Orleans, par Maître Claude le Normant, Bailli, & Simon Gille, Procureur de la Juftice dudit faint Laurent.

Le Prieur de faint Paterne d'Orleans, par ledit Maître Hervé de l'Efpine Bailly, & Maître Michel du Mas Procureur de la Juftice dudit faint Paterne.

Maître Geoffroy de Launoy, Chanoine de l'Eglife d'Orleans, & Prieur Commandataire du Prieuré du Pont-aux-Moines, prefent, affifté de Maître Jean de Villedamné fon Procureur.

Maître Cefar Deluynes, Prieur Commandataire de faint Gervais lez Orleans, par Maître Charles Hanet, Bailly, & Claude Rigault, Procureur de la Juftice dudit faint Gervais.

Maître Loüis de la Mer, Prieur Commandataire de faint Pierre lez Pithiviers, par Maître Jean Hurtebize fon Bailly, & Jean Pafquier fon Procureur.

Dom François Rolle, Docteur en Théologie, Prieur d'Yévre-le-Châtel, par Frere Jean Guillebon, Religieux de l'Ordre faint Benoît, fon Procureur.

Maître Charles de Valetis, Prieur Commandataire de Mont-barrois, prefent.

Maître Antoine Cocher, Prieur Commandataire de Tournoify, par Maître Jean de Ruequidort, Bailly dudit Tournoify, & Jaques Regommier, Procureur.

Maître René Leroy, Prieur-Curé de Germignonville, prefent, affifté de Maître Jaques Denis fon Procureur.

Frere Jean de la Nouë, Chambrier de l'Abbaye de faint Benoît fur Loire, par lefdits Maître Charles Hanet, Bailli, & Claude Rigault, Procureur de la Juftice de la Chambrerie dudit faint Benoît.

Frere Jean Bonnet, Chambrier de l'Abbaye faint Magloire à Paris, pour fa Juftice en la Paroiffe d'Andeglou en Beauffe, par Maître Jean de Gaillon fon Procureur.

Maître Denis Lucas, Prieur Commandataire de Boifville-la-faint-Pere, par Maître Louis Lemaire fon Procureur.

Frere Alderic de la Roverey, Chevalier de l'Ordre de faint Jean de Jerufalem, Commandeur de faint Marc d'Orleans, par ledit Maître Agnan Hanet fon Bailli, & ledit Maître Claude Rigault fon Procureur.

François de Salviaty, Chevalier de l'Ordre faint Lazare de Jerufalem, Commandeur de Boigny, par ledit Maître Agnan Hanet, fon Bailly, & Maître Jean de Villedamné fon Procureur.

Les Religieux, Prieur, & Celeftins d'Ambert, Forêt d'Orleans, par lefdits Maître Agnan Hanet, & Etienne Peigné, Avocat & Procureur.

Les Chantre, Chanoines & Chapitre de faint Maur des Foffez lez Paris, pour leur Terre, Juftice & Seigneurie d'Hueftre, par Jaques le Févre leur Procureur.

Maître Lucas de Moreft, Prieur-Curé de faint Donatian & Rogatian de la Ville d'Orleans, par Maître Simon Gaucher fon Procureur.

Les Ecclefiaftiques de la Châtellenie de Lorris, & refforts d'icelle, par Maître Jean Liger, Prêtre.

Les Ecclefiaftiques de la Châtellenie d'Yenville, & refforts d'icelle, & Doyen de l'Eglife faint Liphard de

Meung, à cause de sa Seigneurie & Justice de Oynville-saint Liphard, par Maître Charles Picoté, Bailli dudit lieu.

Les Ecclesiastiques de la Baronnie d'Alluye, par Maître Joachim Hemon, Curé d'Alluye, qui a remontré que Alluye n'est du Bailliage d'Orleans.

Les Religieux, Prieur & Convent saint Martin des Champs à Paris, Seigneurs de Monville, Boulonville, Mondonville-la-saint Jean, Goillons, Monvillier, Poissac, & Auctonville, par Maître Guillaume Morchoisne.

Le Prieur de Boisville, par ledit Morchoisne.

Le Prieur de Bagnolet, par Maître Etienne Privé.

Les Ecclesiastiques de la Châtellenie de Château-Regnard, & ressort d'icelle, par Maître Loüis Farin Lieutenant du Bailly d'Orleans, au ressort & Châtellenie de Château-Regnard.

Les Ecclesiastiques de Boiscommun, & ressort d'icelui, par Maître Charles de Valetis, Prieur de Montbarrois.

Les Ecclesiastiques de la Châtellenie d'Yévre-le-Châtel, & ressort d'icelle, par Frere Jean Guillebon, Religieux de l'Ordre saint Benoît.

Les Ecclesiastiques de la Châtellenie de Neufville aux Loges, & ressorts d'icelle, par Maître Loüis Potier, Curé de saint Germain de Luyeres.

ET DE L'ESTAT DE NOBLESSE
sont comparus

MESSIRE Henry de Bourbon, Prince de Condé, à cause de sa Terre & Seigneurie de Laz, par Maître Laurent Lucas, Avocat au Bailliage d'Orleans.

Messire Claude de la Trimoüille, Prince de Talemont, & Duc de Toüars, à cause de sa Baronnie de Sully & sainct Gondon, par Maître Gabriel Girard son Bailly, & Pierre Gravet, son Procureur Fiscal, assisté de Maître Claude Chotard l'aisné.

Messire Gilbert de Levis, Duc de Vantadour, Sei-

gneur des Chaste lenies de la Mothe Beuveron, Vouzon & Canle, par Maistre Claude Chotard le jeune, &
François Peigné son Procureur.

Messire Jaques de Lhospital, Comte de Soisy, par
ledit Chotard le jeune.

ET DUDIT ESTAT DE NOBLESSE
du Chastelet d'Orleans, sont comparus

MEssire René de Rochechoüart, Chevalier
des deux Ordres du Roy, Baron du Cheray, &
Seigneur Chastellain de Montpipeau, & d'Espiez, &
Sieur de sainct Ay, par Maistre Euverte Texier, Bailli
dudit Cheray, Maistre Antoine Brachet, Bailli dudit
Montpipeau & Espiez, & Maistre Jean de Villedamné
son Procureur.

Messire François de Senetaire, Chevalier de l'Ordre du Roy, Seigneur Chastellain de la Ferté Nabert,
& Sieur de Brinon, par Maistre Claude Chotard l'aisné,
Bailli dudit lieu de la Ferté, & Maistre François Peigné, Procureur.

Les Seigneurs de la Chastellenie de la Sale lez Clery,
enfans de feu Messire Claude de Beauvillier, Comte
de saint Agnan, par Maistre Charles Picoté, Bailli de
la Sale, & Maistre Jean de Villedamné son Procureur.

Dame Anne Briçonnet, veufve de feu Messire Claude
Robertet, vivant Seigneur Baron d'Alluye, usufruitiere
de la Castellenie de Cornay, & Messire François Robertet, Chevalier, Baron de Bury, Seigneur proprietaire dudit Cornay, par Maistre Agnan Hanet, Bailli, &
Estienne Peigné, Procureur de la Justice dudit Cornay.

Messire Claude de la Châstre, Chevalier de l'Ordre
du Roy, à cause de sa Seigneurie de Noüan le Fu-
zelier, par Maistre Claude Chotard le jeune, & Maître François Peigné, Procureur.

François de Cugnac, Sieur de Dampierre, à cause
de sa Seigneurie d'Huisseau sur Mauve, par Maistre
Laurent Lucas, Bailly dudit lieu d'Huisseau.

Meſſire Lancelot du Lac, Chevalier, à cauſe de ſa Terre & Seigneurie de Selliers, preſent, aſſiſté de Maiſtre Jean Deniſon ſon Bailli audit lieu.

Louis d'Oinville, Seigneur de ſaint Simon, à cauſe de ſa Seigneurie dudit lieu, par ledit Maiſtre Claude Chotard l'aiſné.

Meſſire Agnan de ſaint Meſmin, Chevalier de l'Ordre du Roy, Seigneur du Brueil, par Maiſtre Claude le Normant ſon Bailli, & Simon Gilles ſon Procureur.

Jaques de ſaint Meſmin, Eſcuyer, Sieur de la Queuvre, à cauſe de ſa Seigneurie de la Queuvre, par ledit Lucas.

Claude de la Rable, Ecuyer, Sieur du Lude, par Maiſtre Charles Lhuilier ſon Bailli, & François Bernard.

François Fouyal, Eſcuyer, Sieur d'Alonne & de Fay, à cauſe de ladite Terre & Seigneurie de Fay, par ledit Maiſtre François Peigné, qui a proteſté que ladite comparition ne lui puiſſe nuire ni préjudicier.

Maiſtre Louis Dodieu, Conſeiller du Roy, & Maiſtre ordinaire en ſa Chambre des Comptes, à cauſe de ſa Terre & Seigneurie de la Mothe ſaint Cyr de Velly, par ledit Maiſtre Antoine Brachet, Bailli, & Maiſtre Eſtienne Peigné, Procureur.

Maiſtre Claude Robineau, Procureur du Roy au Bailliage d'Orleans, à cauſe de ſa Terre & Seigneurie de Lignerolles, & de la Pourcelliere, preſent, aſſiſté de Maiſtre Euverte Texier ſon Bailli, & Denis Rottes ſon Procureur.

Damoiſelle Yſabel Brachet, veufve de feu Pierre Briçonnet, lui vivant Seigneur de Cormes, au nom, & comme ayant la garde noble des enfans dudit defunct & d'elle, Seigneur dudit Cormes, par Maiſtre Leon Deniſe ſon Procureur.

Meſſire Claude Galmet, Seigneur de Faronville, à cauſe de ſa Terre, Juſtice de ſaint Pierre le Puellier, Concire, & des Terres en dépendantes, par Maître Charles Hanet, & Claude Rigault, ſes Bailly & Procureur.

François de la Chapelle, Escuyer, Seigneur de Pierre-fite, par Maitre François Margat son Procureur.

Gabriel le Chat, Escuyer, sieur de Tracy, par Maître François Margat son Bailli.

Eusebe Dupré, Escuyer, Sieur de la Maison-fort, par lesdits de l'Espine, & Bernard, ses Avocat & Procureur.

Les Sieurs du Bignon, enfans de feu Messire Christofle de Thou, vivant Chevalier, Conseiller du Roy en son Conseil d'Estat, & Premier President en sa Cour de Parlement, par Maître Jean Regnard leur Bailly.

Messire Mery de Barberieres, Gentil-homme ordinaire de la Chambre du Roy, & Grand Mareschal de ses Logis, & Dame Claude de l'Aubespine, à cause de leur Terre & Seigneurie de la Corbelliere, par Maître François Bernard leur Procureur.

Anne de Museau, veufve de feu Messire Jean de Beaune, à cause de sa Seigneurie de Charsonville, par Maître Charles Picoté, & Jean Baudouyn, Bailli, & Procureur dudit Charsonville.

François Colas l'aisné, Seigneur des Francs, à cause de sa Terre & Seigneurie de Poinville, Roilly & le Cense, Paroisse de Combleux, par Maître Agnan Hanet, & François Bertrand, Bailli & Procureur desdites Seigneuries.

François de Beauharnois, Sieur de Miramion, à cause de sa Terre & Seigneurie de Longuesve, par Maître Jean Fabien son Procureur.

Maître Philippes Cabu, Seigneur des Muids, à cause de sa Terre & Seigneurie des Muids, par Maître Antoine de la Lande, Bailli de ladite Terre.

Maître Guillaume Destas, Avocat au Bailliage d'Orleans, à cause de sa Terre & Seigneurie de Serry, en personne.

Hierosme Groslot, Escuyer, Seigneur de l'Isle, à cause de sa Terre & Seigneurie de la haute Isle, par Maître Claude Chotard le jeune, Bailli de ladite Terre, & Estienne Romier son Procureur.

Guillaume Bongars, Sieur de Villedart, à cause de
sa Terre & Seigneurie de Charbonnieres aux Bois &
des Mardelles, par ledit Maiſtre Claude Chotard,
Bailli, & Leon Deniſe ſon Procureur.

DVDIT ESTAT DE NOBLESSE EN
la Chaſtellenie de Lorris & reſſorts d'icelle, eſt comparu

L E Sieur de ſaint Gondon, par Maiſtre Ythier
Gravet ſon Procureur.

DE L'ESTAT DE NOBLESSE EN LA
Chaſtellenie d'Yenville & reſſorts d'icelle, ſont comparus

L E Sieur Baron d'Alluye, par Meſſire Loüis des
Fiefs, Sieur de la Ronce.
Nicolas & François de Marolles, Eſcuyers, Sieurs
& Barons en partie du Puyſet, en leurs perſonnes.
Jean Lamy, comme Bailliſtre des enfans de feû
Mery Lamy, à cauſe de leur Baronnie d'Acheres, par
Maiſtre Pierre de Leſcluſe, Bailli. S'eſt apparu ledit
Lancelot du Lac, aſſiſté de Maiſtre Jean Paſquier,
qui a requis eſtre appellé en cette qualité de Baron
d'Acheres. Et par ledit de Leſcluſe, audit nom,
proteſté que ladite comparition faite par ledit du Lac,
ne lui puiſſe nuire ne préjudicier.
Maiſtre Charles Hotmant, Conſeiller du Roy, &
Maiſtre ordinaire en ſa Chambre des Comptes, Sieur
de Rougemont, par Maiſtre Charles Picoté, Bailli,
qui a requis eſtre appellé en qualité de Baron : Et
proteſté par le Procureur du Roy, que les qualitez
ne puiſſent préjudicier, & requis qu'il ſoit paſſé outre, ſans préjudice d'icelles.
Nicolas de la Cheſnaye, pour ſa Terre & Seigneurie
de Saint-Peravy-Eſpreux, d'Intreville, d'Arbouville,
par Maiſtre Louis Potier. Procureur au Chaſtelet d'Orleans : Qui a remontré ladite Terre d'Arbouville
n'eſtre du Bailliage d'Orleans, & proteſté que ladite

comparition qu'il fait , ne lui puiſſe préjudicier.

Jean de Broſſet, Eſcuyer, Sieur d'Arconville, preſent.

DVDIT ESTAT DE NOBLESSE EN
la Chaſtellenie de Baugency , ſont comparus

HECTOR Dorval, Eſcuyer , Sieur d'Ozoüer-le-Marché , eſlu par les Nobles de ladite Chaſtel-lenie, en perſonne.

Meſſire René, Comte de Sanſay , Conſeiller au Conſeil Privé du Roy , Sieur Baron de Baulle, par Maiſtre Jean Paſquier ſon Procureur.

Maiſtre Claude Anjorant, Conſeiller du Roy en ſa Cour de Parlement , Seigneur de Latingy ſur Loire, de la Mothe Anjorant, dit la Bertauche , de l'Eſtang , du Bouchet ſur Cenſe , & de la Maiſon noble & Hoſtel Seigneurial de la Sourciere en la Ville de Baugency, par Maiſtre Jean Fabien, Procureur à Orleans.

Louïſe de Prunelay, Dame de Chaſteau-vieux, par ledit Maiſtre Jean Regnard ſon Bailli.

Damoiſelle Suſanne de Clery, veufve de feu François de Motinville, vivant Eſcuier , Seigneur de Boudin, & Charles de Benard, Eſcuier, Seigneur d'Arville, & Damoiſelle Claude de Clery ſon épouſe, Seigneurs de la Terre & Seigneurie de Ligny le Ribault, par ledit Maiſtre Antoine Brachet , Bailli de ladite Terre, & François Peigné , Procureur.

Ledit Claude de la Chaſtre, à cauſe de ſa Seigneurie de Jouy-le-Potier , par ledit Maiſtre Claude Chotard le jeune, Bailli dudit lieu.

Ledit Lancelot du Lac , Seigneur de Grandvillier, & auſſi Seigneur en partie de Meſſas, preſent en perſonne : Maiſtre Leon Deniſe, Procureur au Chaſtelet d'Orleans, aſſiſté de Maiſtre Joachim le Page, Avocat en la Cour de Parlement , pour Meſſire Claude Broſſin , Chevalier , Sieur & Comte de Meſſas, & Dame Jeanne de Thaiz, veufve de feu Meſſire Loüis Broſſin, vivant Chevalier de l'Ordre du Roi, Dame

de Meray & de Selliers, a protefté que la comparition
faite par ledit du Lac, comme Seigneur en partie de
Meffas & de Selliers, ne lui puiffe préjudicier : Et ledit du Lac a protefté au contraire : Aufquels avons
donné acte de leurs proteftations.

Meffire Jean de Conftant, Chevalier, Seigneur de
Font-Perthuis, & de Lailly, par ledit Denife.

Foreft de Salviaty, Efcuïer, à caufe de fa Terre &
Seigneurie de Talcy, & du Port-Davy, par ledit Denife.

Gabriël de Chartres, Efcuïer, Sieur de Briou, &
d'Aultry, par Maiftre Eftienne Hullot, Bailli audit
Briou, & Loüis le Maire, Procureur.

Le Sieur d'Avarai, par Maiftre Simon Gaulcher
fon Procureur.

Hierofme de la Heraye, Efcuïer, Sieur de Pré-le-
Fort, par Maiftre Charles Hanet fon Avocat, affifté
de Maiftre Pierre Cormereau fon Receveur.

Nicolas Simonet, Efcuïer, Sieur du grand Moulin
de Choifeau, par Maiftre Pierre Stuart l'aifné.

D V D I T E S T A T D E N O B L E S S E E N
la Chaftellenie de Chafteau-Regnard, font comparus

MAITRE Loüis Farin, Lieutenant du Bailli d'Orleans au Siége de la Châtellenie de Château-
Regnard, qui a dit avoir charge de comparoir fous
le nom collectif de la Nobleffe de ladite Châtellenie,
qui font les Sieurs du Mefnil, de Launai, de Chê-
ne-Arnoul-deftroicts, & partant requis qu'il ne foit
donné aucun défaut contre eux.

Meffire François, Comte de Colligni, tant pour lui
que fes freres & fœurs, Seigneurs de la Mothe, de Château-Regnard, Soulterre, Thou & Moncreffon, par
Maître Étienne Hullot leur Avocat, & Maître Jean
le Normant leur Procureur.

DUDIT ESTAT DE LA NOBLESSE
de Boiscommun, font comparus

MESSIRE Guyot Pot, Chevalier, Sieur de Chemault, par Maître Leon Denife fon Procureur.

Hector de faint Jean, Seigneur de Bleres, à caufe de fa Seigneurie dudit lieu, par Maître Adrian le Normant fon Procureur.

DUDIT ESTAT DE NOBLESSE EN LA
Chaftellenie d'Yévre-le-Chaftel.

LEdit Meffire Guyot Pot, Seigneur de Boines & de Chambon en partie, par ledit Denife.

Denis de Hallot, Efcuïer, Seigneur de la tierce partie du lieu, Seigneurie & haute Juftice dudit Chambon, & Damoifelle Françoife Pellet, femme autorifée par Juftice de Jean de Fleuri, Ecuïer, Dame d'une huitiéme partie ès deux autres parties dudit lieu & Seigneurie de Chambon, par Maître Adrian le Normant leur Procureur.

Le Sieur de Courci , par Maître Laurent Lucas fon Avocat.

Gallois de Moïer, Ecuïer, Seigneur de Plimbert, par ledit Denife.

Ledit Lancelot du Lac, Sieur de Couldrai, prefent en perfonne.

Le Sieur de Santo, par Maître François Bertrand fon Procureur.

Loüis de Bougi, Ecuïer, Seigneur d'Acoux, par Maître Pierre Stuard l'aîné , Bailli dudit lieu , & Maître Jean de Villedamné fon Procureur.

DUDIT ESTAT DE NOBLESSE EN
la Chaftellenie de Chafteau-neuf, font comparus

CLaude d'Huify, Ecuïer, Seigneur du Bich, comme député par la Nobleffe de ladite Châtellenie.

Jules de Regnier, Ecuïer, Sieur d'Aigrefin , près Château-neuf, par ledit Maître Pierre Stuard , &

Maître Jean le Normant, ſes Avocat & Procureur.

Ledit Claude d'Huiſy, à cauſe de ſa Seigneurie du Bich, en perſonne.

DUDIT ESTAT DE NOBLESSE EN
la Châtellenie de Vitry , eſt comparu

JEan de Bridiers, Ecuier, Sieur de Vaux, élû par les Nobles de ladite Châtellenie , preſent en perſonne.

Les Sieurs de Clereau, enfans de feu Jean de Pathai, vivant Ecuier, Sieur dudit lieu de Clereau, par Maître Pierre Laſne leur Procureur.

Jean Lami, Ecuier, Sieur de Romville, comme Bailliſtre des enfans de feu Meri Lami, à cauſe de leur Seigneurie de Louri, par Maître Pierre de Leſcluſe , Bailli dudit lieu, & Michel le Pelerin ſon Procureur.

Bonaventure Lami, Ecuier, Seigneur du Pleſſis, preſent.

Damoiſelle Claude Salomon , veuve de feu Chriſtofle Lami, vivant Ecuier, Sieur du Bourg-Neuf de Louri, aïant la garde noble d'Alexandre Lami ſon fils, par ledit de Leſcluſe, Bailli dudit lieu de Bourg-Neuf, & Denis de Rottes ſon Procureur.

DUDIT ESTAT DE NOBLESSE EN LA
Chaſtellenie de Neuville-aux-Loges & reſſorts d'icelle.

LEdit Maître Jaques Violle, Conſeiller du Roi en la Cour de Parlement, Seigneur de Houzereau & de Larvillier, à cauſe de Damoiſelle Philippes de Bailli , ſa femme, par Maître Jean Houſſet ſon Prévôt , & Noël Noël, ſon Procureur fiſcal eſdits lieux.

Meſſire François de la Porte , Chevalier de l'Ordre du Roi, Sieur de Marſilli, à cauſe de Dame Nicole du Lac, ſa femme, par ledit Paſquier ſon Procureur.

Maître Jean le Grand, Conſeiller du Roi, & Maître ordinaire en ſa Chambre des Comptes , Seigneur de ſaint Germain de Luyeres , par ledit Houſſet, Bailli dudit ſaint Germain.

DUDIT ESTAT DE NOBLESSE EN
la Chaſtellenie de Pithiviers, eſt comparu

ANtoine de Bonnart, Ecuyer, Sieur de Garmote, deputé par la Nobleſſe de ladite Châtellenie.

Ledit Lancelot du Lac, Chevalier, Seigneur des Châtellenies & Juſtice de Chameroles, & Chilleure, preſent, aſſiſté deſdits Maître Jean Deniſon ſon Bailli, & Jean Paſquier ſon Procureur.

Maître François de Vigni, Seigneur de Moncharville, Monteville, & Freſne, par Maître Jaques Meſmin ſon Procureur.

SONT AUSSI COMPARUS LES
Officiers du Roy au Baïlliage & Siége Préſidial d'Orleans,

A SÇAVOIR,

MAITRES Jean le Maire, Lieutenant Criminel, Leonard Berger, Lieutenant Particulier,

Maîtres Innocent Moireau,	Jean de Sulli,
Maurice Egrot,	Charles Brachet,
Chriſtofle Bindé,	Charles Colombeau,
Claude de Fay,	* Guillaume Fornier,
Nicolas de Gyvès,	Guillaume Challou,
Jean Mainferme,	Jaques Damain,
Jean Robert,	Liphard Picoté,
Leon Tripault,	Jaſpard Damperon,

Conſeillers au Siége Préſidial d'Orleans. Et quant à Maître Loüis Aleaume, Lieutenant General, a été excuſé pour maladie, auquel néanmoins depuis nôtre Ordonnance, tout ce qui a été fait, a été montré & communiqué.

* *Il étoit auſſi Docteur-Regent de cette Univerſité: c'eſt le pere de l'Auteur des Notes marginales de cette Coûtume.*

AUSSI SONT COMPARUS

MAîtres Germain Rebours, Prévôt d'Orleans, & Charles Nourisson, Lieutenant en ladite Prévôté.

Lesdits Maîtres François Chenu, & Jules Thiballier, Avocats du Roi audit Siége.

Maître Claude Robineau, Procureur dudit Seigneur,

Maître Germain Audebert,

Jean Cabu,   Edme Pellault,

Philippes Segoin,   Gabriel Genest,

Gilles le Beau,

& Anne Bailli, Esleus en l'Election d'Orleans.

Maître Guillaume Martin, Lieutenant ès Eaux & Forêts du Duché d'Orleans.

Maître Guillaume Gandavid, Charles Trotet, Christofle Joguet, & Jean Poirier, Enquêteurs & Commissaires au Bailliage d'Orleans.

Et pour le College des Avocats, sont comparus

MAîtres Laurent Lucas, Agnan le Marié,

Jean Regnard,   Hervé de Lespine,

Pierre Stuard,   Pierre Chotard.

Jean de Ruequidort,

Et pour le College des Procureurs, sont comparus

MAîtres François Bertrand, Jean de Gaillon,   Simphorien Razoüier,

Claude Asselineau,   Jean le Normant,

Charles Houdebine,   Et François du Mas.

Sont aussi comparus

MAître Jaques le Dagre, Lieutenant Particulier à Yenville,

Maître François Langlois, Lieutenant Particulier à Baugenci,

Maître Jean Brechemier, Lieutenant Particulier à Boiscommun.

Maître Loüis Farin, Lieutenant Particulier à Château - Regnard.

Maître Nicole du Cloux, Lieutenant Particulier à Château-neuf.

Maître Sebaſtien Penot, Lieutenant Particulier à Neufville.

Auſſi ſont comparus

FRançois Colas, Sieur des Francs, Maire de la Ville d'Orleans.

Michel Blondeau, Receveur des deniers communs de ladite Ville.

Jaques le Feuvre,	Denis Cahouet,
François Stample,	Claude Lamirault,
Pierre Godefroi,	Hervé Hobier,
Gui Hurault,	Martial Noyer,

& Hervé le Semelier, Eſchevins de ladite Ville.

Maîtres Euverte Chartier, & Antoine Brachet, Avocats & Conſeillers de ladite Ville.

Maîtres Etienne Peigné, & François Peigné, Procureurs aux Cauſes de ladite Ville.

Maître Claude Chotard l'aîné, Avocat.

Maître Jean Fabien, Procureur audit Bailliage.

Loüis le Maſne, Gentian Deloines l'aîné, Jaques Chauvreux, Guillaume Vaillant, Pierre Deffriches, Agnan le Breton, Guillaume Rouſſelet, Gilles Vaillant, François Goyer, Etienne le Normant, Claude Sain, Michel Sevin, & Noël Aleaume, Bourgeois de ladite Ville, commis & élûs par les manans & habitans de ladite Ville, pour aſſiſter à ladite Aſſemblée.

Sont auſſi comparus

PIerre de Muzenne, Pierre le Maire, & Clement Cahouet, Maîtres des grandes Chauſſées, & Pavez d'Orleans, pour la Juſtice deſdites Chauſſées, en

perſonnes, aſſiſtez de Maîtres Euverte Chartier leur
Bailli, & François Peigné leur Procureur.

ET POUR LE TIERS ESTAT,
ſont comparus

LEs manans & habitans de la Châtellenie de Lorris,
& Reſſorts d'icelle, par Maître Jaques Bizot, Subſtitut du Procureur General du Roi en ladite Châtellenie.

Les manans & habitans de la Châtellenie d'Yenville, & Reſſorts d'icelle, par Maître Jaques le Dagre, Lieutenant Particulier, & Guillaume Morchoiſne,
Subſtitut du Procureur General du Roi.

Les manans & habitans de la Châtellenie de Baugenci, & Reſſorts d'icelle, par Maître François Langlois, Lieutenant Particulier en ladite Châtellenie.

Les manans & habitans de la Châtellenie de Château-
Regnard, & Reſſorts d'icelle, par ledit Farin.

Les manans & habitans de la Châtellenie de Boiſ-
commun, & Reſſorts d'icelle, par ledit Maître Jean
Brechemier, Lieutenant Particulier audit lieu, aſſiſté
de Maître Etienne Ferrant, Subſtitut du Procureur
General du Roi audit lieu.

Les manans & habitans de la Châtellenie d'Yévre-
le-Châtel, & Reſſorts d'icelle, par Maître Jean Fo-
vet Procureur.

Les habitans de la Châtellenie de Château-neuf,
& Reſſorts d'icelle, par Maître François le Tort, Notaire audit lieu.

Les habitans de la Châtellenie de Vitri, & Reſſorts
d'icelle, par Maître Guillaume le Tort, Etienne Ou-
dineau, & Gabriel Petit.

Les manans & habitans de la Châtellenie de Neufville aux Loges, & Reſſorts d'icelle, par Maître Bar-
thelemi le Roux, Procureur.

Les manans & habitans de la Châtellenie de Pithiviers, par Maître Agnan Civadat, Bailli dudit lieu.

Les manans & habitans de Jargeau , & Refforts d'i-
celle, par Maître Charles Picoté, Bailli dudit lieu.

Les manans & habitans de Meung fur Loire, & Refforts d'icelle, par Maître Chriftofle Chobert, Lieutenant au Bailliage dudit lieu.

Les manans & habitans de Touri, par Maître Loüis
Dolbeau, Notaire audit lieu.

Les manans & habitans de la Ville & Châtellenie de
Beaune, par Mathieu Faucamberge, Echevin, affifté
dudit Maître Etienne Peigné.

Les manans & habitans de Fay-aux-Loges, par Maître Pierre des Bœufs, Lieutenant audit lieu.

Les manans & habitans des Châtellenies de faint
Benoît fur Loire, Châtillon, Yévre-la-Ville, d'Au-
thon, du Pleffis, de Souchamp, du Moulinet, de la
Cour de Marigni & de Sainville, par Maître Pierre
Daniel, Bailli defdites Châtellenies.

Les manans & habitans de Boiffeau, par Jean Gallet,
habitant dudit lieu, garni de Maître Etienne Saureau
leur Procureur.

Les manans & habitans de la Ferté Nabert , par
Maître Michel Rabardeau, Lieutenant en ladite Châtellenie , & Chriftofle Tremeau , Procureur audit lieu.

Les manans & habitans d'Angerville-la-Gafte , par
Maître Jean Gilbert , Procureur Fifcal audit lieu.

Les manans & habitans de Brinon, par Maître François Margat , & François Lecas.

Les manans & habitans de Pierrefite, par ledit Margat, Bailli dudit Pierrefite, & François Mahon Procureur audit lieu.

Les habitans d'Arthenay, par Maître Loüis Fillou,
Notaire audit lieu.

Les habitans de Suévre, par Maître Mathurin Michel.

EN procedant à l'apel des perfonnes affignez , &
comparus pardevant Nous, ont été par les cy-après
nommez , faites les remontrances & proteftations
qui enfuivent ;

A SÇAVOIR,

A SÇAVOIR.

PAr Maître Nicolas Goulet, Subſtitut du Procureur General du Roi à Chartres, qui a dit & remontré, que les Baronnies d'Alluye, Brou, Authon, Montmiral, & la Bazochegoüet; pareillement la Ville, Prévôté, Abbaye & Seigneurie de Bonneval, & les dépendances d'icelle, Gens d'Egliſe, Nobles & autres, manans, habitans & ſujets deſdits lieux, apellez à ladite convocation, ont de tout tems & ancienneté uſé, & uſent de la Coûtume dudit Bailliage de Chartres, & Païs Chartrain: Selon laquelle les ſujets deſdites cinq Baronnies, & Perchegoüet, & dudit Bonneval, ſe ſont toûjours continuellement reglez & gouvernez, ſans qu'ils ayent jamais uſé des Coûtumes du Bailliage d'Orleans, ni comparu aux Emologations d'icelles, ſinon pour remontrer qu'ils en étoient, comme ils ſont encore à preſent du tout exemts, & ſont leſdites Baronnies & Bonneval, tenuës en foi & hommage de la Baronnie de Pontgoüyn, apartenant à l'Evêque de Chartres: Laquelle Baronnie de Pontgoüyn eſt nuëment tenuë du Roi, à cauſe de ſon Duché, & groſſe Tour de Chartres, reſſortiſſans les apellations dudit Pontgoüyn pardevant le Bailli de Chartres, ou ſon Lieutenant. Partant empêchoit que les Procureurs & Deputez deſdits lieux, ſi aucuns ſe preſentent, ſoient reçûs à comparoir en la convocation, & que leur comparition ſoit enregiſtrée. Et au cas qu'on les y voulſiſt comprendre, s'y opoſe, & proteſte, que tout ce qui ſera fait & arrêté en cette preſente réformation, ne puiſſe nuire ne préjudicier aux droits du Roi en ſon Duché & Bailliage de Chartres.

Par Maître Joachim Hemon, Curé d'Alluye, qui a dit que Alluye n'eſt du Bailliage d'Orleans, & proteſte que la comparition qu'il a faite pour ceux de l'Egliſe, ne leur puiſſe préjudicier.

Par Maître Antoine Sureau, Lieutenant General de la Baronnie d'Alluye, qui a ſemblablement proteſté que la comparition faite pour le Tiers-Etat de ladite

Baronnie, ne leur puiſſe préjudicier, ayant été gouvernez ſous la Coûtume de Chartres.

Par Maître Simon Gaucher Procureur au Bailliage
& Siége Préſidial d'Orleans, & Procureur de Meſſire
Nicolas de Thou, Evêque de Chartres, Seigneur &
Baron de Pontgoüyn, à cauſe dudit Evêché ; & encore
Procureur des Doyen, Chanoines & Chapitre de Chartres, a été dit, Que leſdites cinq Baronnies du Perchegoüet ſont tenuës en plein fief & hommage dudit Sieur
Evêque, à cauſe de ſadite Baronnie de Pontgoüyn ; &
que partant les trois Etats deſdites cinq Baronnies n'ont
dû être apellez à la convocation de la réformation deſdites Coûtumes ; & s'opoſe à la convocation qui a été
faite deſdites cinq Baronnies, proteſtant qu'elle ne
leur puiſſe nuire ne préjudicier.

Par Maître Denis Gaudin, Bailli des Baronnies de
Montmiral, Authon, & la Bazochegoüet, par Meſſire
Loüis de Courgenon, dit de la Baulme, Comte de ſaint
Amour, à cauſe de Dame Catherine de Bruges, ſon
épouſe ; & que pour les trois Etats d'icelles Baronnies,
a été proteſté de nullité de tout ce qui pourra être
fait, ſtatué & ordonné en cette aſſemblée, contre &
au préjudice des Coûtumes des Bailliage de Chartres,
& Baronnies du Perchegoüet, au cas qu'on les veüille
comprendre & aſſubjectir aux Coûtumes du Bailliage
d'Orleans, requerant acte de ſes remontrances.

Par Maître Jaques le Dagre, Lieutenant du Bailliage d'Orleans, au Siége & Châtellenie d'Yenville,
& reſſorts d'icelle, ſoûtenu au contraire,* & que leſdites
cinq Baronnies, enſemble la Ville de Bonneval, & ce
qui dépend de la Juſtice, & Abbaye dudit lieu, ſont
du reſſort de ladite Châtellenie d'Yenville, comme
apert par le Procès verbal de l'Emologation des Coûtumes du Bailliage d'Orleans, & par Arrêts de la Cour
y mentionnez : Et encore par autres Arrêts de ladite
Cour, depuis contradictoirement donnez, l'un en datte

Voyez Loiſeau, *Seigneuries, chap.* 11. *n.* 40.

du quatorziéme Août mil cinq cens trente-neuf, &
l'autre du vingt-deuxiéme Février mil cinq cens cin-
quante-trois ; & protefte que les déclarations faites par
les Procureurs du Roi de Chartres, Evêque & Chanoines, ne puiffent préjudicier aux droits du Roi, de la
Reine, Ducheffe d'Orleans, & du Sieur de Lanfac,
Seigneur ufufruitier d'Yenville.

Et par ledit Maitre François Chenu, Avocat du
Roi, a été protefté que les remontrances faites par
ledit Subftitut du Procureur du Roi au Bailliage de
Chartres, & par le Sieur Evêque, Doyen, Chanoines
& Chapitre dudit lieu, ne puiffent préjudicier au Roi,
& à la Reine, Ducheffe d'Orleans : Et que nonobftant
icelles, il foit ordonné, qu'il fera procedé avec les
Etats d'icelles cinq Baronnies, & de Bonneval, à la redaction des Coûtumes, proteftant outre de fe pourvoir
ainfi que de raifon, pour les entreprifes faites par lefdits Officiers de Chartres fur la Jurifdiction dudit Bailliage d'Orleans.

Maitre Claude Chotard l'aîné, pour Dame Jeanne
de Montmorency, veuve du feu Sieur de la Trimoüille,
ayant la garde-noble de Claude de la Trimoüille leur
fils aîné, Duc de Thoüars, Prince de Thalmont, &
Baron de la Ville & Baronnie de Sully, & faint Gondon : A remontré, que à caufe de fadite Baronnie de
Sully, & faint Gondon, elle doit tenir le premier
rang, & être la premiere nommée, écrite & apellée
au rôle des Nobles du Duché d'Orleans. Ce qui a été
empéché par Chotard le jeune, pour le Sieur Comte
de Soify, & par Texier, pour le Sieur Baron du Cheray, foûtenant devoir préceder la Dame de la Trimoüille : Enfemble par Maître Pierre Chotard, pour
le Sieur de Senetaire, Seigneur de la Ferté, qui a requis être mis le premier en l'ordre, comme étant le
premier Vaffal du Duché d'Orleans.

Par Maître François Margat, pour le Sieur de Brinon, & pour les habitans dudit lieu, a été dit, que
ladite Châtellenie de Brinon n'a été, & ne fut oncques

du Bailliage d'Orleans, ains du Bailliage de Blois, où de tout temps & ancienneté elle a reſſorti, & reſſortit par apel, & eſt ladite Châtellenie tenuë & mouvant en plein fief du Comté de Blois, & en icelle ſont gardées, & obſervées les Coûtumes du Bailliage & Comté de Blois, tant en jugement que hors icelui, requerant être licentié de la preſente convocation.

Soûtenu au contraire par ledit Chenu pour le Procureur du Roi : D'autant que les ſujets de Brinon * ont compoſé avec leur Seigneur de le payer de tout ce qu'ils lui doivent, ſelon la Coûtume du Bailliage d'Orleans.

Maître Germain Rebours, Prévôt d'Orleans, a proteſté, que la convocation & pretention deſdites Juſtices particulieres ne lui puiſſent préjudicier, & ſoûtient qu'il eſt du Corps Préſidial d'Orleans.

Par Maître Adrian le Normant, Procureur de Denis de Hallot, Ecuyer, Sieur de Gouſſonville, & de la tierce partie du lieu, Terre & Seigneurie & haute Juſtice de Chambon, a été dit, que le Château, Seigneurie, & Juſtice de Chambon eſt une des anciennes Juſtices dudit Duché, & comme telle a été par le Procès verbal de l'ancienne Coûtume, mis au quatriéme rang de la Nobleſſe dudit Duché : Et proteſte, où il ſera mis en autre rang, qu'il ne lui puiſſe nuire ne préjudicier.

Par Maître Pierre Ravault, Avocat du Roi au Bailliage de Montargis, pour le Subſtitut du Procureur du Roi audit Bailliage, & Maître Pierre des Ponts, Procureur audit Bailliage, pour les Echevins, manans & habitans de Montargis, a été dit & remontré, que la Terre & Châtellenie de Fay-aux-Loges eſt de l'ancien Domaine du Roi, à cauſe de ſon Château de Montargis, laquelle a été délaiſſée par ledit Seigneur, par contrat d'échange, aux Prédeceſſeurs dès à preſent Seigneurs dudit Fay : A la charge qu'elle ſeroit tenuë du Roi en plein fief, à cauſe du Château de Montargis,

____

* *Brinon eſt de Blois, quant à la Juſtice.*

enſemble la Juſtice, avec le reſſort par apel pardevant
les Officiers de Montargis, & de porter & preſenter par
chacun an, le jour & Fête de Noël, à la Meſſe de mi-
nuit, audit Châtel de Montargis, une paire d'éperons
dorez : Ce qui a été fait par leſdits Seigneurs de Fay
depuis ledit échange, bailllé leurs aveux & dénombremens, portant le reſſort par apel audit Bailliage de
Montargis, avec les autres charges : Partant les Officiers d'Orleans ne les peuvent diſtraire au préjudice
des pactions faites avec le Roi. Pareillement que les
Terres & Châtellenies de Moncreſſon, Soleterre, &
Villiers S. Benoît, ſont tenuës en plein fief du Roi, à
cauſe de ſondit Châtel de Montargis. Et ont les Seigneurs de Moncreſſon & Soleterre toûjours porté les
foi & hommage, & baillé aveux & dénombremens, de
tout temps immemorial les apellations interjettées
deſdits lieux, ont été relevées pardevant le Bailli de
Montargis, & ont les Seigneurs & habitans deſdites
Châtellenies été cottiſez au ban & arriereban, con-
tribué aux frais & ſalaires des Deputez aux Etats ge-
neraux, & ont prêté conſentement, & ſe ſont obligez
à l'entretenement & obſervation de la Coûtume de
Montargis, émologuée en l'an cinq cens trente - un.
Pour ces cauſes, & autres qu'ils entendent déduire plus
amplement, s'opoſent & empêchent que leſdites Terres & Châtellenies, & autres de leur reſſort, ſi aucunes
les habitans d'Orleans y veulent comprendre, ſoient
diſtraites de l'obſervance de la Coûtume, reſſort & Juriſdiction dudit Bailliage de Montargis : Proteſtant,
qu'au cas que ceux de Châtillon ſur Loire, Gien *,
Beaune en Gaſtinois, Puiſeaux, & autres Châtellenies, regies & gouvernées ſous la Coûtume de Mon-

* *Voyez* Lhoſte *ſur la Coûtume de Montargis, ch.* 1.
art. 40. *où il dit, Que par Acte de l'année* 1588. *les
Juges, Avocats & Procureurs de Gien ſe ſont départis
de l'obſervation de la Coûtume de Montargis, & ſe ſont
ſoûmis à celle d'Orleans.*

targis, à l'obfervance de laquelle ils fe font obligez, foient apellez & comparent à la prefente émologation, que la comparition, & ce qui fe fera en cette redaction, ne leur puiffe nuire ne préjudicier.

Par ledit Chenu, pour le Procureur du Roi, protefté, que les remontrances & opofitions faites & formées par l'Avocat du Roi de Montargis, ne puiffent préjudicier au reffort & Jurifdiction du Bailliage d'Orleans, ne femblablement la proteftation par lui faite pour les Châtellenies de Châtillon fur Loire, Beaune en Gaftinois, & autres Juftices étant notoirement dudit Bailliage.

Par Maitre Ythier Gravet, Procureur de Meffire François de la Trimoüille, Chevalier de l'Ordre du Roi, Sieur de Molinfrou, & de Joüy en Pithiverais, a été remontré, que à caufe de fadite Châtellenie de Joüy, il eft Haut-Jufticier, & comme tel, lors de l'émologation des anciennes Coûtumes, il fut apellé & mis en l'ordre des Sieurs haut-Jufticiers dudit Bailliage. Partant requis être apellé & compris au rôle des Seigneurs Châtellains, Barons, & Haut-Jufticiers dudit Bailliage.

Par Maitre Nicolas Guillotin, Procureur du Roi à Eftampes, & Etienne Poignard, Maire de ladite Ville, pour les habitans d'icelle, a été remontré, que les habitans d'Arbouville, Boiffeaux, Angerville, Guillerval, Merouville & Souchamp, Sainville, Authon, le Pleffis, & Ezarville, ont été apellez à cette prefente réformation, combien qu'ils foient notoirement du Bailliage d'Eftampes, enclavez de toutes parts au dedans d'icelui : Et ne furent oncques les habitans fufdits apellez à la redaction ancienne de la Coutume d'Orleans, s'étant toûjours gouvernez felon la Coûtume d'Eftampes ; Requerant, que les affignations & comparitions, fi aucunes y a, foient rayées du rôle, proteftant que tout ce qui fera fait en cette prefente réformation, ne puiffe nuire ne préjudicier au Roi, & à fon Duché d'Eftampes.

Par ledit Chenu, pour le Procureur du Roi, a été

protesté au contraire, & que les déclarations & remontrances desdits Substitut du Procureur du Roi d'Estampes, & Maire de ladite Ville, & generalement que toutes les remontrances ci-dessus faites, ne puissent préjudicier aux droits du Roi, ressort & Jurisdiction dudit Bailliage, & à chacune d'icelles pouvoir répondre particulierement en temps & lieu, & quand il apartiendra.

Desquelles remontrances & protestations respectivement faites, avons donné acte aux parties, pour leur valoir ce que de raison.

Ont aussi esté appellez les cy-après nommez, qui ne sont comparus,

A SÇAVOIR,

LE Prévôt de Seuvre en l'Eglise de saint Martin de Tours; Le Prieur saint Etienne de Baugency; Le Prieur saint Pierre près Estampes, Seigneur de Boisseau-saint-Benoît; Le Prieur de Lorris; Le Prieur de Flottin; Les Ecclesiastiques des Baronnies d'Authon, de Montmiral, de Brou, & la Bazochegoüet, dépendans de ladite Châtellenie d'Yenville; Les Ecclesiastiques de la Châtellenie de Château-neuf; Les Ecclesiastiques de la Châtellenie de Vitry-aux-Loges; Les Seigneurs de Chailly, & d'Olivier, de la Mothe-Chailly; De Courcelles-le-Roi; D'Authon, De Montmiral; De Brou; De la Bazochegoüet; De Viels-vy; De Danjau; De S. Martin de Huppeau; De Châtillon-le-Roy; de Prouherville; De Mont-merault.

De l'Etat de Noblesse des Châtellenies de Meung; De Jargeau; De Thoury en Beausse; De Beaune.

Les Manans & habitans de Châtillon-sur-Loire; De Merouville; De Clery, & de Vouzon.

Contre tous lesquels avons donné défaut, ce requerant le Procureur du Roi, portant tel profit que de raison.

ET le Vendredi quinziéme dudit mois d'Avril, étant audit lieu, où étoient tous les dessusdits assemblez, Avons fait faire le serment ausdits assistans, en

tel cas requis & accoûtumé : A SÇAVOIR; Qu'en
leur confcience & loyauté, ils nous raporteroient ce
qu'ils avoient vû garder & obferver ès Coûtumes defdits Bailliage & Prévôté d'Orleans, & ce qu'ils en fça-
voient, ceffant toute affection privée & particuliere,
ayant feulement égard au bien public : Nous difant
auffi leur avis & opinions de ce qu'ils trouveront dé-
raifonnable des Coûtumes anciennes ci-devant gardées, pour être par nous temperées, & moderées,
corrigées, & abrogées, felon & ainfi qu'il nous eft
mandé par nôtredite Commiffion. Ce qu'ils ont promis & juré faire.

Leur avons enjoint d'eux affembler, chacun defdits
Etats feparément, & avifer, & déliberer entr'eux ce
qu'ils auroient à dire & propofer : Et pour ce faire eflire
l'un d'entr'eux, ou autre, homme de confeil, pour
porter la parole, par la bouche duquel ils feront entendre ce qu'ils auront déliberé. Ce que depuis ils
ont dit avoir fait.

A SÇAVOIR,

CEux de l'Etat de l'Eglife avoir élû Maître Mathurin Piedru, Official d'Orleans; Maître François Jamet, Chanoine en l'Eglife d'Orleans, & Etienne
Chevé, Chanoine en l'Eglife faint Agnan, & Doyen
de Jargeau, & chacun des trois en l'abfence l'un de
l'autre.

Les Nobles ont dit avoir élû George Rogier,
Ecuyer, Seigneur de Mauchefne : Et le tiers Etat,
François Colas, Seigneur des Francs, Maire de ladite
Ville : Et pour l'affifter, Maître Euverte Chartier,
Avocat au Bailliage d'Orleans, Avocat & Confeiller
de ladite Ville.

Et ledit jour, & autres fubfequens jufqu'au vingt-
troifiéme Avril includ audit an , tant de matin que
de relevée, par l'avis defdits affiftans, Avons, par
ledit Affe, fait faire lecture de l'ancien Coûtumier des
Bailliage, & Prévôté d'Orleans : enfemble d'un cahier

à nous presenté, qui avoit été dreffé par les Officiers de ladite Juftice, Avocats & Procureurs dudit lieu, ainfi qu'ils nous ont dit, faifant lire, & conferant ledit nouvel cahier avec chacun article dudit ancien.

En procedant à la lecture defquels cahiers, & articles de Coûtume, par l'avis defdits trois Etats, a été l'intitulation mife, comme enfuit:

COUTUMES DES DUCHE',
Bailliage, & Prévôté d'Orleans, & Refforts d'iceux.

DES FIEFS.

LE premier article, commençant: *Un vaffal peut vendre*, eft tiré du premier & foixantiéme article de l'ancien Coûtumier. Et pour le regard du Requint qui eft ôté dudit premier article, eft pour avoir lieu à l'avenir.

Pour l'intelligence, on doit obferver qu'en ce Procès verbal de réformation, à chacun changement eft mife l'une de ces trois formules: 1. Pour avoir lieu à l'avenir; 2. ou pour explication; 3. ou fans préjudice du paffé. La premiere fignifie que c'eft droit nouveau, abrogeant le paffé. La feconde au contraire, qu'il n'eft rien changé, mais éclairci. La troifiéme, que l'on étoit en doute auparavant, de maniere qu'il décide l'avenir; & pour le paffé, remet au droit commun. Et telle a été la penfée de Meffieurs les Commiffaires.

Enfin qu'il y a plufieurs articles dans lefquels il y a eû quelques changemens, dont il n'eft point icy fait aucune mention, & que l'ufage a éclairci & perfectionné.

Le 2. article, commençant: *Toutefois fi le Seigneur*, a été accordé & ajoûté, pour l'explication de ces mots, *& autres profits, fi aucuns font deuz*, contenus au premier article de l'ancien Coûtumier, fans préjudice du paffé.

Le 4. article, commençant: *Le Curateur ou Commiffaire*, a été ajoûté & accordé, fans préjudice du paffé.

Le 8. article commençant : *Et si le preneur*, étoit le 58. article de l'ancien Coûtumier, auquel ont été ajoûtez pour explication ces mots , *ou ses successeurs.*

Le 9. article, commençant : *Mais si vente estoit faite ,* a été tiré de la fin du 87. de l'ancien Coûtumier : Et ce qui a été ajoûté , est sans préjudice du passé.

Le 10. article, commençant : *Si aucun Seigneur*, étoit le 87. de l'ancien Coûtumier , duquel a été ôté ce mot de *Requint*, pour avoir lieu à l'avenir.

Le 13. article , commençant : *En eschange d'heritage* , étoit le 83. & a été tiré en partie du 61. article de l'ancien Coûtumier : Et ces mots , *sous même teneure féodale* , ont été mis pour explication, au lieu de ces mots, *sous mesme Seigneur.*

Le 15. article, conmmençant : *Pour partage & subdivision* , a été tiré du 54. article de l'ancien Coûtumier : Et ce qui a été ajoûté , est pour explication.

Le 16. article, commençant : *Si l'heritage féodal ,* a été accordé & ajoûté, sans préjudice du passé.

Le 17. article , commençant : *Si en une année*, a été accordé & ajoûté, pour avoir lieu à l'avenir.

Le 20. article, commençant : *Les heritages acquis*, a été accordé & ajoûté, sans préjudice du passé.

Sur le 21. article, commençant : *Quand à un haut Justicier*, le Procureur du Roi a requis que ce mot d'*Aubenage* fût raïé dudit article , soûtenant que le droit d'Aubenage apartient au Roi, privativement à tous autres : Soûtenu au contraire par les trois Etats. Sur quoi avons ordonné, que l'article demourera ainsi qu'il est ; & néanmoins donné acte audit Procureur du Roi de ses remontrances , pour lui servir ce que de raison.

Le 23. article, commençant : *Quand homme ou femme .* a été tiré des 28. & 98. articles de l'ancien Coûtumier, & ont été ajoûtez ces mots , *Et en cas de refus* , jusques à la fin dudit 23. article, sans préjudice du passé.

Le 25. article, commençant : *Les Gardiens Nobles*, étoit le 29. article, & a été tiré des 43. & 98. articles de l'ancien Coûtumier : Et ce qui a été ajoûté, eſt pour l'explication.

Le 27. article, commençant : *Bailliſtres ſont la mere*, a été tiré, en partie, des 38. & 39. articles de l'ancien Coûtumier, & y ont été ajoûtez ces mots, *Sont les maſles préferez aux femelles*, ſans préjudice du paſſé. Et ces mots , *Les Bailliſtres ne doivent aucun profit*, ont été ajoûtez pour avoir lieu à l'avenir.

Le 28. article, commençant : *Si pluſieurs enfans*, étoit le 51. de l'ancien Coûtumier : Et ont été ajoûtez ces mots, *de vingt cinq ans*, après ces mots, *en âge*, ſans préjudice du paſſé.

Le 30. article commençant : *Si homme ou femme nobles*, étoit le 63. de l'ancien Coûtumier ; & ce qui a été ajoûté eſt pour explication.

Le 32. article, commençant : *Et au regard des non nobles*, étoit le 32. de l'ancien : Et au lieu de ces mots, *Et porte la foy & hommage*, ont été, pour explication mis ces mots, *Et doit demander, & eſtre receu en ſouffrance pour eux.*

Le 33. article, commençant : *Et en défaut*, étoit le 33. de l'ancien Coûtumier : Et au lieu de ces mots, *Et porte la foy & hommage*, ont été mis pour explication, ces mots, *Et doit demander & eſtre receu en ſouffrance.*

Le 34. article, commençant : *Entre nobles, ou non nobles*, eſt tiré des 31. 34. & 75. de l'ancien Coûtumier, & abrogé la Coûtume ancienne, en ce que par icelle il étoit dû profit pour la dation de tutelle & curatelle par minorité, pour avoir lieu à l'avenir.

Le 35. article, commençant : *Vn fils aiſné*, a été tiré des 35. & 102. articles de l'ancienne ; & ces mots qui ont été ajoûtez à la fin dudit article, *A laquelle foy ledit Seigneur de fief ſera tenu les recevoir, ſans pour ce payer profit*, ſont pour explication.

Les 36. commençant, *Et s'il n'y a que filles*, & 37. commençant : *Mais ſi elles ſe remarient*, ont été mis au lieu du 40. & 49. de l'ancien Coûtumier, lesquels font abrogez en ce que par iceux les filles payoient profit pour leur premier mariage, pour avoir lieu à l'avenir. Et avons donné acte au Procureur du Roi de la remontrance & protestation par lui faite, Que pour le regard du premier mariage, cela ne fit aucun préjudice aux droits du Roi.

Les articles 38. commençant : *N'est deu foy & hommage*, & le 39. commençant, *N'est aussi deu*, ont été ajoûtez, sans préjudice du passé.

Le 41. commençant : *Si lesdits gens d'Eglise*, étoit le 100. de l'ancien : & ont été ajoûtez ces mots, *ou qu'ils eussent lettres d'amortissement*, sans préjudice du passé. Et avons donné acte au Procureur du Roi, de ce qu'il auroit empêché que ces mots, *ou qu'ils eussent lettres d'amortissement*, fussent ajoûtez audit article.

Le 44. article commençant : *Quand le fief est vendu*, a été tiré du 59. de l'ancienne, duquel a été ôté ce mot de *Requint*, pour avoir lieu à l'avenir.

Le 45. article, commençant : *Le vassal quand la foy faut*, a été tiré du 12. article de l'ancien Coûtumier; & ce qui a été ôté & ajouté, est sans préjudice du passé.

Le 47. article commençant : *Le vassal pour faire la foy*, a été accordé & ajoûté, pour avoir lieu à l'avenir.

Le 48. article, commençant : *Quand il y a plusieurs Seigneurs*, étoit le 97. de l'ancien Coûtumier, auquel ont été ajoûtez pour explication, ces mots, *exprimé par la saisie, ou deuëment notifié au vassal comme dessus.*

Le 50. article, commençant : *Le Seigneur feodal*, a été tiré des 8. 20. 24. 70. & 90. articles de l'ancien Coûtumier, pour avoir lieu à l'avenir: Et abrogé l'ancienne, en ce que par icelle le Seigneur pouvoit incontinent après la mort de son vassal saisir sondit fief. Et outre ont été ajoûtez pour explication ces mots, *couppez & abbatus en leur saison & maturité, encores qu'ils ne fussent enlevez & serrez.*

Le 51. article, commençant : *La saisie feodale*, a

été accordé, & ajouté fans préjudice du paffé.

Le 53. article, commençant : *Si ledit Seigneur de fief prend*, étoit le 15. de l'ancien ; & ce qui a été ajoûté eft fans préjudice du paffé.

Le 54. *Si le Seigneur feodal*, a été accordé, & ajoûté, fans préjudice du paffé.

Le 56. commençant : *Et comme ladite année*, a été accordé, & ajoûté, fans préjudice du paffé.

Le 58. article, commençant : *Et quant aufdits bois*, étoit le 95. de l'ancienne ; & a été ajoûté pour explication ce mot, *tournois*.

Le 62. article, commençant : *Et si le Seigneur feodal*, étoit le 19. de l'ancien Coûtumier ; & ce qui a été ajoûté, eft pour avoir lieu à l'avenir.

Le 63. article, commençant : *L'ufufruitier d'un fief*, a été accordé & ajoûté, fans préjudice du paffé.

Le 64. commençant : *Quand en un mefme temps*, étoit le 84. de l'ancien, auquel ont été ajoûtez pour explication ces mots, *après la saisie deuëment signifiée, & coppie baillée d'icelle*.

Le 65. commençant : *Le Seigneur feodal n'eft tenu*, a été mis au lieu du 77. de l'ancien Coûtumier, pour avoir lieu à l'avenir.

Le 66. article, commençant : *Quand un Seigneur de fief*, étoit le 53. de l'ancien Coûtumier, auquel ont été pour explication, & fans préjudice du paffé, ajoûtez ces mots, *laquelle action il pourra intenter contre l'acquereur & détenteur, encores qu'il fuft receu en foy, refervé à luy fon recours*.

Le 71. article, commençant : *Toutesfois & quantes qu'un Seigneur*, étoit le 69. de l'ancien Coûtumier : & au lieu de ce mot, *toutesfois*, a été mis, *au préalable*, fans préjudice du paffé.

Le 72. article, commençant : *Le Seigneur feodal*, a été tiré des 22. & 74. articles de l'ancien Coûtumier ; & ce qui a été ajoûté, eft pour explication.

Le 73. commençant : *Si le vaffal tient*, a été accordé & ajoûté, fans préjudice du paffé.

Le 79. commençant : *Et après que le vaffal*, a été accordé, & ajoûté, fans préjudice du paffé.

Le 83. article, commençant : *En faififfant par le Seigneur*, étoit le 68. de l'ancien Coûtumier : & ont été ajoûtez pour explication ces mots, *encores que lefdits arriere-vaffaux ne foient en foy* ; & ont été ôtez de l'ancien Coûtumier ces mots, *foit par faute d'homme, ou autrement.*

Le 86. commençant : *Le Seigneur de fief*, a été tiré des 10. 11. & 310. de l'ancien Coûtumier : & ont été pour explication ajoûtez ces mots, *encores que ce fuft par cent ans & plus.* Et outre ont été ajoûtez ces mots, *par quarante ans*, fans préjudice du paffé.

Le 88. commençant : *Un vaffal en quelque maniere*, étoit le 55. de l'ancien. Et ont été mis ces mots, *felon qu'il eft declaré cy-deffus*, au lieu de ces mots, *ou au domaine*, qui étoient à l'ancien Coûtumier, fans préjudice du paffé.

Le 89. commençant : *En fucceffion*, éto't le 25. de l'ancien Coûtumier : & ont été ajoûtez pour explication ces mots, *par préciput*, & ce mot, *feodale.*

Le 91. commençant : *Les nobles & non nobles*, a été accordé & ajoûté pour avoir lieu à l'avenir.

Le 92. commençant : *Si dedans l'enclos*, a été accordé & ajoûté, fans préjudice du paffé.

Le 95. commençant : *Après que le fils aifné*, a été accordé, & ajoûté, fans préjudice du paffé.

Le 96. commençant : *Si ès fucceffions de pere & mere*, a été accordé, & ajoûté, fans préjudice du paffé.

Le 100. commençant : *Nul Seigneur ne peut*, & le 101. commençant : *Le moulin à vent*, ont été accordez & ajoûtez du confentement de l'Etat de l'Eglife, & du tiers Eftat, fans préjudice du paffé, nonobftant l'opofition de l'Etat de la Nobleffe, & de la Dame de la Trimoüille. De laquelle leur avons donné acte, pour fe pourvoir ainfi qu'ils verront être à faire.

Des Cens & Droits Censuels.

LE 102. commençant : *Quand aucun doit Cens*, a été tiré du 104. de l'ancien : Et ce qui a été changé, ou ajoûté, est pour avoir lieu à l'avenir.

Le 103. commençant : *Le Seigneur de censive*, étoit le 105. de l'ancien Coûtumier : & ont été ajoûtez pour explication, ces mots, *& le surplus de l'amende apartient au Seigneur.*

Le 105. commençant : *Si le proprietaire saisi*, a été accordé & ajoûté, sans préjudice du passé.

Le 107. commençant : *Après que aucun a achepté un heritage*, étoit le 108. de l'ancien Coûtumier, & ont été ôtez ces mots, *dans la huitaime ou autre temps, selon la nature de la censive, en suivant ladite vente :* Et a été laissé le mot de *quarantaine*, pour avoir lieu generalement à l'avenir.

Le 109. commençant : *Et si on prend heritage*, est tiré des 110. & 126. de l'ancien Coûtumier, & ont été ajoûtez ces mots, *ou ayans cause, Seigneurs & possesseurs dudit heritage*, sans préjudice du passé.

Le 111. commençant : *De toutes rentes constituées*, a été mis au lieu du 112. article de l'ancien Coûtumier, qui a été abrogé en ce que par icelui étoit dû profit pour la rente specialement constituée sur heritages, pour avoir lieu à l'avenir.

Le 113. commençant : *Pour partage, division, & subdivision*, a été mis au lieu du 114. de l'ancien Coûtumier : & ce qui a été ajoûté, est sans préjudice du passé.

Les 114. commençant : *Si l'heritage*, 115. commençant : *Si l'achepteur*, & 116. commençant : *Si aucun achepte*, ont été accordez & ajoûtez, sans préjudice du passé.

Le 117. commençant : *Pour toutes donations*, a été tiré du 125. de l'ancien : auquel ont été ajoûtez pour explication ces mots, *autres que celles dont l'heritage seroit chargé.* Et le surplus de ce qui a été ajoûté, ou changé audit article , aura lieu pour l'avenir.

Les 119. commençant: *Et ſi les gens d'Egliſe* , & 120. commençant : *Toutesfois ſi leſdits gens d'Egliſe* , ont été tirez des 128. & 133. de l'ancien Coûtumier. Et ce qui a été ajoûté , ne ſert que pour explication, fors ces mots, *ſans que pour raiſon de ce ils ſoient tenus payer profit pour la premiere fois* ; leſquels mots ont été ajoûtez , ſans préjudice du paſſé.

Le 121. commençant : *Cens eſt diviſible* , étoit le 129. article de l'ancien Coûtumier : auquel pour explication ont été ajoûtez ces mots, *Toutesfois les portions* , juſques à la fin dudit article.

Des Relevoiſons à plaiſir.

LEs 124. commençant: *Toute cenſive étant à droiĉt* , & 125. commençant: *Pour être payé*, ont été tirez du 115. de l'ancien Coûtumier : & le temps de huitaine & quinzaine , limité par ledit 125. article, eſt pour avoir lieu à l'avenir.

Le 127. commençant : *Toutesfois les filles ny leurs maris* , eſt tiré de la fin du 116. de l'ancien Coûtumier. Et ce qui a été ajoûté de l'avis & conſentement de la Nobleſſe, & du tiers Etat, *Qu'il n'eſt dû aucun profit pour le premier mariage*. a été par proviſion ſeulement, ſans préjudice du paſſé , nonobſtant l'opoſition de l'Etat de l'Egliſe, & ſans préjudice d'icelle. Sur laquelle avons ordonné, qu'ils ſe pourvoiront à la Cour.

Le 128. commençant : *Le Seigneur d'un heritage* , & le 129. commençant: *Et ſi le Cenſitaire* , ont été mis au lieu des 121. & 132. de l'ancien Coûtumier. Et audit 128. ont été ajoûtez ces mots, *à commencer au prochain terme* , pour avoir lieu à l'avenir: & le ſurplus, qui a été ajoûté auſdits articles, aura lieu, ſans préjudice du paſſé.

Le 131. commençant: *Et ſous la generalité* , étoit le 117. de l'ancien Coûtumier : auquel pour explication ont été mis ces mots, *querir & chercher* , au lieu de *à queſte & cherchage*.

Le 134. commençant : *Si aucun détenteur*, a été tiré du 120. de l'ancien ; & ce qui a été ajoûté, est sans préjudice du passé.

Le 135. commençant: *L'heritage tenu à droit de cher cens*, est tiré du 123. de l'ancien : auquel ont été ajoûtez ces mots, *Et n'est reputé cher cens s'il n'excede dix sols tournois, pour une seule prise, ou s'il n'y a titre au contraire*, pour avoir lieu à l'avenir. Et avons donné acte au Procureur du Roi, de la remontrance & empêchement par lui fait, de ce qui auroit été ajoûté audit article.

Le 139. commençant : *Pour plusieurs mutations*, a été accordé & ajoûté, pour avoir lieu à l'avenir. Et avons donné acte au Procureur du Roy, de la remontrance & oposition par lui formée audit article, pour se pourvoir ainsi que de raison.

Des Champarts & Terrages.

LE 143. commençant : *Des terres tenuës à droit de terrage*, étoit le 140. de l'ancien Coûtumier: auquel ont été ajoûtez ces mots, *sinon qu'il y ait titre au contraire, ou possession de quarante ans*, sans préjudice du passé.

Des droicts de Pasturage, Herbage, Paissons, & Prinses de Bestes.

LE 146. commençant: *En la saison que les bleds*, étoit le 155. de l'ancien. Et pour l'explication ont été mis ces mots, *ès chemins & voyes publiques environ d'icelles terres*, au lieu de ces mots, *aux champs où il y a des bleds*.

Le 147. article, commençant : *Tous prez, soyent à une herbe ou deux*, est tiré du 143. article de l'ancien : & ont été ajoûtez pour explication ces mots, *& l'herbe d'iceux enlevée*. Et ont été rayez du consentement des trois Etats de l'ancienne Coûtume ces mots, *Et est à sçavoir, qu'en plusieurs lieux les prairies ne sont défenduës, que jusques au jour & Feste de Sainte Croix en May*:.

nonobftant & fans préjudice de l'opofition des habitans de Mareau & Château-Regnard, dont ils auront
acte, pour fe pourvoir ainfi qu'ils verront être à faire.

Les articles 149. commençant : *Es prairies, paftiz,*
& 150. commençant, *L'un des Seigneurs d'un pré*, ont
été accordez, & ajoûtez, fans préjudice du paffé.

Le 151. article, commençant : *Nul n'eft reçû à intenter*, a été accordé, & ajoûté, pour avoir lieu à l'a-
venir.

Le 155. article, commençant : *Pafturer, champayer,
& faire paffer*, a été accordé & ajoûté, fans préjudice
du paffé.

Les 156. articles, commençant : *En prinfes de beftes,*
& 157. commençant : *Toutesfois s'il advient*, ont été
tirez des 149. & 150. articles de l'ancien Coûtumier,
defquels ont été les amendes changées ; Et au 156.
ajoûtez ces mots, *Lequel fera creu par ferment avec un
témoin*, le tout pour avoir lieu à l'avenir.

Le 158. commençant : *Beftes qui font trouvées*, eft
tiré du 147. & 148. de l'ancien : auquel ont été ajoûtez
ces mots, *refpondront les beftes ou Fermier*, fans préjudice du paffé.

Le 160. commençant : *Le paftre, ou Berger*, eft tiré
du 153. de l'ancien. Et ont été les amendes augmentées pour avoir lieu à l'avenir.

Des Efpaves & Beftes égarées.

LEs 163. 164. 165. & 166. fous la Rubriche des
efpaves & bêtes égarées, ont été tirez, & mis au
lieu du 156. de l'ancien Coûtumier, & ce qui a été
ajoûté, eft fans préjudice du paffé.

Des Garennes & Coulombiers.

LE 168. article, commençant : *Le Seigneur haut-Jufticier*, a été accordé, & ajoûté, pour avoir lieu
à l'avenir.

Des Eſtangs, & Droits d'iceux.

LEs 171. 172. 173. 174. 175. 176. & 177. articles, ſous la Rubriche des Etangs, & droicts d'iceux, ont été accordez, & ajoûtez, ſans préjudice du paſſé.

Des Enfans qui ſont en leurs droicts , & hors puiſſance paternelle.

LE 178. commençant : *Entre non nobles*, a été tiré du 159. de l'ancien : auquel ont été pour explication ajoûtez ces mots , *Et à défaut ou refus deſdits pere & mere, l'ayeul ou l'ayeule du côté du décedé.*

Le 179. commençant : *Au regard des nobles mineurs*, eſt tiré du 171. de l'ancien, auquel ont été pour explication ajoûtez ces mots, *idoine & ſuffiſant.*

Le 181. article, commençant : *Quand enfans ayans pere ou mere*, étoit le 160. de l'ancienne : auquel ont été ajoûtez pour explication ces mots , *ſont reputez,* juſqu'à la fin de l'article.

Le 182. article, commençant : *Tous mineurs de vingt-cinq ans* , a été accordé , ajoûté , & mis au lieu du 165. de l'ancien, ſans préjudice du paſſé.

Le 183. article, commençant : *Tutelles d'enfans mineurs*, eſt tiré du 162. de l'ancien : auquel ont été ajoûtez ces mots, *Toutesfois quand les maſles*, & autres ſuivans juſqu'à la fin de l'article, pour avoir lieu à l'avenir.

Le 184. commençant : *Eſdites Eſlections*, a été accordé, & ajoûté, pour avoir lieu à l'avenir.

De Communauté d'entre homme & femme mariez.

LEs 187. commençant : *Auſſi eſt tenu le ſurvivant*, 188. commençant : *Toutesfois l'action* , & le 189. commençant : *Et où le ſurvivant* , ſont tirez des 42. 167. 175. 187. articles de l'ancien : & ont été ajoûtez ces mots, *pourvû que après le décès* , juſqu'à la fin dudit 187. article , ſans préjudice du paſſé.

Le 191. article, commençant : *Rentes conſtituées à prix d'argent*, juſqu'à ces mots , *& n'eſt loiſible* , a été accordé, & ajoûté, ſans préjudice du paſſé, nonobſtant la proteſtation faite par le Procureur du Roi : de laquelle lui avons donné acte. Et le ſurplus dudit article , commençant par ces mots , *Et n'eſt loiſible* , juſqu'à la fin d'icelui, a été mis au lieu du 376. article de l'ancien, pour avoir lieu à l'avenir.

Le 192. article, commençant : *Si durant le mariage* , a été accordé, & ajoûté pour avoir lieu à l'avenir.

Le 193. commençant : *Le mary eſt ſeigneur des meubles*, eſt tiré du 168. de l'ancien : & ce qui a été adjoûté, eſt ſans préjudice du paſſé.

Le 197. commençant : *La femme n'eſt reputée marchande*, a été accordé & ajoûté, ſans préjudice du paſſé.

Le 198. commençant : *Les ſeparations de biens*, a été tiré du 189. de l'ancien : auquel ce qui a été ajoûté, eſt pour explication.

Le 199. commençant : *Si après la ſeparation de biens*, eſt tiré du 171. de l'ancien : & ce qui a été ajoûté, eſt ſans préjudice du paſſé.

Le 200. commençant : *Femme mariée peut*, a été tiré du 172. de l'ancien : auquel ont été ajoûtez pour explication ces mots , *n'en ſont tenus durant la communauté*.

Le 201. commençant : *Femme conjoincte par mariage*, eſt tiré du 179. de l'ancien : & ce qui a été ajoûté, eſt ſans préjudice du paſſé.

Le 202. article, commençant : *En traité de mariage*, étoit le 173. de l'ancien : auquel a été ajoûté, pour explication, ce mot, *Benediction nuptiale*.

Le 203. article, commençant : *Femme qui ſe remarie en ſecondes nôces*, a été accordé & ajoûté, pour avoir lieu à l'avenir.

Les 204. articles, commençant : *Il eſt loiſible*, 205. commençant : *Et ſi ladite femme*, & 206. commençant : *La femme qui renonce*, ont été accordez, & ajoûtez ſans préjudice du paſſé.

Le 207. commençant: *Fruicts cüeillis, couppez & abbatus*, est tiré du 174. & 273. articles de l'ancienne: & ce qui a été ajoûté, est sans préjudice du passé.

Le 208. commençant: *Les fruicts des heritages*, a été accordé & ajoûté sans préjudice du passé.

Le 209. commençant : *Homme marié, s'il est condamné*, est tiré des 176. & 254. de l'ancien : & ce qui a été ajoûté, est pour avoir lieu à l'avenir.

Le 210. commençant: *Meubles ou immeubles*, le 211. commençant: *Chose immeuble donnée*, & le 212. commençant: *Combien qu'il soit convenu*, ont été accordez, & ajoûtez, sans préjudice du passé.

De Societé.

LEs 213. commençant: *Societé ne se contracte*, & 214. commençant: *Laquelle societé*, sont tirez du 180. de l'ancien. Et ont été ajoûtez ces mots, *passée par escrit*, jusqu'à la fin dudit 213. article, sans préjudice du passé.

Le 216. commençant : *Si de deux non nobles*, est tiré du 182. de l'ancien; & ce qui a été ajouté, est sans préjudice du passé.

Le 217. commençant, *Si durant la communauté de biens*, est tiré des 183. 184. 185. & 186. de l'ancien; & ce qui a été ajoûté, est pour explication.

Des Doüaires.

LE 218. commençant, *Quand aucune femme*, est tiré du 238. de l'ancien; & ce qui a été ajoûté, est sans préjudice du passé.

Le 221. commençant, *En traité de mariage*, étoit le 241. de l'ancien, auquel ont été ajoûtez ces mots, *aux cautions que dessus*, sans préjudice du passé.

Le 222. commençant, *La femme qui prend doüaire*, & le 223. commençant, *Toutes contre-lettres*, ont été accordez & ajoûtez, pour avoir lieu à l'avenir.

Des Servitutes réelles.

LE 225. commençant, *Veuës, efgoufts*, étoit le 190. &
de l'ancien, auquel ont été ajoûtez ces mots, *&*
tous autres droits de fervitutes, fans préjudice du paffé.

Les 226. commençant, *Mais la liberté*, 227. commençant, *Quand un pere de famille*, & 228. commençant, *Deftination de pere de famille*, ont été accordez,
& ajoûtez, fans préjudice du paffé.

Le 230. commençant, *Voire dormant*, a été accordé,
& ajoûté fans préjudice du paffé.

Le 234. commençant, *En la Ville & Fauxbourgs*
d'Orleans, étoit le 196. de l'ancien; & ces mots, *&
autres Villes clofes du Bailliage*, ont été ajoûtez, pour
avoir lieu à l'avenir.

Le 235. commençant, *Si aucun veut baftir*, a été accordé, & ajoûté, fans préjudice du paffé.

Le 236. commençant, *Entre deux heritages*, étoit le
204. de l'ancien, auquel ont été ajoûtez ces mots, *&
autres Villes du Bailliage*, pour avoir lieu à l'avenir.

Le 239. commençant, *Murailles qui ne font droites*,
étoit le 200. de l'ancienne, auquel ont été ajoûtez ces
mots, *en danger de ruine*, pour avoir lieu à l'avenir.

Le 243. commençant, *Aucun ne peut faire*, étoit le
197. de l'ancien, & ce qui a été ajoûté, eft pour
avoir lieu à l'avenir.

Le 244. commençant, *Tous Proprietaires*, a été accordé, & ajoûté, pour avoir lieu à l'avenir.

Le 245. commençant, *Et feront tenus*, a été accordé, & ajoûté fans préjudice du paffé.

Le 251. commençant, *Si par les heritages*, étoit le
205. de l'ancien; & ces mots, *par quelque temps que
ce foit*, ont été ajoûtez pour explication.

Le 252. commençant, *Quand entre deux heritages*,
étoit le 212. de l'ancien; & au lieu de ce mot, *demeuré*, a été mis ce mot, *reputé*, fans préjudice du paffé.

Le 254. commençant, *Tout toifage*, a été mis au lieu
du 213. de l'ancien, fans préjudice du paffé.

Le 255. commençant, *Frans-aleu*, étoit le 214. de l'ancienne, auquel ont été ajoûtez ces mots, *auquel cas il se partira comme le fief*, pour avoir lieu à l'avenir.

Le 256. commençant, *Il n'est loisible*, étoit le 201. de l'ancien, & ces mots, *ou à la navigation*, ont été ajoûtez pour explication.

Le 257. commençant, *Si une maison est divisée*, étoit le 215. de l'ancien ; & ce qui a été ajoûté à la fin de l'article, est sans préjudice du passé.

Les 258. commençant, *Les Paveurs de la Ville*, & 259. commençant, *Il n'est loisible*, ont été accordez, & ajoûtez, pour avoir lieu à l'avenir.

Des Prescriptions.

LE 265. commençant, *Deniers ou choses dûës*, étoit le 313. de l'ancien ; & ces mots, *par un an*, sont ajoûtez pour avoir lieu à l'avenir, & le surplus pour explication.

Le 266. commençant, *Loüage de chevaux*, étoit le 314. de l'ancienne ; & au lieu de *l'an passé*, a été mis *six mois*, pour avoir lieu à l'avenir.

Le 267. commençant, *N'ont les Taverniers*, a été accordé & ajoûté, pour avoir lieu à l'avenir.

Les 268. commençant, *Faculté de rachepter*, 269. commençant, *La faculté donnée*, 270. commençant, *Ce que dessus n'a lieu*, le 271. commençant, *Legs pitoyables*, ont été accordez, & ajoûtez, sans préjudice du passé.

Des Donations faites entre vifs & en mariage.

LEs 272. commençant, *Si pere ou mere*, 273. commençant, *Sont telles donations*, sont tirez du 216. de l'ancien ; & ce qui a été ajoûté, est sans préjudice du passé.

Le 274. commençant, *La legitime*, a été accordé, & ajoûté, pour avoir lieu à l'avenir.

Le 277. commençant, *Si ladite donation*, est tiré du 217. de l'ancien, & ont été ajoûtez ces mots, *&*

faire reduire la legitime , & autres suivans jusqu'à la
fin dudit article, pour avoir lieu à l'avenir.

Les 281. commençant, *Toutefois homme & femme,*
& 282. commençant, *Aussi est tenu celuy*, sont tirez
du 221. de l'ancien; & ce qui a été ajousté, est sans
préjudice du passé.

Les 283. commençant, *Donner & retenir,* 284. commençant, *Ce n'est donner,* 285. commençant, *Le donataire,* sont tirez du 222. de l'ancien; & ce qui a
été ajousté, est pour explication.

Le 286. commençant, *Hommes & Femmes,* est au
lieu des 223. & 224. de l'ancien, & ce qui a été corrigé dudit ancien, est pour avoir lieu à l'avenir.

*Des Testamens & Donations testamentaires, pour cause
de mort.*

LE 287. commençant, *Institution d'heritier,* est
tiré des 225. & 266. de l'ancien; & ce qui a été
ajousté, est sans préjudice du passé.

Le 288. commençant, *Aucun ne peut être heritier,*
est tiré des 226. & 269. de l'ancien; & ce qui a été
ajousté, est pour explication.

Le 289. commençant, *Pour reputer un testament,*
a été accordé & ajousté, pour avoir lieu à l'avenir.

Le 290. commençant, *Les Executeurs du testament,*
étoit le 228. de l'ancien; & ce qui a été ajousté, est
sans préjudice du passé.

Le 291. commençant, *Lesdits Executeurs,* est tiré
du 229. de l'ancien; & ce qui a été ajousté, est sans
préjudice du passé.

Le 292. commençant, *Toutes personnes saines d'entendement,* 293. commençant, *Pour tester des meubles,*
294. commençant, *Toutefois si le testateur,* 295. commençant, *Si l'heritier se veut,* & 296. commençant,
Les mineurs, ont été accordez & ajoustez, sans préjudice du passé.

Le 297. commençant, *Toutes donations,* est au lieu
du

du 233. de l'ancien : & ce qui a été changé, & ajoûté, est pour avoir lieu à l'avenir.

ET après la lecture dudit article, a été requis par les députez de l'Eglise, que le 234. article de l'ancien Coûtumier, concernant la connoissance de l'exécution des testamens, fut mis en ce lieu, ainsi qu'il étoit en l'ancien : attendu que le sujet d'un testament est propre & péculier à la Jurisdiction Ecclesiastique. Et se sont opposez au cas qu'on ne voulsist mettre ledit article. Et par le Procureur du Roy a été dit, qu'il a interêt pour le Roy, que la Jurisdiction Royale soit gardée : Sur quoy avons ordonné, que la Jurisdiction & connoissance des matieres & differends qui pourront proceder des exécutions testamentaires, il n'en sera tiré aucun article de Coûtume, ains pour ce regard seront les Ordonnances & Arrêts gardez. Et néanmoins auront les gens d'Eglise acte de leur opposition, même de ce qu'ils se sont restraints en leur opposition, à ce que la connoissance de l'exécution du testament leur soit attribuée pour les obseques, funerailles & legs pitoyables.

Le 298. commençant : *Si les Exécuteurs*, est tiré du 235. de l'ancien : & ces mots, *apparens & présomptifs*, ont été ajoûtez pour explication.

Le 299. commençant : *Tuteurs & Curateurs*, étoit le 236. de l'ancien : & ces mots, *jusques à dix sols*, ont été mis au lieu de ces mots, *jusques à cinq sols*, qui étoient à l'ancien, pour avoir lieu à l'avenir.

Des droits de Successions.

LE 304. commençant : *En ligne directe*, est tiré du 244. de l'ancien : & ces mots, *infiniment, & en quelque dégré que ce soit*, ont été ajoûtez pour explication.

Le 306. commençant : *Si le donataire*, 307. commençant, *L'Enfant ayant*, 308. commençant, *Pareillement ce qui a été*, & 309. commençant, *Les nourritures*, ont été accordez & ajoûtez, sans préjudice du passé.

II. Partie.   C

Le 312. commençant : *Les veufves des baſtards*, étoit
le 256. de l'ancien : & ce qui a été ajoûté, eſt pour explication.

Le 313. commençant, *Pere & Mere*, a été tiré du
258. de l'ancien : & ce qui a été ajoûté eſt pour avoir
lieu à l'avenir.

Les 316. commençant : *Les pere & mere*, 317. commençant, *Si l'Enfant*, ont été accordez, & ajoûtez,
ſans préjudice du paſſé.

Le 318. commençant : *En ligne collaterale*, a été accordé, & ajoûté, pour avoir lieu à l'avenir.

Le 319. commençant : *Mais ſi les nepveuz*, a été accordé & ajoûté, ſans préjudice du paſſé.

Les 320. commençant : *Toutesfois les maſles*, 321.
commençant, *Mais la fille*, & 322. commençant, *Et
ſi ladite ſucceſſion*, ont été accordez & ajoûtez, pour
avoir lieu à l'avenir.

Le 323. commençant : *En ligne collaterale*, étoit le
242. de l'ancien : & ce qui a été ajoûté, eſt pour avoir
lieu à l'avenir.

Le 324. commençant : *Et quant aux heritages*, étoit
le 251. de l'ancien : & ce qui a été ajoûté & changé, eſt
pour explication.

Le 325. commençant : *Et ſont reputez*, a été accordé, & ajoûté, ſans préjudice du paſſé.

Le 326. commençant : *S'il n'y a aucuns héritiers*, a
été accordé & ajoûté, pour avoir lieu à l'avenir. Et
ſur l'empêchement fait par le Procureur du Roy, Que
la ligne défaillant, l'héritage retournaſt aux parens de
l'autre côté, prétendant que par la défaillance de la
ligne, dont procedoient les heritages, que iceux heritages doivent appartenir au Roy : Avons donné acte de
ladite remontrance, pour ſe pourvoir ainſi qu'il verra
être à faire.

Le 327. commençant : *Les heritiers d'un défunct*, a
été accordé, & ajoûté, ſans préjudice du paſſé, juſques à ces mots, *Sauf que les nepveuz*, leſquels ont été
ajoûtez, pour avoir lieu à l'avenir.

Les 328. commençant : *L'oncle fuccede*, 329. commençant, *L'oncle & le nepveu*, & le 330. commençant, *En meubles*, *& conquefts immeubles*, ont été accordez , & ajoûtez, fans préjudice du paffé.

Les 334. commençant : *Religieux & Religieufes*, & 336. commençant, *Et neanmoins*, ont été accordez , & ajoûtez, fans préjudice du paffé.

Le 337. commençant : *Le parent habile* , eft tiré du 270. de l'ancien : & ce qui a été ajoûté , eft fans préjudice du paffé.

Le 338. commençant : *L'heritier en ligne directe* , a été accordé , & ajoûté , pour avoir lieu à l'avenir.

Les 339. commençant : *Le mineur qui fe porte*, 340. commençant , *Quand quelqu'un s'eft porté*, 341. commençant , *Il eft loifible*, ont été accordez & ajoûtez , fans préjudice du paffé.

Le 342. commençant : *L'heritier foubs benefice d'inventaire*, a été accordé & ajoûté, pour avoir lieu à l'avenir.

Le 343. commençant, *Et quant aux immeubles*, a été accordé, & ajoûté, fans préjudice du paffé.

Le 346. commençant : *Heritage feodal pris à rente*, a été mis au lieu du 261. de l'ancien , qui a été corrigé pour avoir lieu à l'avenir.

Le 348. commençant : *Rentes venduës & conftituées*, a été mis au lieu du 262. de l'ancien, fans préjudice du paffé.

Le 349. commençant : *Toutes rentes creées*, eft tiré du 272. de l'ancien : & ce qui a été ajoûté , eft pour explication.

Le 350. commençant : *Somme de deniers*, a été accordé, & ajoûté, fans préjudice du paffé.

Le 351. commençant : *Rentes conftituées* , a été accordé, & ajoûté, fans préjudice du paffé.

Le 352. commençant : *Moulins à eauë*, a été tiré du 271. de l'ancien : & ce qui a été ajoûté, eft pour avoir lieu à l'avenir.

Les 355. commençant : *Poiffon eftant en eftang*, 356.

commençant, *Uſtencilles d'hoſtel* , 357. commençant,
En ſucceſſion collaterale , & 358. commençant, *Toutefois
s'ils ſont détenteurs*, ont été accordez, & ajoûtez, ſans
préjudice du paſſé.

Le 359. commençant: *Le droiēt & part* , a été accordé & ajoûté, pour avoir lieu à l'avenir.

Le 360. commençant: *Quand les heritiers ſuccedent*,
a été accordé & ajoûté, ſans préjudice du paſſé.

Le 361. commençant: *Interdiūtion de vendre ou aliener*, étoit le 41. de l'ancien Couſtumier, duquel ont été
ôtez ces mots, *doreſnavant*, & *ſoubs les repreſentations
accordées*, qui avoient été mis à l'ancien Couſtumier,
pour l'uſage qui étoit au contraire auparavant la reda-
ētion dudit ancien Coûtumier.

Le 362. commençant: *Les Eſtaux de bouchers*, a été
mis au lieu du 275. de l'ancien, ſans préjudice du paſſé.
Sur lequel article, le Procureur du Roy a remontré,
qu'il y avoit Lettres Patentes du Roy, pour faire appel-
ler ceux qui tenoient les eſtaux, pour apporter leurs titres, afin de les réünir au Domaine, empêchant qu'il
en fût fait aucun article de Coûtume. Surquoy de l'avis
& conſentement des trois Eſtats, avons ordonné que
l'article demourera ainſi qu'il eſt redigé, ſans préjudice
des droits du Roy, & remontrances & proteſtations de
ſon Procureur, qui vaudront ce que de raiſon.

De Retraiēt Lignager.

L E 363. commençant : *Quand aucun a vendu*, étoit
le 276. de l'ancien : & ce qui a été ajoûté, eſt pour
explication.

Le 366. commençant: *L'an du retrait*, a été accordé, & ajoûté, ſans préjudice du paſſé.

Les 367. commençant: *Par l'adjournement*, & 368.
commençant, *Si l'achepteur*, ont été accordez & ajoûtez, pour avoir lieu à l'avenir.

Le 372. commençant: *Celuy qui retrait*, étoit le 293.
de l'ancien: duquel ce mot, *utiles*, a été rayé, ſans préjudice du paſſé.

Le 373. commençant: *Durant l'an & jour*, a été accordé & ajoûté, sans préjudice du passé.

Le 374. commençant : *Les fruicts qui lors*, 375. commençant, *Mais si lesdits fruicts*, 376. commençant, *Et si c'est une rente fonciere*, & 377. commençant, *Toutefois en cas de procès*, ont été mis au lieu du 291. de l'ancien : & ce qui a été ajoûté, est sans préjudice du passé.

Le 378. commençant: *Entre les prochains*, est tiré du 279. de l'ancien : & ce qui a été ajoûté, est sans préjudice du passé.

Le 380. commençant: *Si un frere ou sœur*, a été tiré du 278. de l'ancien : & ce qui a été ajoûté, est sans préjudice du passé.

Le 381. commençant: *Si homme & femme*, a été mis au lieu du 281. & ce qui a été ajoûté, est sans préjudice du passé.

Le 383. commençant: *L'heritage retiré*, a été accordé, & ajoûté, sans préjudice du passé.

Le 384. commençant : *En eschange fait but à but*, a été tiré du 284. de l'ancien : & ce qui a été ajoûté, est sans préjudice du passé.

Le 385. commençant: *Quand aucun a eschangé*, a été tiré du 298. de l'ancien : & ce qui a été ajoûté, est pour explication.

Le 386. commençant: *Si l'heritage*, a été tiré du 304. de l'ancien, & ce qui a été ajoûté, est pour explication.

Le 387. commençant: *En donation pure & simple*, est tiré du 285. de l'ancien : & ce qui a été ajoûté, est pour explication.

Les 390. commençant: *L'heritage baillé*, 391. commençant, *Et quant aux arrerages*, & 392. commençant, *Et lesdits an & jour*, ont été accordez & ajoûtez, sans préjudice du passé.

Le 393. commençant : *Propre heritage*, étoit le 295. de l'ancien : & ce qui a été ajoûté, est sans préjudice du passé.

Le 395. commençant : *Si par un même contract*, &

pour un même prix ont été vendus, étoit le 299. de l'ancien : & ce qui a été ajoûté, est sans préjudice du passé.

Le 396. commençant : *Si par un mesme contract, & pour un mesme prix sont acheptez*, a été accordé, & ajoûté, sans préjudice du passé.

Le 399. commençant : *Rentes constituées*, est tiré du 302. de l'ancien : & ce qui a été changé, est pour avoir lieu à l'avenir

Le 400. commençant : *Heritage vendu*, a été accordé & ajoûté, pour avoir lieu à l'avenir.

Les 401. commençant : *Quand un heritage*, & 402. commençant, *Les heritiers du vendeur*, ont été accordez, & ajoûtez, sans préjudice du passé.

Le 403. commençant : *Quand celui qui n'est en ligne*, a été accordé & ajoûté, pour avoir lieu à l'avenir.

Le 404. commençant, *Qui n'est habile à succeder*, a été accordé & ajoûté, sans préjudice du passé.

Des Exécutions pour rentes foncieres , moisons , ferme, ou pension d'heritages , loyers, & benefice de cession & attermoyement.

LE 406. commençant : *Un Seigneur d'hostel*, est tiré des 315. 317. & 352. de l'ancien : & ont été ajoûtez ces mots, *qui sera tenu bailler caution*, pour avoir lieu à l'avenir.

Les 408. commençant : *Le Seigneur d'hostel*, 409. commençant, *Quand un tiers détenteur*, 410. commençant, *Et après contestation*, 411. commençant, *Contestation en cause*, 412. commençant, *Si aucun a pris un heritage*, & 413. commençant, *Celuy qui n'est preneur*, ont été accordez, & ajoûtez, sans préjudice du passé.

Le 414. commençant, *Le locataire d'une maison*, étoit le 329. de l'ancien ; & ce qui a été ajoûté, est pour explication.

Le 416. commençant, *Et pour le regard des moisons*, a été accordé, & ajoûté, sans préjudice du passé.

Le 425. commençant, *Quand aucun achepte des*

porcs, étoit le 334. de l'ancien, auquel ont été ajoûtez ces mots, *à peine de quinze fols tournois d'amende, pour chacun porc*, pour avoir lieu à l'avénir.

Le 428. commençant, *Tous achepteurs de beftial*, eft tiré des 336. & 337. de l'ancien, auquel ont été ajoûtez ces mots, *tant d'eauö doulce que de mer*, fans préjudice du paffé.

Le 429. commençant, *Ceux qui font proxenetes*, eft tiré du 338. de l'ancien; & ce qui a été ajoûté, eft fans préjudice du paffé.

Des Arrefts & exécutions faites par vertu des lettres obligatoires & fentences.

L E 430. commençant, *Lettres obligatoires*, étoit le 347. de l'ancien; & ces mots, *en baillant par le creancier bonne & fuffifante caution*, ont été ajoûtez pour explication.

Le 431. commençant, *Lettres & gagement*, a été tiré des 360. & 364. de l'ancien, & ce qui a été ajoûté, eft fans préjudice du paffé.

Le 434. commençant, *Lettres obligatoires de creation de rente*, étoit le 350. de l'ancien, & ces mots, *de trente ans*, ont été ajoûtez pour explication.

Le 435. commençant, *Et au regard des rentes*, a été accòrdé, & ajoûté, fans préjudice du paffé.

Le 440. commençant, *Les biens pris par exécution*, étoit le 354. de l'ancien; & ce qui a été ajoûté, eft pour explication.

Le 443. commençant, *Si aucun forain*, étoit le 333. de l'ancien. Et fur les remontrances faites par le Bailly d'Orleans, ou fon Lieutenant, & par les Juges & Conſuls, a été ordonné que l'article paffera, fans préjudice de leur Jurifdiction, & d'autres Juges.

Les 447. commençant, *Meubles n'ont point de fuitte*, 448. commençant, *Et audit cas de déconfiture*, 449. commençant, *Le cas de la déconfiture*, 450. commençant, *Et n'a lieu la contribution*, 451. commençant,

Aussi n'a lieu, ont été accordez, & ajoûtez, sans pré-judice du passé.

Le 453. commençant, *Quand arrest sur arrest* étoit le 358. de l'ancien, & ce qui a été ajoûté, est sans préjudice du passé.

Le 456. commençant, *Si un creancier*, étoit le 359. de l'ancien ; & ce qui a été ajoûté, est pour explication.

Le 457. commençant, *Les Sentences & Jugemens*, a été tiré du 361. de l'ancien ; & ce qui a été ajoûté, est sans préjudice du passé.

Le 458. commençant, *Qui vend aucune chose*, a été accordé, & ajoûté, sans préjudice du passé.

Le 460. commençant, *De toutes amendes*, étoit le 365. de l'ancien ; & ce qui a été ajoûté, est pour explication.

Des Criées.

LEs 464. commençant, *En tout le Bailliage*, 465. commençant, *C'est à sçavoir*, 466. *En vertu de laquelle*, 467. commençant, *Et neanmoins*, 468. commençant, *Ce fait ledit Sergent*, 469, *Et pour ce faire se transporte*, 470. commençant, *Auquel dernier cry*, 471. commençant, *Les quarante jours*, & 472. commençant, *Les criées faites & parfaites*, ont été accordez, & ajoûtez, sans préjudice du passé.

Le 474. commençant, *Les heritages vacans*, a été tiré du 342. de l'ancien, & ces mots, *pourveu que ce soit*, jusques à la fin de l'article ont été ajoûtez, pour avoir lieu à l'avenir.

Les 475. commençant : *Heritage delaissé*, & 476. *Après la vente*, ont été accordez & ajoûtez, sans préjudice du passé.

Le 477. commençant, *Le creancier*, a été tiré des 343. & 344. de l'ancien : & ce qui a été ajoûté, est pour explication.

Le 478. commençant : *Celuy auquel a été vendu*, a été accordé, & ajoûté, sans préjudice du passé.

Le 480. commençant : *En matiere de criées*, a été tiré

du 346. de l'ancien : & ce qui a été ajoûté fur la fin dudit article , eft fans préjudice du paffé.

Les 481. commençant : *Quand une rente* , 482. *Et quand une rente conft.tuée* , 483. *Quant aux rentes foncieres* , 484. *Et pour le regard des offices* , & 485. *Office venul* , ont été accordez , & ajoûtez , fans préjudice du paffé.

Des cas poffeffoires.

LE 489. commençant : *Pour fimples meubles* , étoit le 372. de l'ancien : & ce qui a été ajoûté , eft fans préjudice du paffé.

De *la Taille du Pain & du Vin* , *& eftallon des fufts à Vin d'Orleans.*

LE 492. commençant , *En tout le Bailliage* , a été accordé , & ajoûté , fans préjudice du paffé.

CE fait, & ayant été lûs tous lefdits articles , avons continué l'affignation au Mardy 26. jour dudit mois d'Avril enfuivant, enjoignant à tous de fe raffembler ledit jour en même lieu , pour en leur préfence être faite lecture de ce qui a été accordé & paffé , qui fera pendant ledit tems redigé & mis au net. Et advenu ledit jour de Mardy , 26. jour d'Avril, & le Mercredy 27. dudit mois enfuivant, Nous nous ferions derechef tranfportez audit lieu , où avons trouvé lefdits trois Eftats affemblez en bon & grand nombre ; en préfence defquels avons fait relire ce qui avoit été paffé & accordé ès Séances precedentes ; & pendant ledit intervale de tems, avons mis lefdites Coûtumes en cahier dreffé par rubriches & articles, & ordre convenable, felon qu'il nous a femblé devoir être fait.

M *Jules Thiballier* , *Advocat du Roy porta la parole,* *& fit les remerciemens à Meffieurs les Commiffaires.*

ET fur la requefte faite par le Subftitut du Procureur General du Roy, Avons dit & ordonné , difons & ordonnons que les ajournez qui ne font comparus à la-

C v

dite redaction durant lesdites Séances, soient gens d'E-
glise, de Noblesse, ou du tiers Estat, seront pour le
profit du défaut par nous contre eux donné, censez, &
reputez être sujets ausdites Coûtumes. Et au surplus,
dit & ordonné, que lesdites Coûtumes seront, tant
par les comparans que défaillans, gardées & observées
pour Loy du Pays. Et à ce faire les avons condamnez
& condamnons, leur faisans, & à tous Avocats, Procureurs, & autres gens de Conseil, inhibitions & dé-
fenses de poser & articuler doresnavant autres Coûtumes que les susdites; & ausdits Bailly, Prevôt, Lieu-
tenans, & autres Officiers dudit Bailliage, de les recevoir à ce faire, & d'en informer par turbes. Et tout ce
que dessus, Nous Commissaires susdits, certifions être
vray, & avoir été fait, comme est contenu en ce pré-
sent Procès verbal. Lequel en témoin de ce, avons
signé de nos seings manuels, & seellé du seel de nos
armes, les jour & an que dessus.

Ainsi signé, DE HARLAY.   PERROT.

Apportées & mises au Greffe de la Cour, par Maître
Achilles de Harlay, Premier Président, & Nicolas Perrot,
Conseiller en ladite Cour, le 4. jour de Septembre 1584.

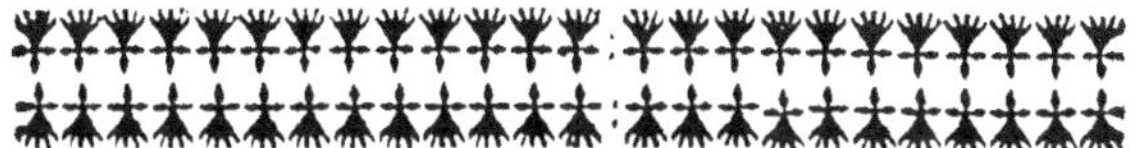

RECUEIL

De quelques Articles de l'Ancienne Couſtume d'Orleans, de l'an mil cinq cens neuf, Avec les Notes de Maiſtre Charles Dumoulin, ſur iceux.

ARTICLE IV.

UN vaſſal peut bailler à cens, rente, ferme ou penſion, ſon domaine, à vies, ou à touſiourſmais, en retenant à luy les foy & hommage, &c.

Etiam mediante pecuniâ : Ainſi a éſté jugé, ſelon mon opinion, par Sentence du Bailly d'Orleans, du cinq Janvier, l'an 1542. Entre Guillaume Durant, Notaire d'Orleans, qui avoit baillé le domaine de ſon fief, à cens & rente, moyennant ſomme d'argent, excedant leſdits cens & rente, d'une part ; Et Florent Bourgoin, ſeigneur de Cleves, qui avoit ſaiſi par faute d'homme, droicts & devoirs, &

Nouvelle Couſtume, art. 7.

demandoit le quint & requint, dont il fut debouté, & sa saisie declarée tortionnaire, lui condamné ès dépens de la cause, dommages & interests de la saisie, ce qui fut confirmé par Arrest prononcé le cinq Fevrier l'an 1543. Raporteur Bermonet, & Presidens De Goüy, & Spifame.

X.

Art. 86.

Le seigneur de fief, &c.

Ista sunt intelligenda ut scripsi in Consuet. Paris. §. 7.

XII.

Art. 45.

Le vassal, quand la foy faut de son costé, &c.

Ad ejus domicilium, & hoc facto non est opus adire locum dominantem : Fac not. per Barth. in l. si fi. §. Julianus, ff. de dam. inf. & in l. in illa, ff. de const. pecun.

Il s'est trompé, le Texte dit le contraire. *Voyez* la note sur l'art. 45.

Hommage. *Quid, si etiam dominus exigat formale juramentum fidelitatis ? Resp. Vassillus non tenetur ultra formam consuetam nec ad formas insolitas, & nihil ad nos de consuetudinibus Longobardorum de quibus in usib. feudorum ut dixi in rub. de feud. in Consuetud. Paris. ad fi.*

XX.

Et si la foy faut du costé du vassal, &c.

Et multò magis absque aliquâ ratione fructuu n.

XXVII.

Le fils aisné ne peut demander prerogative d'aisnesse, &c.

Si utriusque sit hæres : Idem Consuetud. Dunensis eod. tit. §. 10. Sed non debet fieri extensio ad successiones avi & aviæ, quia iste §. exorbitat à regulâ communi consuetudinum.

XXXI.

Quand enfans Nobles, &c.

Hæc consuetudo iniqua est , & restringenda quando ab initio nulli omninò sunt custodes : Duo enim copulativè requiruntur , Primò , quod desit gardia : Secundò , quod detur tutor extraneus ab initio : unde sufficit matrem custodem naturalem vel momento supervixisse. Idem si tutela matri decreta sit , quia qualitas tutelæ non impedit jus & favorem custodiæ. Et contra legem iniquam semper facienda est interpret. Bald. in l. un. C. de cad. tollend, fac. l. Salvius Aristo. ff. de legat. præstand.

Art. 61.

Art. 97.

Art. 34.

XXXVI.

Art. 22.

En succession.

Salvo quod primogenitus viginti annorum les acquitte *per §. præcedentem, qui debet generaliter accipi. Item fallit si mater vel avia nolit acceptare commodum, sed rationem reddere ut protutrix ad commodum filiorum vel nepotum.*

X L.

Si pere, mere, ayeul, ou ayeule.
Iniqua Consuet. ut in simili dixi de Consuet. Parif. §. 3 2. Fallit ergo primò si subest filius vel nepos viginti annorum qui les exempte, *ut suprà, §. 35. & infr. §. 49.*

XLI.

Art. 361.

Que doresnavant.
Vide quæ dixi in Consuet. Parif. §. 12. qu. 8. Idem Consuet. Montis-argici, tit. 1. §. 39. & sic primum matrimonium intelligitur illud ex quo contingit superesse liberos.

XLIV.

Art. 273.

Si pere & mere, ayeul, ou ayeule donnent.
Potest enim contingere quod tempore mortis donantis hæc erit vidua, & sic nihil debebitur domino feudali.

LXXI.

Et si un seigneur.

Art. 74.

Alias non esset fructus capere, sed depopulare, non pecus tondere, sed deglutire, ut dicebat Tiberius, alioquin tyrannus immanis. Adde infr. §. 81.

LXXX.

Et s'il est trouvé.

Art. 81.

Intellige domino feudi non possidente.

C.

Si lesdits gens d'Eglise.

Art. 41.

Præter fidem infr. §. 103. & adhuc debet dari in provinciâ : secus si vendit, &c.

CIX.

Si aucun prend aucun heritage.

Art. 108.

Nota quod iste §. loquitur quantum ad laudimia, & de reditibus de bail d'heritage, *qui sunt multo majoris precii quam pecunia constituti. Et etiam ut simpliciter loquitur de non redimibilibus : & sic videtur inferri quod redituum redimibilium precium est longè vilius. Sed nil sequitur quia hic §. loquitur solum quantum ad taxanda laudimia quæ sunt jura lucrativa & odiosa. Et sic in istis non attenditur præcisè*

valor verus & summus , sed potius
quod minimum est. Et sic infertur
ad justum valorem reditus hujusmo-
di in se , puta quando agitur de di-
videndo , vel vendendo , quia tunc
vera communis æstimatio fieri debet.

CXI.

    En eschange.
Idem infra , §. 130.

CXXV.

    Si l'heritage estant en censive.
Et consequenter etiam locus est re-
tractui proximitatis : postquam enim
officia sacrificulorum pecunia æsti-
mantur , sequitur quod sunt in com-
mercio , & consequenter prophana
& quantumvis superstitione tecta ,
quod etiam vidi antiquitas , ut in
hac antiquâ Consuetudine.

CXXIX.

    Cens est divisible.
Nisi constet de la clause speciale ,
veu le bail au contraire.

CXXXI.

    Heritage baillé à cens.
Scilicet propriè, portant directe ,
sed benè à rente ou pension , *quæ*
impropriè vocatur sensus , ut dixi in
Consuet. Parisiens. tit. 2. in rubr.

CLIV.

Quand oyes.   *Art. 162.*
Sed per Conſuetud. Laudunenſem
licet damnum paſſo hæc parva ani-
malia ſibi ipſi applicare, & jus ſibi
dicere, ut ibi dixi. Adde Joh. Fabr.
in §. avium, & §. gallinarum inſtit.
de rer. diviſ.

CLXV.

Enfans non eſtans en garde.   *Art. 182.*
Hoc adverbium abundat, & ſic
alioqui judicium nullum, quia etiam
ipſe cuſtos vel bajulus, ſi eſt minor 25.
annis, indiget curatore in judiciis.

CLXXVI.

Si homme marié.   *Art. 209.*
Et ſic præſupponit quod omnes con-
queſtus & mobilia confiſcantur ſalvis
pactis matrimonialibus, qui eſt vetus
error, quem Pariſiis & alibi correxi.

CLXXXII.

Et ſi de deux conjoincts.   *Art. 26.*
Et ſic liberi omnes mediam tan-   Il s'eſt trom-
quam unum caput, ſcilicet illi qui   pé, faute de
ſunt hæredes deffuncti, & non alii   faire atten-
quorum partes ſuccedentibus accreſ- tion à l'art.
cunt, & inter ſe dividunt in capita   186.
abſque jure primogenituræ quoad

quod capiunt jure hujus communio-
nis continuatæ.

CLXXXV.

Art. 216. Si de deux conjoincts.

Ergo non curatur si unus eorum
est conjugatus, alter cœlebs.

CLXXXVII.

Art. 186. Les debtes faites, &c.

Ergo idem respectu obligati sim-
pliciter vel in solidum quoad se, sal-
vo recursu : quid enim ad creditores
si tunc vel postea debitor habuit uxo-
rem ? Ad hoc l. pacto debitorum, C.
de pact. & ita respondi contra quos-
dam pragmaticos. Adde quæ dixi in
tract. commerc. & usurar. q. 38.

CLXXXVIII.

Art. 202. Combien que par le traité de
mariage.

Scilicet tacita, secreta vel occulta
per §. seq. alias impediretur libera
facultas contrahendi matrimonium,
quod esset injustum, l. pen. C. pro soc.

CXCV.

Art. 233. En mur moitoyen.

Hic negativam expunxi cogente ra-
tione & structura textus.

CCXII.

Quand entre deux heritages.

Art. 252.

Id eſt præſumitur talis eſſe juxta not. in l. id quod poſt §. quod ff. de per. & com. rei vend. quod ſi æqualiter præſumitur æqualitas dominii. Alex. Conſil. 54. lib. 5. & Bart. in tract. Tiberia & not. in l. littera ff. de contr. empt. & vend. in l. prædia, §. ult. ff. de fund. inſtr. & inſt. lega. Angel. Aretin. in §. flumina & §. ſeq. Inſt. de rer. diviſ. Jaſ. in repet. l. quominus col. 11. ff. de fluminib. Alexan. Conſil. 120. ubi in annotat. dixi lib. 2. Conſil. 212. lib. 7.

CCXVI.

Si pere ou mere.

Art. 272.

Hoc non ſolum refertur ad legitimam juris, ſed etiam ad prerogativas conſuetudinis, ut primogenituræ, nec obſtat inf. §. ſeq. in fi. quia ibi ſit relatio non ſolum ſecundum Jus ſcriptum, ſed etiam ſecundum beneficium conſuetudinis.

CCXVIII.

Deſſaiſine & ſaiſine.

Art. 278.

Et dummodo ſit facta ſub hoc territorio : ſecus ſi Pariſiis de terris ſitis Aureliis.

CCXX.

Art. 280.

Homme & femme.

Ergo non possunt legare invicem etiam in testamento communi , nisi transeat in formam actus inter vivos , ut §. seq.

CCXXI.

Art. 281.

Homme & femme.

Quid si habeant filium moribundum , & faciunt donationem mutuam in casum quo ille præmoriatur sine liberis prout contigit , an valeat donatio ? Resp. Quod sic , quia concurrit jus commune & mens Consuetud.

CCXXVII.

Art. 289.

Un testament escrit.

Hæc alternativa quamvis repetita §. sequenti valdè captiosa est & videtur resolvenda in copulam , ut qua scriptura habeat datam , saltem omnino probandum erit de veritate scripturæ , & quod fuit facta animo testamenti completi. leg. si lib. Panor. de testam.

Par la réformation , cet article a esté suprimé ; les testamens ne sont de la Jurisdiction Ecclesiastique.

CCXXXIV.

La cognoissance d'execution.

Iste verus error quo Episcopi jure Papali trahebant omnia ad forum suum , ideo non obstante errore præ-

dicto , etiam Aureliis Judex fæcularis cognoscet hac de re etiam inter Sacerdotes privativè ad Judices Ecclesiasticos.

CCXL.

Le doüaire de la femme. *Art.* 220.

Non solum respectu mulieris , sed etiam respectu filiorum ad quos non transit nisi expressim dictum sit : tamen si consistat in certa summa judicatum etiam per arrestum quod non tenetur satisdare vidua.

CCXLI.

En traicté de mariage. *Art.* 221.

Quid , s'il y a conquests & meubles ? Sed vidua mavult habere quartam mobilium in perpetuum , quam quartam acquisitionum immobilium ad vitam. Certè videtur electio viduæ, quia si nihil fuisset acquisitum, & omnia mansissent in mobilibus, multò plus caperet.

CCXLV.

Les nepveux collateraux. *Art.* 330.

Sanè intellige , quant aux meubles, & conquests immeubles : *secus de hæredis text. §. 251. infr. eod. & generalitas Consuet. Galliæ.*

CCLIX.

Cet article a esté supprimé.

Representation n'a lieu.

Intellige de simplici repræsentatione : secus quando cum illa concurrit duplicitas vinculi intra filios fratrum, ut sup. §. 245. & notandum quod qui semel consenserunt, non possunt amplius pœnitere, nisi eum de cujus successione agitur pœniteat l. ult. C. de pact.

CCL.

Art. 305.

Les nepveux.

Ergo filia repræsentat patrem etiam contra patruos in jure primogenituræ, ut dixi in Consuet. Paris. §. 3. vel 4.

CCLIV.

Art. 209.

La femme condamnée.

Intellige de mobilibus ubicumque sitis, quia sequuntur Consuetudinem loci in quo mulier habebat domicilium. Bald. in l. mercatores C. de vectigal. & cum sed quoad immobilia quæsita attendetur Consuet. loci in quo sita sunt.

CCLXIII.

Art. 303.

Heritage acquis.

Non ergo quibuscumque, puta collateralibus à latere acquirentis fac.

infr. §. 278. *& sic hæc Consuetudo minus recedit à jure communi quam Consuet. Paris.* §. 112. *& Blesensis,* §. 153.

CCLXXIII.

Tous fruits pendans font heri- *Art. 354.*
tages.

Non sufficit esse cœpta legari, sed si cœpta sit, censetur mobile, quatenus est ligata & non ultra. Joh. Igneus qui tempore Ludovici XII. *fuit Doctor actu regens in Jure Civili in Academia Aurelianensi. Et Consiliarius Mediolanensis, & sub Francisco Primo Præses in Senatu Rothomagensi: in l.* 1. §. *servi appellatione, num.* 145. *cum* 2. *seq. ff. ad Syllanian. per l.* 1. §. *hæc verba ff. quod qui jur.*

CCLXXVIII.

Toutefois s'il advient. *Art. 380.*
Idem Consuet. de Lorris, *eod. tit.* 'Meldun. Borbon. de la Marche, *Nivernensis, eod. Meldensis* §. 88. *Laudunens. Arverniæ, & major pars Consuetud.*

Idem §. 294. *& Consuet. Nivernens. eod. tit. Philip. Decius Consil.* 275. *num.* 10.

CCLXXXI.

Art. 381.

Si homme ou femme.

Etiam natis vel conceptis poſt acquiſitionem , etiamſi non ſint hæredes : quia ſola qualitas ſanguinis attenditur.

CCXC.

Art. 371.

Toutefois s'il y a procès.

Id eſt , amplier : *lis cœpta Aureliis ubi res & partes : reus* , appelle de la reception de veuë , *& diu fruſtratur actorem : tandem* , ès grands jours de Tours , l'an 1547. à la premiere cauſe plaidée par Amelot, l'Appellant eſt condamné en l'amende : *Et bene , tamen quia actor jam erat Advocatus Parlamenti* , le principal de la cauſe eſt renvoyé aux Requeſtes du Palais à Paris , *ubi reus cavillatur , ante conteſtationem* tend le gyron , *deinde dicit quod per viginti quatuor horas ſequentes actor eſt excluſus : Ergo reſpondi quod iſta eſt captio affectata & terminum prorogandum judicis arbitrio , prout in ſimili reo fugitivo in Prætorio Pariſienſi , qui in cauſa appellationis in hoc Senatu videns actorem abſentem in neuſtriam repentè tetendit* le gyron : *Senatus decrevit*

*decrevit octiduum ad refundendum:
& benè.*

Limité.) *Judex Aurelianensis jussit*,
rembourser dedans huictaine après
que les Parties auroient convenu du
lieu, & à refonder les loyaux coufts,
dedans huictaine après? *Resp. malè
judicatum, præsertim cum actor domicilium haberet tribus leucis ab hac
urbe Aurelianensi tantum: Tum Judex debet taxare tempus liquidum,
videlicet trium vel octo dierum à sen-
tentiâ, non autem non liquidum ut
hic.*

CCCII.

Rente constituée.
*Hoc non intelligitur de reditibus
vulgaribus qui loco sunt usurarum:
quia esset iniquissimum, ut dixi in
tract. contr. & usurar. Latino & Gallico, & in Consuet. Paris. §. 57.*

Art. 399.

CCCIII.

Deniers & chofes deuës.
*Hæc recipiunt interpretationem æqui-
tatis: Contigit Aureliis filiam à ma-
tre expulsam in domum patrui se
recepisse, à quo per biennium & se-
mestre alita est ætatis 13. vel 14.
annorum. Postquam nupsit, petit à
patruo legatum sibi factum ab avo:*

Art. 265.

II. Partie.   D

patruus voluit compensare dicta alimenta , sed condemnatus fuit salvâ actione ad alimenta & bene , quia non erant liquida : sed tamen ea petere potest non obstante lapsu biennii hujus Consuetud. vel Constitutionum Regiarum , quæ non excludunt æquitatem hujus casus.

CCCXVI.

Art. 407.

Et est assavoir , qu'où il n'y a que un terme.

Debet hîc esse dictio exceptiva si non.

CCCXXVIII.

Art. 422.

Quand une maison.

Pro diviso : alias non esset dubium.

CCCXLIII.

Art. 477.

Et outre que toutes & quantes fois.

Car chacun des opposans se peut faire subroger en son lieu , & le contraindre de luy bailler les exploicts, en luy payant les frais d'iceux.

CCCXLIX.

Art. 433.

Toutes exécutions cessent par la mort.

Non cogneuës : car il faut adjourner l'héritier pour voir déclarer executoire , *ut not. in cap. quia l. ext. de Jud. sed executio inchoata tran-*

fit in hæredem, qu'il fuffit adjourner pour reprendre ou délaiffer le procès, fi le deffunct eftoit oppofant.

CCCLIII.

Un achepteur de biens. *Art.* 439.

Etiam Sacerdos ceffante privilegio fori ut in depofito prærogato.

Infr. etiam fi ipfe debitor fe conftituiffet achepteur de biens : *unde cum per fententiam* du Prevoft, confirmée par le Bailly d'Orleans, *exclufus fuiffet* de fes Lettres Royaux de refpit à un an, *& appellaffet Senatum*, fut dit, bien jugé, mal appellé, & l'amendera : Le Mardy 16. Septembre *poft prandium*, ès grands jours de Molins, *me præfente.*

CCCLX.

Lettres & gaignement. *Art.* 431.

Sic vocant pragmatici vulgares litteras de figillo Cancellariæ Commiffionis generalis: ergo idem des Lettres Royaux de *Committimus :* car elles valent autant & plus que le *Debitis.*

CCCLXXVI.

Il eft prohibé & défendu. *Art.* 191.

Scilicet more veteri, tandem ad ra-

tionem duodecimæ tantum conceditur, ut dixi in tract. commerc. & usur. q. 10.

CCCLXXIX.

Art. 454.

La chose mobiliaire estant veuë à l'œil, *id est in bivio vel loco publico.*

Entiercée : *id est,* sequestrée & mise *in tertiam manum, de quo Joh. Imbertus in Inst. Forens. p. 12. Latina, & fol. 37. Gallica.*

CONFERENCE

DES COUTUMES VOISINES,

& de quelques-autres qui servent d'explication à celle d'Orleans.

[*La Coûtume de Paris se trouve sur la Table Parallele, & sur les Notes.*]

TITRE PREMIER.

FIEFS.

ART. 1 *Conf.* MOntargis, chapitre 1 art. 1 *où le requint est dû*, comme à Blois, art. 60. Dunois, art. 1 *où le rachapt est dû*, comme à Chartres, art 19. Etampes, art. 7. Berry, tit. 5 art. 1

2 C'est une exception du droit commun, comme disent Melun, art. 29. Peronne, 49, 59

3 C'est une maxime, *saisie réelle d'un fief ne déposséde le vassal.*

4 Berry, tit. 9 art. 82, 83 *diff.*

5, 6. Montargis, chap. 1 art. 2. Chartres, 36, 37, 38 Blois, 68. Nivernois, chap. 4 art. 25, 38 L'art. 39 dit que *le Seigneur n'en est tenu en commise.*

7, 8, 9, 10, 11 Montargis, chap. 1 art. 3, 4, 54. Blois, 61, 62. Chartres, 20, 36, 37. Etampes, 36 Amiens, 26 *Ne veut pas qu'on prenne deniers d'entrée*, ce qui est ici permis.

12 Montargis, chap. 1 art. 77, 78. Blois, 82, 83, 116.

D iij

Chartres, 18, 22. Etampes, 52. Auxerre, 99 dit, *que si la faculté est accordée depuis, il est dû profit.* Nivernois, ch. 4 art. 23 où il est dû lors du retrait, art. 41 *Le Seigneur peut retenir à la charge du retrait conventionnel.* Berry, tit. 5 art. 49, 59

13 Montargis, chap. 1 art. 61. Etampes, 58. Berry, tit. 5. art. 41. Nivernois, chap. 1 art. 26 *y a quint.*

14 Montargis, chap. 1 art. 41, 61. Blois, 89 122. Dunois, 14. Etampes, 2. Chartres, 16. Berry, tit. 5 art. 17

15 Montargis, chap. 1 art. 51. Blois, 88. Chartres, 26. Berry, tit. 5 art. 32

16 Melun, art. 126 dit, *ordonnée.*

17 Blois, 92. Chartres, 3 *explique.* Voyez *du rachat rencontré.* Tours, 137. Angers, 123

18, 19 Montargis, chap. 1 art. 44, 45. Blois, 67. Dunois, 15. Nivernois, chap. 4 art. 30. Dekalande sur l'art. 18 cite d'autres Coûtumes.

20 Bretagne, art. 356

21 Montargis, ch. 1 art. 47. Dunois, 17. Melun, 75

22 Montargis, chap. 1 art. 33, 62. Blois, 84. Chartres, 16. Berry, tit. 5 art. 9, 12 tit. 6 art. 10

23 Montargis, ch. 1 art. 63. Blois, 4, 7. Etampes, 89. Chartres, 41, 104

24 Montargis, ch. 1 art. 28, 53. Blois, 64. Dunois, 11. Etampes, 20, 21, 22. Chartres, 40, 42. Anjou, 123. Maine, 137. Nivernois, ch. 4 art. 64 *explique* cet article.

25 Montargis, chap. 1 art. 27, 33, 40. Blois, 5 *où la mere perd sa garde en se remariant.* Etampes, 24. Chartres, 105, 106 *ayeuls exclus.* Tours, 342 *reserve les bestiaux & les meubles d'agriculture.*

26 Montargis, chap. 1 art. 34, 35, 36

27 Chartres, 108. Château-neuf, 140 *collateraux exclus du bail.* Berry, tit. 1 art. 9 *donne aux Baillistres collateraux l'usufruit.* Voyez Dumoulin, Paris, 23 Il dit, *est depradatio, &c.*

28 Montargis, chap. 1 art. 48

29 Montargis, chap. 1 art. 40

32 Montargis, chap. 1 art. 30

34 Montargis, chap. 1 art. 29, 94. Etampes, 19, 20.
Chartres, 107. Berry, tit. 1 art. 39 *n'est dû profit.*
Niver. ch. 4 art. 3 *autre faveur.* Normandie, 197

35 Montargis, chap. 1 art. 32. Blois, 69. Dunois, 12.
Etampes, 56. Chartres, 2. Dourdan, 10 dit que
l'aîné y peut être contraint.

37 Chartres, art. 34 *par le premier mariage.* Blois, 85

38 Blois, art. 86. Chartres, 25. Etampes, 41

39 Nivernois, chap. 4 art. 69. Berry, tit. 5 art. 17

40, 41, 42. Montargis, chap. 1 art. 86, 87 88.
Blois, 41, 42, 43, 45. Tours, 103, 104, 105. Maine,
41, 459. Anjou, 37 *Voyez* Dupineau, *p.* 27 pour
indemnité. Voyez Melun, 29, 30. Guenois, Conference des Coûtumes, *fol.* 288 *versò*, sur Melun,
Des Vicaires, 111 dit : *Le rachat n'est dû que par
mort naturelle, bien qu'un du corps eût porté la foy,
& qu'il en sortît dans la suite. Secus, si le fief est attaché au domaine d'un benefice particulier.* Tours, 119.
Grand Perche, 71
Pour le *Haut-Justicier, voyez* Sens, art. 5 & pour
l'indemnité, 6. Berry, tit. 5 art. 53

43 Montargis, ch. 1 art. 112. Troyes, 28. Sens, 191.
Auxerre, 63. Rheims, 99. Nivernois, chap. 4 art.
1 *donne* 20 *jours.* Poitou, 98 dit, *qu'il suffit qu'une
des causes de la saisie soit vraye.* Laon, 206

44 Montargis, chap. 1 art. 5 ch. 2 art. 32. Blois, 59.
la Marche, 182 explique fort bien.

45, 46 Montargis, chap. 1 art. 11, 12. Dunois, 26.
Bourgogne, tit. 3 art. 1

47 Montargis, chap. 1 art. 10, 13. Blois 54, 63.
Dunois, 2. Etampes, 12

48 Montargis, chap. 1 art. 83. Dunois, 24. Etampes, 16. Amiens, 23, 24. Nivernois, chap. 14 art.
45, 46. Perche, 38. Berry, tit. 5 art. 21. Bourbonnois, 391. Auxerre, chap. 22 art. 42

49 Montargis, ch. 1 art. 5 *le donne à tous Seigneurs.*

Chartres, 65 , 66. Etampes , 27, 28

50 Montargis, chap. 1 art. 11 , 16 , 17 *veut somma-*
tion. Blois, 53. Chartres, 30. Tours, 21, 22. Etampes, 18 *different pour la premiere année, le Seigneur*
fait les fruits siens sans saisie ni sommation.

51 Montargis, chap. 1 art. 81

52 Montargis, chap. 1 art. 13. Chartres, 8. Dunois, 3.
Romorentin, 1. Rheims, 76 *Des trois années on en*
compose une.

53 Dunois , art. 4 , 5

54 Etampes, art. 14. Tours, 134

55 Montargis , ch. 1 art. 55 , 81 *explique.* Sens, 219,
dit, *Si le Seigneur joüit, il n'y a plus de choix.*

56 Etampes, art. 13. Montfort, 31. Poitou, 157 *expl.*

57 Montargis, ch. 1 art. 71. Dunois, 7. Romorent. 1

58 Chartres, art. 11 , 12. Romorentin, 1. Berry, tit.
5 art. 45 , 46. Anjou, 113 , 117. Maine, 124

59 Montargis, chap. 1 art. 21

60 Montargis, chap. 1 art. 16. Chartres, 35. *Voyez*
Normandie, 106. Rheims, 160

61 Blois, art. 100. Chartres, 25 *mais ne fait les fruits*
siens.

62 Montargis , chap. 1 art. 18. Etampes, 38. Blois,
50 , 51 , 52

64 Blois, art. 47 , 48. Etampes, 38 , 39 , 64

65 Montargis, chap. 1 art. 79. Etampes , 40. Nivernois, ch. 4 , art. 44 , 66 , 67 *Expl.*

66 Montargis, chap. 1 art. 50. Blois, 97. Dunois, 18.
Sens, 121. Montfort - l'amauri, 46. Berry, tit. 5
art. 38 *distingue.*

68 Clermont, art. 50. Valois, 117. Troyes, 49. Laon,
186. Tours, 27, 28, 29. Nivernois, ch. 4 art. 52

70 Montargis , ch. 1 art. 73. Blois, 78. Chartres , 29.
Tours, 139. Melun, 80. Auxerre, 64

71 Montargis, chap. 1 art. 69. Etampes, 30. Berry,
tit. 4 art. 33

72 Montargis, chap. 1 art. 56. Chartres, 13 est contraire. Anjou, 122 *Expl. Mais on joüit des bestiaux.*

Idem, Maine, 132. mais Poitou, 154 , 155 , 156 *Expl.* la fraude.

73 Etampes, art. 31. Tours, 134 *Expl.*

74 Montargis , chap. 1 art. 71 , 72. Blois, 78 , 100 , 229. Dunois, 22 Pour *les hauts bois commencez à être abatus par le vaffal.* Meaux , 127 Pour *les étangs.* Melun, 80 *refufe les alimens aux vaffaux.*

75 Berry, tit. 5 art. 46

76 Montargis , ch. 1 art. 67. Blois, 77. Dunois, 21. Etampes, 37. Poitou, 97, 121

77 Montargis, ch. 1 art. 77. Blois, 39. Etampes, 33. Chartres, 32. Tours, 19 , 365. Lodunois, chap. 1 art. 15 dit que *toutes les commiffions generales font nulles.* Nivernois, chap. 4 art. 9 *Expliq. Voyez* ce que dit Coquille *de la conforte-main.*

78 Montargis , chap. 1 art. 64 , 80. Blois, 102 , 103 , 106. Dunois, 20. Etampes, 42 , 44. Chartres, 33 , 34. Tours, 3. Nivernois , ch. 4 art. 67 , 68

79 Etampes , art. 43. Nivernois, ch. 4 art. 48 , 65

80 Montargis, chap. 1 art. 83. Etampes , 34. Vermandois, 218. Châlons, 218. Nivernois , chap. 4 art. 50. Bourbonnois , 376

81 Chartres , art. 43

82 Nivernois, chap. 4 art. 58

83 Montargis, chap. 1 art. 68

84. Montargis, chap. 1. art. 75. Blois, 93 , 94 , 95 , 96. Dunois , 23. Chartres, 15. *Voyez la Conference* de Guenois; *fol.* 67 *verſo.* Meaux, 139 *où le chambellage & le cheval de fervice font expliquez.* Tours, 95 , 96. Anjou, 132 , 133. Perche, 76. Château-neuf, 20 *quand le fief eſt entier.*

85 Chartres, art. 32 fur la fin, *il n'y a ici aucuns fiefs de danger* , comme dit Troyes , tit. 3 art. 37 *Ces fiefs font expliquez par* Chaumont , tit. 2 art. 56

86 Montargis, ch. 1 art. 9. Chartres , 81. Blois, 36 , 37. Etampes, 26. Tours, 146. Berry, tit. 12 art. 3 , 4 , 5 , 7. Nivernois, ch. 4. art. 12 , 13 , 14, 15 , 16.

87. Etampes, art. 37 *Quand deux vaffaux fe préfentent.*

Nivernois, chap. 4 art. 47. Laon, 214 , 215 , 216
Chauny, 102 , 103. Arthois, 22 *est trop dur.*
88 Montargis , ch. 1 art. 52. Blois, *99.* Dunois, 19
Melun, 23. Sens, 183. Berry , tit. 5 art. 23
89 , 90 Montargis, ch. 1 art. 22 , 23. Blois, 143 ,
144, 145. Dunois, 8 , 9. Romorentin , 2. Etampes,
9. Chartres, 4 , 5 , 6
91 Article particulier pour Orleans.
92 Montargis , ch. 15 art. 16. Romorentin, 3. Chartres , 5
93 Montargis, ch. 15 art. 17
97 Montargis, ch. 1 art. 24. Dunois, 10. Romorent. 4
99 Montargis, ch. 1 art. 43
100 Peronne, art. 14 , 55 *Voyez Pithou.* Troyes, 180
101 *Des Moulins banaux* , Tours, art. 7 , 8. Anjou,
14. Maine, 14 *en faveur des Haut-Justiciers.* *Voyez*
le Grand Coûtumier, *p.* 181

TITRE II.

CENS ET DROITS CENSVELS.

ART. 102. *Conf.* **M**Ontargis, chap. 2 art. 1. Chartres, 112. Blois , 110. Du-
nois, 35. Etampes, 49 , 50, 53
103 Montargis, ch. 2 art. 2 , 29. Chartres , 44, 45 ,
110, 111. Blois, 38. Dunois, 45 , 49. Etampes,
53
104 Montargis, chap. 2 art. 3 sur ces mots , *ou autrement düement. Voyez* Bretagne , 78
105 Montargis , chap. 2 art. 3. Chartres , 45 *Voyez*
Guenois sur Paris, 75. dit *que les Coûtumes réformées
avant 1563. ne donnent cette provision. Les censitaires
en joüissent en vertu de l'Ordonnance , & même à l'é-
gard de celles qui en donnent plus , elles sont reduites
par cette Ordonnance ,* ce qui merite quelque reflexion.

Nulle provision contre le Roy, Berry , tit. 6 art. 15 , 18

106. Montargis , ch. 2 art. 5. Chartres , 45. Blois , 115. Dunois , 36 , 37. Etampes , 48

107 Montargis, chap. 2 art. 5 , 6 , 8 , 31. Blois , 118. Chartres , 109. Etampes , 48. Melun , 112 , 115. Sens, 226 , 233. Dourdan dit , *s'il a maison pour déprier. Secus pour les arrérages.* Melun , 113 *mais il n'est besoin d'Acte en forme pardevant Notaire , le fonds n'étant point contesté* Nivernois , ch. 5 art. 24 , 25 *oblige les Notaires de déclarer les mouvances.*

108 Montargis , chap. 2 art. 10 , 11 , 12 *& suiv.* jusqu'aux 21 , 31 , 46. Chartres, 49. Blois , 115 , 118 , 123. Etampes , 45 *exhiber* , non pas comme dit Melun , 111. Tours , 354 , 355 , 356 , 357 *appretiations de grains* , 358 , 359 *des volailles de cens.*

109 Montargis, chap. 2 art. 23 , 25 , 47. Chartres , 46. Blois , 124 , 125 , 126. Dunois , 39 , 41

Il y a bien des Coûtumes où il n'est rien dû lors de la création de la rente rachetable ; mais il est dû quand la rente est remboursée. Melun, 522. *Voyez* Paris, 87. D'autres coûtumes donnent le choix de le prendre d'abord ou lors du remboursement. Sens, 22

110 Montargis, ch. 2 art 24 , 49. Chartres, 50 , 51. Blois, 38 , 119 , 120. Etampes , 58. Melun, 120 , 121. Sens , 229

111 Montargis , chap. 2 art. 33 *contre.* Dunois , 42. Etampes, 51. Tours, 123. Melun, 124. Sens, 123

112 Montargis, ch. 2 art. 26. Dunois, 43. Tours, 149. Sens, 233. Auxerre , 73 dit *vingt-quatre heures.* Auvergne, ch. 16 art. 1 *pourvû que le contrat ait sorti son effet.* Sens 233.

113 Montargis, chap. 2 art. 30. Dunois, 44. Etampes , 57. Tours , 151 dit *Tournes de la même succession.*

114 *Voyez suprà* , art. 16 , & Melun , 125

115 Bourbonnois, art. 397 *Quand il paroît une éviction.*

116 Montargis, chap. 2 art. 7

117 Blois, art. 121. Dunois, 40. Etampes, 54. Sens, 228. Senlis , 214 dit *recompensatif.* Vitry , 30. Chaumont ,

61 mais Rheims , 151 dit *Quelques charges qu'il y ait , à moins qu'il n'y ait bourse deliée.* Auvergne , ch. 16 art. 3 dit *en donation de succession , à la charge de payer les dettes , en faisant une ventilation d'icelles ,* dont parle Bourbonnois , 396.

118 *Suprà* , art. 41. Chauny , 100. parle *de rente sur fiefs. Ici sur censives.* Peronne , 75. Tours , 113. *Voyez* aussi l'art. 105. Sens , 23 *donne un droit au Seigneur Haut-Justicier.*

119 *Suprà* , art. 41. Berry , tit. 5 art. 53. *fait aussi les fruits siens.* Valois , 24 *après un an , donne la proprieté.* Saint Quentin , 48 *la joüissance.*

120 Peronne , 76 *donne* 40 *ans.* & l'art. 77. dit *donner un autre Vicaire dans les* 40. *jours du decès.* Sens , 23 *le Seigneur après l'an & jour de sa connoissance , n'a qu'une action pour l'indemnité.*

121 Montargis , ch. 2 art. 36. Blois , 129. Dunois , 46. Etampes , 55

122 Montargis , ch. 2 art. 27 , 28. Blois , 127. Dunois , 34 , 47. Etampes , 56. Auxerre , 98 dit que *le second cens est une rente.* Nivernois , chap. 5 art. 12 dit fort bien , *au préjudice du Seigneur.*

123 Blois , art. 34

TITRE III.

RELEVOISONS A PLAISIR.

ART. 124. *Conf.* CHartres, art. 17 *Relevoisons à plaisir sont regies comme les fiefs du Perchegoüet.* Tournay , tit. 7 art. 1 où le contraire est dit; *il est plus avantageux pour le Public.*

125 Nivernois , ch. 5 art. 16.

126 Chartres , art. 2. Senlis , 156. Ligüeil locale de Tours , art. 1

127 *Voyez* ce qui a été dit ci-dessus sur l'art. 37.

129. *Voyez* l'art. 73

133 Chartres , art. 112. Dunois , 32 *Nul cens requerable.*

134 Blois , art. 113 , 114. Sens , 137. Bourbonnois , 103

dit, *que quand on ne poſſede plus, on eſt obligé de nom-mer le détenteur.* Melun, 127 *le tiers-détenteur peut délaiſſer pour le cens , en payant les arrérages de ſon tems.* Auxerre , 92 dit , *délaiſſant ſans démolition.* Rheims, 146

135 Blois, art. 109, 115 *du cens à cher prix.* Dunois, 32 où *nul cher prix, ſans titre.*

140 Montargis, tit. 1 art. 9. Blois, 109. Chartres, 48, 161. Dumoulin ſur Châlons, 125. Nivernois, chap. 5 art. 2

TITRE IV.

CHAMPARTS ET TERRAGES.

ART. 141 *Conf.* MOntargis, chap. 3 art. 1 , 2 , 3, & 10. Chartres, 113, 114. Blois, 130, 131, 132, 133. Dunois, 50. Romoren-tin, 6, 7. Etampes, 59, 60

141 Etampes, art. 61

143 Montargis, ch. 2 art. 40 ch. 3 art. 4. Blois, 135. Etampes, 62

TITRE V.

PASTURAGES , &c.

ART. 144 *Conf.* MOntargis , chap. 4 art. 1. Lan-gres, 4

145 Montargis, chap. 4 art. 2. Melun , art. 303. Meaux, 179. Sens, 145. *Voyez* Guenois, *Conf. fol.* 17

146 Dunois, art. 53

147 Montargis, ch. 4 art. 3. Blois, 224, 225. Berry, tit. 10 art. 6. Tours, 202. Nivernois, ch. 14 art. 1. Melun, 302 dit, *quoique clos, & fermez.* Auxerre, 263.

148. Montargis, chap. 4. art. 6

150 Berry, tit. 10 art. 7

151 Montargis, ch. 4 art. 4, 7. Blois, 219. Dunois, 52. Etampes, 189. Normandie, 531 *donne l'année.*

TITRE VI.

EPAVES, BESTES ESGARE'ES.

TITRE VII.

GARENNES ET COULOMBIERS.

168 Blois, art. 239. Etampes, 192 *Pigeons en ville défendus.*

TITRE VIII.

ETANGS, &c.

ART. 169. *Conf.* **M**Ontargis, chap. 6 art. 1
170 Montargis, ch. 6 art. 2. Tours, 37. Maine, 34 *contre.* Vatan, 19 *où il faut permission du Seigneur.*
171 Blois, art. 228

TITRE IX.

ENFANS EN LEURS DROITS, &c.

ART. 178 *Conf.* **M**Ontargis, chap. 7 art. 3
179 Montargis, chap. 7 art. 4
181 Montargis, ch. 7 art. 2 & 5. Chartres, 63, 103, Blois, 2. Etampes, 99
182 Montargis, chap. 7 art. 7
183 Bourbonnois, 180 dit, *sept parens differens pour l'âge.*
184 Bourbonnois, art. 181 *pour la forme de l'élection.*
185 Montargis, ch. 7 art. 8. Bourgogne, tit. 4 art. 3 *émancipation tacite.* Poitou, 311 *devant le Juge.*

TITRE X.

COMMUNAUTEZ.

ART. 186 *Conf.* **M**Ontargis, chap. 1 art. 40 *pour les Nobles,* ch. 8 art. 1, 2. Chartres, 57, 59 *après an & jour, à moins que ce ne soit en secondes nôces,* art. 58. Blois, 178, 180. Etampes, 91, 96
187 Blois, 182. Dunois, 57. *Voyez* Nivernois, ch. 23 art. 11 *quand les héritiers ne demeurent pas sur le lieu.*
188 Montargis, ch. 8 art. 211. Bourbonnois, 410

189 Etampes, art. 102

190 Montargis, ch. 8 art. 11. Etampes, 102

191 Montargis, ch. 8 art. 10. Blois, 270

192 Montargis, ch. 8 art. 10 & 12. Blois, 164, 165.
    Etampes, 101

193 Montargis, ch. 8 art. 3. Chartres, 64. Blois, 178.
    Etampes, 94. Tours, 254 *ne peut donner entre-vifs.*

194 Montargis, ch. 8 art. 4. Etampes, 96

195 Chartres, art. 64. Blois, 179, 264. Etampes, 95,
    pour les actions propres de la femme, 97

196 Chartres, art. 62. Blois, 3, 181

197 Montargis, chap. 8 art. 3. Rheims, 13 dit *de quelle
    maniere le mari retire sa femme de la marchandise, il
    faut que cela se fasse publiquement.*

198 Montargis, ch. 8. art. 6 ch. 9 art. 6. Dunois, 58
    donne trop d'authorité à la femme separée. Tours, 191,
    192 comme ici; mais art. 293 *il donne un avantage à
    la femme.*

199 Maine, art. 160 sur la fin. Anjou, 145 dit la même
    chose.

200 Montargis, ch. 8 art. 7. Bretagne, 449. *Voyez* Sen-
    lis, 109, 114, 120 *touchant les injures.* Poitou, 226
    distingue, *quand elle est demanderesse ou défendresse.*

201 Montargis, ch. 8 art. 15. Etampes, 93. Senlis, 270
    Bourbonnois, 237. Peronne, 123 parlent *du refus du
    mari.* Anjou, 46 parle *de l'absence.* Nivernois, ch.
    23 art. 6 *pour les actions réelles*

202 Montargis, ch. 8 art. 8, 9. Blois, 160, 161. Valois,
    94 *contre.* Normandie, 330 *on ne peut déroger à la Coû-
    tume.*

203 Normandie, art. 371 à l'égard *du doüaire,* s'ob-
    serve au cas ds cet article.

204 Berry, chap. 8 art. 9 *avec convention expresse.*
    Tours, 290 *Different pour les délais de la femme no-
    ble & de la roturiere.* Nivernois, ch. 23 art. 14 *dans
    les vingt-quatre heures avec formalitez.*

    Tours, art. 293 *donne un lit & deux habits sans bagues.*

207 Montargis, ch. 8 art. 13. Blois, 184 distingue.

208 Montargis, ch. 8 art. 13. Chartres, 60. Blois, 184, 185

209 Montargis, ch. 5 art. 3. Tours, 225. Meaux, 208 Melun, 11. Auxerre, 28. Mantes, 194. *Voyez* Guenois, Conference des Coûtumes, tit. 1 *fol. 37 versò.*

210 Montargis, ch. 8 art. 14. Etampes, 144

211 Montargis, ch. 8 art. 14. Blois, 172

212 Montargis, ch. 8 art. 9

TITRE XI.

S O C I E T E Z.

ART. 213 *Conf.* MOntargis, chap. 9 art. 1. Dunois, 59. Tours 231

215 Montargis, ch. 9 art. 2 Tours, 231

216 Montargis, ch. 9 art. 3. Blois, 183. Etampes, 100. Nivern. ch. 22 art. 4 ch. 23 art. 22 *distingue l'âge & explique l'inventaire, & parle du legitime contradicteur.*

217 Montargis, ch. 9 art. 4, 5. Nivernois, ch. 22 art. 19 dit, *même les meubles éçhûs par succeffion.* Pallu, Tours, 283 dit que cet article n'a lieu à Tours.

TITRE XII.

D O U A I R E S.

ART. 218 *Conf.* MOntargis, ch. 14 art. 1 Chartres, 52, 54 dit, *confommation.* Blois, 189. Dunois, 69. Etampes, 131 *& fuiv.*

219. Montargis, chap. 14 art. 2. Blois, 188, 189 & 190 dit, *doüaire prefix faifit, & doüaire coûtumier fe doit demander.* Etampes, 136, 137. Nivernois, ch. 24 art. 9. Anjou, 312 ne requiert ny demande, ny fommation dans l'un ny dans l'autre. *Voyez* la Conference de Dupineau, nouvelle édition.

220 Montargis, ch. 14 art. 3. Chartres, 53 *pour les Nobles, &* 56 *pour les roturiers.* Etampes, 139 *different*

pour la femme & les enfans, à l'égard du doüaire préfix.

221 Bourbonnois, art. 256 & le 257 mais il n'eſt pas ſi clair que celui-ci. Ce doüaire coûtumier eſt ici particulier ſur les meubles. Quand une Coûtume n'a pas prévû ce cas, comme il faut néanmoins un doüaire à la femme, cet article peut aider à le fixer.

222 Blois, art. 191. Nivernois, ch. 24 art. 4 *explique* cet article. Melun, 242 diſtingue *les cheminées.* Troyes, 86 dit *prendre & laiſſer les héritages en l'état qu'elle les trouve.* Sens, 164 parle *des rentes conſtituées.* Blois, 189 *de même.* Rheims, 251 *oblige aux ſemences, & à rendre l'héritage bien préparé.* Peronne, 146 parle *des moulins.*

224 Montargis, ch. 5. art. 3.

TITRE XIII.

SERVITVDES RE'ELLES.

ART. 225 *Conf.* **M**Ontargis, cha. 10 art. 1 Chartres, 80. Blois, 230. Etampes, 72. Sens, 97 dit *acquerir,* au lieu de *preſcrire.*

228 Etampes, art. 28.

229 Montargis, ch. 10 art. 11. Chartres, 80

231 Montargis, ch. 10 art. 2. Blois, 231. Etampes, 85

232 Montargis, ch. 10 art. 4. Blois, 233. Etampes, 77, 81, 82, 83, 84. Nivernois, ch. 10 art. 10

233 Montargis, ch. 10 art. 5. Blois, 234. Dunois, 60

234 Etampes, art. 75, 76. Nivernois, ch. 10 art. 5 *ne donne qu'un an, après lequel la proprieté eſt acquiſe:* art. *6 pour les héritages portans fruits, deux mois ſeulement.*

235 Blois, art. 232

236 Montargis, ch. 10 art. 9. Chartres, 79. Etampes, 78, 79, 80. Nivernois, ch. 10 art. 12 *Quand la terre voiſine eſt plus haute.*

237 Montargis, ch. 10 art. 3, 10

239 Nivernois, ch. 10 art. 4. Sens, 98 dit, *à plomb & ligne.* Troyes, 63 dit, *qu'on peut y renoncer.*

240 Dunois, art. 62. Etampes, 86. Rheims, 278

241 Nivernois, ch. 10 art. 14. Melun, 15 parle *des bornes enlevées.*

243 Montargis, ch. 10 art. 6. Blois, 235. Nivernois, eh. 10 art. 13

244 Dunois, art. 63. Etampes, 87 contient une bonne Police. Nivernois, ch. 10 art. 15 *donne la forme d'y contraindre*, & art. 16 *des immondices jettées devant les portes.*

245 Etampes, art. 88.

246 Dunois, art. 61. Etampes, 88

247 Montargis, ch. 10 art. 7. Blois, 236. Nivernois, ch. 10 art. 11

252 Montargis, chap. 10 art. 12

253 Blois, art. 216. Etampes, 74

254 Montargis, ch. 2 art. 22 *mesure d'arpent.* Dunois, 51. Nivernois, ch. 10 art. 7 *ajoûter foy aux experts dans leur Art.*

257 Montargis, ch. 10 art. 13 *Voyez* Delalande sur cet Article, & Coquille sur Nivernois, ch. 10 art. 3

258 Nivernois, ch. 10 art. 19 *pour les fumiers dans les grandes ruës plus d'un jour ;* art. 24 *dans les petites plus de huit jours ;* art. 22 *nulles avances , ni éviers de cuisine par le haut.* Voyez *dans les articles suivans les entreprises.*

259 Berry, tit. 10 art. 22

TITRE XIV.

PRESCRIPTIONS.

Art. 260 *Conf.* BLois, art. 192.

261 Montargis, ch. 17 art. 1 , 4. Dunois, 85. Etampes, 63 , 64. Bourbonnois, 26 *nulle prescription entre communs.*

263 Montargis, ch. 2 art. 55 ch. 17 art. 2. Chartres, 81. Blois, 35. Nivernois, ch. 5 art. 21 *contre l'Eglise il faut quarante ans.*

264 Montargis, ch. 17. art. 2. Blois, 243, 244
265 Chartres , art. 82 *donne deux ans.* Etampes, 29
Blois, 267. Tours, *un an contre les serviteurs , & six
mois contre les autres.*
267 Montargis, ch. 18 art. 6, 7. Etampes, 154, 159
Berry, tit. 9. art. 28. *Voyez* Ragueau.
270 Montargis , ch. 16 art. 26

TITRE XV.

DONATIONS , &c.

ART. 272. *Conf.* MOntargis , ch. 11 art. 2, 9, 11.
Dunois, 64, 67. Tours, 248,
302. Senlis, 161 dit que *les biens donnez font dès-lors
affectez à la legitime.*
273 Montargis, ch. 11 art. 2, 11. Blois, 122 *pour les
profits.*
274 Montargis, ch. 11 art. 1 *on ne peut avantager un enfant plus que l'autre.* Dunois, 64 dit, *même en renonçant.*
275 Montargis, ch. 11 art. 1, 10. Blois, 160, 161
276 Montargis, ch. 11 art. 8
277 Montargis, ch. 11 art. 10
278 Montargis, ch. 11 art. 7. Etampes, 153. Ragueau,
Berry , tit. 7 art. 1 cite d'autres Coûtumes. *Voyez*
Guenois, Conference des Coûtumes , *fol* 343, 393.
280 Montargis, ch. 11 art. 3. Blois, 174. Dunois, 68
eft contre: c'eft ainfi que s'entend Chartres , 91
281 Montargis, ch. 11 art. 4. Chartres, 87. Blois, 163,
176. Dunois, 68. Romorentin, 8. Tours, 243 , 305.
Nivernois , ch. 23 art. 27 veut *égalité en âge & en
biens propres.*
282 Etampes, art. 142 Blois, 176
283 Montargis, ch. 11 art. 5, 21. Blois, 169. Etampes,
145, 146. Ragueau, Berry, tit. 7 art. 1 *p.* 223 cite
d'autres Coûtumes femblables.
284 Montargis, ch. 11 art. 6, 11
285 Montargis, ch. 11 art. 11. Blois, 137. Dunois, 14

'Amiens , 50 dit, *en vendition comme en donation.*
Noyon , 39 dit *qu'il n'eſt rien dû en vente d'uſufruit.*
Voyez Guenois, Conference des Coûtumes, *fol.* 326
versò, il renvoye à Dumoulin.
286 Montargis, ch. 12 art. 1 , 2, ch. 15 art. 1. Chartres,
   100. Blois, 167 , 176. Dunois , 64 ajoûte *en renon-*
   çant , Etampes, 112

TITRE XVI.

TESTAMENS.

'ART. 287 *Conf.* **M**Ontargis , chapitre 13 art. 1.
   Chartres , 95. Etampes ,
   108. Tours, 258 *Expl.*
288 Montargis , ch. 13 art. 3 ch. 15 art. 20. Chartres,
   92. Blois, 158. Etampes, 109
289 Montargis, ch. 13 art. 4 , 10. Chartres, 90. Blois,
   175. Etampes, 107
290 Montargis, ch. 13 art. 5. Chartres, 89. Blois , 177
   Etampes, 106
292 Montargis, ch. 13 art. 2. Chartres , 91 dit *le revenu*
   d'une année des propres. Blois , 173 Etampes , 103
293 Etampes, art. 103 *les filles à dix-huit ans.*
296 Montargis, ch. 13 art. 8. Blois, 170. Berry, tit. 18
   art. 18.
297 Normandie , 239 dit , *leurs enfans & heritiers pré-*
   ſomptifs.
300 Montargis, ch. 13 art. 12.

TITRE XVII.

SUCCESSIONS.

'ART. 301 *Conf.* **M**Ontargis, ch. 13 art. 6. Chartres,
   94. Blois , 136. Etampes ,
   117. Tours, 259 *Expliq.*
302 Montargis, ch. 15 art. 2. Chartres, 97. Etampes,
   110. Rheims , 325 dit *qu'en ſuit la Coûtume de l'héri-*
   tage.

330 Montargis, ch. 15 art. 12. Blois, 155 *est contre.*
 Etampes, 127. Tours 287, 289. *Voyez* le 312
331, 332 Montargis, ch. 15 art. 4. Blois, 25
333 Montargis, ch. 15 art. 18. Blois, 148. Etampes, 125
334 Chartres, art. 102. Blois, 147. Etampes, 126
336 Dunois, art. 77
338 Berry, tit. 19 art. 9 *sans lettres du Prince.*
339 Peronne, art. 208.
340 Nivernois, ch. 34 art. 28. Bourbonnois, 329
344 Etampes, art. 151
345 Montargis, ch. 15 art. 13
346 Montargis, ch. 15 art. 14, 15
348 Blois, art. 157
352 Montargis, ch. 15 art. 16, 22. Etampes, 129
353 Etampes, art. 129
357 Montargis, ch. 15 art. 11. *Voyez* Lhoste.
358 Anjou, art. 469. Maine, 472 Poitou, 409
359 Etampes, 113. Bourbonnois, 323
360 Montargis, ch. 15 art. 11. Etampes, art 124. Blois,
 242 *les dettes suivent les meubles. Voyez* Tours, 237,
 247, 268. Ces distinctions & partages ne préjudicient
 aux créanciers, dit Pallu, *page* 447
361 Chartres, art. 98 fait distinction *des enfans de diffe-*
rens lits.

TITRE XVIII.

RETRAIT LIGNAGER.

ART. 363 *Conf.* **M**Ontargis, ch. 16 art. 1. Chartres,
 70, 72, 75. Blois, 193. Du-
nois, 79. Romorentin, 9. Etampes, 171
364 Montargis, ch. 16 art. 18. Etampes, 170
365 Montargis, ch. 16 art. 11, 18. Blois, 208. Chartres, 70
366 Nivernois, ch. 31 art. 10
367 Chartres, art. 69. Dunois, 8
368 Etampes, art. 174. Vermandois, art. 256
369 Montargis, ch. 16 art. 4. Blois, 206, 210.
370 Montargis, ch. 16 art. 12, 20. Blois, 194, 195, 196,
 197. Etampes, 173

TITRE XIX.

EXECUTIONS, &c.

II. Partie.   E

TITRE XX.

A R R E S T S, &c.

TITRE XXI.

CRIÉES.

ART. 465. *Conf.* MOntargis, chapitre 19 art. 37. Chartres, 83, 84

466 Montargis, ch. 19 art. 3, 7. Chartres, 83.

468, 469 Montargis, ch. 19 art. 2, 5. 9. Blois, 271, 272, 273. Chartres, 85

473 Montargis, ch. 19 art. 1

474 Sens, art. 238, 243. Auxerre, 92, 93 *parle du tems.*

477 Montargis, ch. 19 art. 4

478 Chartres, art. 86

480 Montargis, ch. 19 art. 6, 8. Dupineau sur Anjou, 486 cite les Coûtumes conformes à celle-ci.

TITRE XXII.

CAS POSSESSOIRES.

ART. 486. *Conf.* MOntargis, chap. 21. art. 1, 8. Blois, 212, 213. Tours, 262, 267. Anjou, 426. Bourbonnois, 89

487 Montargis, chap. 21 art. 3. Blois, 63. *Voyez* Guenois, Conference des Coûtumes, *folio* 351 *versò.* Berry, tit. 10 art. 16. *& des suites de dîmes.* Guenois, *fol.* 352.

488 Montargis, chap. 21 art. 5

489 Montargis, ch. 21 art. 6. Sens, 116 *explique.* Tours, 262, 267. Bourbonnois, 91 *à moins qu'il ne fut attaché au fond, ou dépendant d'icelui.* Montfort-l'amauri, 60, dit, *pour simples meubles.*

490 Montargis, ch. 2, art. 42 ch. 3, art. 7. Dunois, 76. Sens, 241. Troyes, 78 *Ces deux Coûtumes expliquent cet article.* Peronne, 140, Amiens, 198, *disent avec amende.* Berry, tit. 6 art. 32. Bourbonnois, 398. Nivernois, chap. 5 art. 1 *explique la seigneurie directe du seigneur censier,* & art. 19 dit, *qu'on doit entretenir l'heritage censuel dans l'état convenu.*

TABLE
DES TITRES.

Fin de la Table des Titres.

TABLE DES MATIERES.

TABLE

E v

E

DES MATIERES.

V

Fin de la Tabble des Matieres.

AD-

PAge 2. à la fin de la Note 3. *ajoûtez*, & il n'eſt dû profit qu'après l'uſufruit fini.

P. 3. art. 2. Note 2. *après ces mots*, il ſeroit de droit, *ajoûtez*, ſur le fief qu'il poſſede.

P. 9. art. 12. Note 2. à la fin, *ajoûtez*, On m'a opoſé contre cette maxime, que les ouvertures aux differens degrez d'un fidei‑commis donnoient ouverture à autant de profits : mais la raiſon en eſt, que ces differens degrez contiennent autant de fidei‑commis diſtincts les uns des autres ; ainſi les differentes mutations auſquelles ils donnent lieu, procedent d'autant de titres, & non pas du même titre. Le teſtament ou l'acte de donation entre vifs qui les renferme, eſt bien à la verité, quant à la forme, un ſeul & même acte, de la validité duquel ils dépendent ; mais les differens fidei-commis qu'il contient, ſont autant de differens ti‑ tres d'acquerir pour les differentes perſonnes au profit de qui ils ſont faits. Nôtre maxime, qu'il n'eſt pas dû deux droits pour pluſieurs mutations qui procedent d'un même titre, ne reçoit pas ſeulement application dans l'eſpece de nôtre article, & autres ſemblables, où l'exécution du titre produit une mutation, & ſon reſiliment une autre ; elle la reçoit encore dans le cas des partages que font des perſonnes qui ont acquis, ou à qui il eſt échû un heritage en commun. Si on a établi que ce partage ne de‑ voit pas un nouveau droit, c'eſt qu'on a jugé que ce partage n'étoit pas tant un nouveau titre, qu'une ſuite de l'exécution du premier titre d'acquiſition qui étoit cenſé renfermer la condition du par‑ tage ; d'où l'on a conclu, ſuivant nôtre maxime, que n'y ayant qu'un ſeul titre, il ne devoit être dû qu'un ſeul droit, quoiqu'on ne puiſſe nier que le partage opere dans le fait une nouvelle mu‑ tation, l'effet retroactif qu'on donne aux partages ne pouvant dé‑ truire les faits. *Fictio non tollit ea quæ ſunt facti.*

Cette maxime, qu'il n'eſt pas dû doubles droits, lorſqu'il ar‑ rive deux mutations dans le fait, qui procedent d'un même titre, n'eſt qu'une conſequence naturelle d'un principe que je crois cer‑ tain, qui eſt que ce n'eſt pas la mutation par elle-même, mais le titre d'alienation ou de ſucceſſion d'où elle reſulte qui produit le profit. On ſçait que dans la premiere origine des fiefs, ils n'étoient ni hereditaires, ni alienables ; ils le ſont devenus à la charge d'un profit qu'on payeroit au ſeigneur : c'eſt donc pour le titre de ſuc‑ ceſſion, ou pour le titre d'alienation que le profit eſt dû ; ce ſont ces titres qui le produiſent, d'où ſuit la maxime que nous avons établie, qu'il ne peut être dû qu'un profit quand il n'y a qu'un ti‑ tre. De ce principe, que c'eſt le titre d'alienation qui produit le profit, on en a tiré une autre conſequence, qui eſt que toutes les fois qu'il arrive des mutations dans le fait en conſequence d'un titre erroné ou nul, ou qui eſt anéanti dans la ſuite par la reſti‑ tution en entier, il n'eſt point dû en tout de profit.

F

Art. 13. même page 9. à la 4. ligne de la Note sur l'article 13. *lisez*, au profit du Roi ou des étrangers.

Ibidem. A la fin de la même Note , *ajoûtez*, ou du Roi, si personne ne les a acquis.

Art 23. page 15. à la fin de la Note 10. *ajoûtez*, Comme la garde deferée par cet arricle contient deux choses , la tutelle legitime , & l'émolument de la garde ; les pere , mere , & autres ascendans peuvent par la déclaration qu'ils font au Greffe , ou repudier l'une & l'autre de ces deux choses, ou ne repudier que l'émolument de la garde , & retenir la tutelle legitime comptable.

Art. 34. p. 25. Note 1. *ajoûtez* , Cette Note est d'après l'Auteur des Notes de l'Edition de 1711. néanmoins je ne connois aucune Loi ni Jurisprudence qui rende les parens responsables en ce cas dans nôtre Coûtume. L'art. 23. que l'Auteur cite ne décide rien , & est dans un autre cas. Il est vrai qu'il seroit à souhaiter que cela fût.

Art. 38. page 28. ligne 2. des Notes, *voyez* la Note sur l'art. 36.

P. 32. art. 43. Note 1. *au lieu de ces mots* , elle donne quarante jours , *lisez*, elle n'ajoûte point le terme *incontinent* , d'où l'on a inferé qu'elle accordoit un temps qu'on arbitre à 40. jours.

P. 33. art. 43. lig, 6. *après ces mots* , tit 5. art. 42. *ajoûtez*, mais il peut demander le loyer des paturages au vassal.

Art. 46. p. 35. *effacez depuis les mots* pour voir dire , *de l'antepenultiéme ligne , jusqu'à la fin , & lisez à la place* , pour voir dire que le seigneur sera tenu de le recevoir en foi , sinon qu'il y sera reçû par main souveraine.

P. 38. art. 43. au texte , *mettez le* (1.) *après le mot* châtelain , *au lieu qu'il est après le mot* quand.

P. 38. lig. 8. de la Note 4. *après le mot* ventilation , *ajoûtez*, aux dépens du vassal.

Art. 62. page 46. Note 3. *après ces mots* , la justice , *ajoûtez*, lorsque le fief est en l'air.

Art. 69. page 50 lig. 5. *au lieu de* perçû , *lisez*, gagné.

Art. 72. page 51. *après ces mots* , deniers d'entrée , *lisez*, à moins qu'il n'offrit de suppléer ce dont les deniers d'entrée auroient diminué le prix du bail.

Art. 74. page 53. Note 2. lig. 2. *après ces mots* , la saisie , *ajoûtez*, en faisant constater ces reparations.

Ibid. N. 3. l. 1. *après le mot* pêche, *ajoûtez* , ou de la coupe des bois.

Art. 76. page 54. Note 5. *lisez* suzerain, *au lieu de* souverain.

P. 61. art. 85. Note 1. lig. 3. *depuis le mot* sommé , *tout doit être en caractere italiqne.*

Art. 86. p. 61. *effacez toute la Note* 2. *& lisez seulement* , Cette prescription a lieu contre l'Eglise & contre le Roi.

P. 64. art. 85. lig. 1. le chiffre 7. qui est sur le mot *joignante*, doit être sur le mot *avec.*

Art. 92. page 66. Note 1. lig. 4. *ajoûtez à la fin de la Note* , si mieux il n'aime en fournir pour sa moitié.

P. 68. lig. 15. du texte , au sieur de fief, *lisez* , au seigneur de fief.

Art. 102. p. 71. lig. 2. *au lieu du chiffre 3. mettez 5.*

Art. 111. page 80. *le chiffre 3. qui est après* vente, *doit être plus haut, après* à cause.

Art. 126. page 88. à la fin de la 1. Note, *ajoûtez,* Cette sentence souffre beaucoup de difficulté.

Art. 130. page 92. On a omis une Note sur les mots, *mutations susdites, cette Note est, voyez* l'art. 126.

Art. 154. p. 107. Note 3. *lisez, voyez* la Note 2. sur l'art. 148.

P. 111. au commencement des Notes sur l'article 162. on a omis de mettre, *voyez* la Note de Dumoulin.

Art. 181. page 123. au commencement de la Note 6. *lisez,* il n'en faut pas conclure que les mineurs émancipez par lettres puissent, &c.

Art. 187. page 135. Note 1. lig. 1. *au lieu de,* & du prédecedé, *lisez,* & des heritiers du prédecedé.

Art. 203. page 153. lig. 35. *ajoûtez,* Nous nous sommes trompez lorsque nous avons dit que Mr. Delalande enseignoit indistinctement que la seconde partie de cet article ne s'étendoit pas à l'homme qui se remarie. Au contraire cet Auteur convient qu'il ne peut avantager sa femme des conquêts de la premiere communauté, & c'est ce qu'a jugé l'Arrêt de 1697. que nous lui avons opposé. M. Delalande nie seulement que cet article doive être étendu à l'homme, quant à la faculté d'en disposer de toute autre maniere que pour avantager sa seconde femme, & son sentiment paroît autorisé par l'Arrêt de Sourdeval que nous avons cité.

P. 172. art. 216. Note 7. *au lieu de ces mots, voyez* la Note troisiéme, *lisez, voyez* la Note seconde.

P. 176. Note 7. *au lieu de* auquel, *lisez* ausquels.

P. 184. art. 220. en marge, *ajoûtez, voyez* la Note de Dumoulin.

P. 185. art. 221. en marge, *ajoûtez, voyez* la Note de Dumoulin. Lig. dern. des Notes, proportionnées, *lisez,* proportionnée.

P. 222. lig. 14. Note 5. *au lieu de ces mots,* à l'égard des droits censuels, *lisez,* à l'égard des droits casuels.

P. 234. art. 276. lig. 28. *ajoûtez,* Cette derniere Sentence a été confirmée par Arrêt de la Cour du mois de Juillet 1739.

P. 240. art. 281. en marge, *ajoûtez, voyez* la Note de Dumoulin.

Ibidem. Art 281. lig. 2. *on a obmis de mettre une Note sur les mots du texte* non ayant enfans, *& de dire,* lors du decès du premier mourant, quoiqu'ils en eussent lorsque le don mutuel a été fait. L'art. 280. de la Coûtume de Paris explique en ce point la nôtre; le motif de la prohibition cesse lorsqu'il n'y a plus d'enfans.

Art. 306. page 275. lig. 3. valoit, *lisez* vaut.

Art. 309. page 279. *ajoûtez à la fin de la Note* 4. C'est-à-dire que les enfans dotez seront tenus de rapporter à leurs freres mineurs non dotez les fruits & interêts de leur dot du jour du décès, comme si la provocation à partage avoit été faite; car ayant mis leurs freres mineurs hors d'état de les pouvoir provoquer à partage, en ne les faisant point pourvoir de tuteur, il ne seroit pas raisonnable qu'ils pussent leur opposer qu'ils ne les ont pas provoquez.

Art. 330. page 294. Note 4. *lig. penultiéme*, de l'original, *lisez*, original.

Art. 335. page 297. lig. 1. la Loi, *lisez*, le Droit Civil.

Ibidem, lig. 2. les, *lisez*, ses.

Ibidem, ajoûtez à la fin des Notes sur cet article. Par la même raison un mari seroit recevable à accepter à ses risques une succession échûë à sa femme, qu'elle voudroit repudier en fraude de la communauté où cette succession doit tomber.

Art. 339. page 301. lig. 2 ainsi, *lisez*, aussi.

Ibidem, page 305. Note 2. lig. 9. ses, *lisez*, ces.

Art. 360. page 312. aux Notes, lig. 16. aux, *lisez*, au.

Art. 389. page 337. lig. penult. 384. *lisez*, 389.

Ibidem, lig. derniere, titre, *lisez*, droit.

Art. 394. p. 340. aux Notes, lig. 13. vendu, *lisez*, acquis.

Art. 400. p. 343. l. pen. des Notes, cet Arrêt, *lisez*, un Arrêt.

Art. 401. p. 344. *adde*, La Note placée sous cet article y a été placée par inadvertance, elle appartient à l'article 400.

Art. 402. p. 344. à la Note, lig. 2. pouvoit, *lisez*, pourroit.

Art. 403. p. 345. Note 2. lig. 2. le retirer, *lisez*, retirer.

Art. 413. p. 356. lig. 4. *à fine, adde*, Au reste cette question ne peut souffrir de difficulté dans nôtre Coûtume, à cause de l'art. 134. qui porte expressement que le tiers détenteur qui veut déguerpir, en est quitte en payant les arrerages échûs de son temps, à moins qu'il ne fût heritier du preneur.

P. 363. art. 421. Note 3. à la fin, *ajoûtez*, Le seigneur peut faire saisir ces fruits non-seulement lorsqu'ils sont encore sur son heritage, mais même par tout ailleurs, pourvû qu'ils soient encore en la possession de son débiteur, & qu'on les puisse reconnoître ; & il a privilege sur ces fruits, à la difference des autres meubles & effets sur lesquels les seigneurs de métairie & rente n'ont aucun droit d'exécution ni privilege, que quand ces effets exploitent leur métairie, ou 40. jours après qu'ils en ont été enlevez. *Voyez* l'art. 406. Note 8.

P. 364. lig. 5. *à fine, au lieu de ces mots*, pailles, foins, *lisez*, pailles, fumiers.

P. 374. lig. 27. *au lieu de* marqué en la fin de la Note 3. sur l'art. 472. *lisez*, marqué en la Note 3. sur l'art. 462.

P. 390. lig. 28. du 22. Août 1565. *lisez*, du 22. Août 1665.

P. 392. lig. 6. *à fine*, poit, *lisez*, point.

Ibidem, lig. 7. *à fine*, auteur, *lisez*, tuteur.

P. 400. lig. penult. Note 5. *ajoûtez*, Ces mots ne s'entendent que du vendeur sans jour & sans terme, & non du vendeur avec terme, dont le privilege ne passe qu'après celui des seigneurs d'hôtel & de rente fonciere.

A la table Alphabetique des Paroisses, *au lieu de* * Beauchamp, *lisez*, Beauchamp en romain, & sans étoile.

P. 56. *du Suplément aux Notes, Tome 2. ligne* 11. par chaque franc de rente, *lisez*, par chaque franc de dix fois la rente, c'est-à-dire, dix livres pour douze livres de rente.